**Escravidão e capitalismo
histórico no século XIX**

Rafael Marquese e Ricardo Salles (Orgs.)

Escravidão e capitalismo histórico no século XIX
Cuba, Brasil e Estados Unidos

2ª edição

Rio de Janeiro
2024

Copyright © dos organizadores: Rafael Marquese e Ricardo Salles, 2016

Capa: COPA | Rodrigo Moreira e Steffania Paola

Diagramação: Kátia Regina Silva | Babilonia Cultura Editorial

CIP-BRASIL. CATALOGAÇÃO NA FONTE
SINDICATO NACIONAL DOS EDITORES DE LIVROS, RJ

E73   Escravidão e capitalismo histórico no século XIX: Cuba, Brasil e Estados Unidos / organização Rafael Marquese e Ricardo Salles. – 2ª ed. – Rio de Janeiro: Civilização Brasileira, 2024.
322 p.; 23 cm.

ISBN 978-85-20-01275-8

1. Escravidão – América Latina – História. 2. Escravidão – Caribe – História. I. Salles, Ricardo, 1950-.

15-22818   CDD: 326.098
                                                               CDU: 326.3

Todos os direitos reservados. É proibido reproduzir, armazenar ou transmitir partes deste livro, através de quaisquer meios, sem prévia autorização por escrito.

Texto revisado segundo o novo Acordo Ortográfico da Língua Portuguesa.

Direitos desta edição adquiridos pela
EDITORA CIVILIZAÇÃO BRASILEIRA
Um selo da
EDITORA JOSÉ OLYMPIO LTDA.
Rua Argentina, 171 – Rio de Janeiro, RJ – 20921-380 – Tel.: (21) 2585-2000

Seja um leitor preferencial Record.
Cadastre-se e receba informações sobre nossos lançamentos e nossas promoções.

Atendimento e venda direta ao leitor:
sac@record.com.br

Impresso no Brasil
2024

Sumário

APRESENTAÇÃO	7
1. Por que segunda escravidão? *Robin Blackburn*	13
2. A escravidão no capitalismo histórico: rumo a uma história teórica da segunda escravidão *Dale Tomich*	55
3. A escravidão no Brasil oitocentista: história e historiografia *Rafael Marquese e Ricardo Salles*	99
4. Escravidão histórica e capitalismo na historiografia cubana *José Antonio Piqueras*	163
5. Seres humanos escravizados como sinédoque histórica: imaginando o futuro dos Estados Unidos a partir de seu passado *Edward E. Baptist*	261
SOBRE OS AUTORES	320

Apresentação

Este livro é parte de um conjunto de iniciativas individuais e coletivas de diversos historiadores brasileiros, norte-americanos, cubanos e europeus que têm se dedicado, a partir de uma perspectiva abrangente, ao estudo da escravidão negra nas Américas no longo século XIX. Nessa perspectiva, sobressai o conceito de segunda escravidão, originalmente proposto em 1988 por Dale Tomich, autor do Capítulo 2 desta coletânea.

Na formulação pioneira do conceito, Tomich assinalou como um conjunto de acontecimentos e tendências históricos, entre o fim do século XVIII e o início do XIX – notadamente o advento da Revolução Industrial e a consolidação da hegemonia britânica sobre a economia e o sistema interestatal mundial –, ocasionou reconfigurações profundas no globo. O crescente desequilíbrio nos preços internacionais entre produtos industrializados e agrícolas, o aumento do consumo de *commodities* tropicais como o café e o açúcar (demandado pelo crescimento da população de trabalhadores e da classe média nos núcleos urbanos do Atlântico Norte) ou da procura por novas matérias-primas, como o algodão, implicaram o declínio da escravidão em áreas coloniais antes centrais.

Essas modificações, por sua vez, adquiriram um sentido bem distinto em outras zonas escravistas, como Cuba, Brasil e o Sul dos Estados Unidos. De regiões relativamente marginais ou decadentes da economia atlântica do século XVIII, esses espaços tornaram-se os polos dinâmicos de uma maciça expansão da escravidão para atender à crescente demanda mundial de algodão, café e açúcar. A escravidão negra americana foi refundida em uma configuração política e econômica inédita, tendo seu caráter e sentido sistêmicos profundamente alterados. Os centros escravistas emergentes viram-se cada vez mais integrados e impelidos pela produção e o mercado industrial. Nos termos de Tomich, "essa 'segunda escravidão' se desenvolveu não como uma premissa histórica do capital produtivo, mas pressupondo sua existência como condição para sua reprodução".[1]

O conceito veio ao encontro de esforços de investigação já em andamento, tendo servido de estímulo adicional para um notável conjunto de pesquisas sobre a escravidão oitocentista, publicadas nas últimas duas décadas.[2] Em seu desenvolvimento, os autores realizaram um intenso intercâmbio de ideias e experiências compartilhadas de análise histórica, fosse em pesquisas coletivas, fosse em encontros acadêmicos.

Entre 2005 e 2009, por exemplo, historiadores norte-americanos, brasileiros e cubanos, em projeto financiado pela Fundação Getty, estudaram a paisagem e a arquitetura das *plantations* escravistas algodoeiras, cafeeiras e açucareiras dos Estados Unidos, do Brasil e de Cuba. Em 2009, foi realizado, na Universidade Federal do Estado do Rio de Janeiro, o seminário internacional O Século XIX e as Novas Fronteiras da Escravidão e da Liberdade; no ano seguinte, no Fernand Braudel Center da SUNY-Binghamton, promoveu-se outro seminário internacional para discutir a política da segunda escravidão. Desses dois encontros, nasceu a rede internacional Second Slavery Research Network, atualmente sediada no Fernand Braudel Center, acompanhada, no Brasil, pela constituição do grupo interinstitucional O Império do Brasil e a Segunda Escravidão.

O presente livro é fruto de um seminário internacional promovido pela rede local da segunda escravidão em parceria com o Laboratório de Estudos sobre o Brasil e o Sistema Mundial (Lab-Mundi/USP), realizado na Universidade de São Paulo em 16 de setembro de 2013. O objetivo central do encontro foi o de avaliar, a partir de um engajamento crítico com o conceito de segunda escravidão, as múltiplas relações da escravidão oitocentista com o capitalismo industrial. Como o leitor poderá perceber pela leitura dos capítulos que se seguem, as formas de

APRESENTAÇÃO

conceituação dessas conexões são distintas, quando não divergentes no que diz respeito a algumas questões e temas. Quais são os nexos entre a segunda escravidão e a reestruturação da economia-mundo capitalista industrial no século XIX? Como defini-las? Quais os quadros temporais e espaciais da segunda escravidão? Qual a pertinência do conceito para as historiografias nacionais do Brasil, dos Estados Unidos e de Cuba? Para a História Atlântica e para a História Global? Como explicar os processos tardios de abolição da escravidão nesses três espaços? Como tais processos se relacionaram com as forças capitalistas globais da segunda metade do século XIX?

O livro não traz respostas acabadas para essas questões. Para enfrentá-las, optamos por avaliar as diferentes trajetórias historiográficas nacionais sobre a escravidão negra oitocentista. Tais perguntas retomam temas e discussões que tiveram seu ápice nos anos de 1960 e 1970, época em que abordagens totalizantes, com base em múltiplas filiações teóricas e metodológicas, elaboraram alguns dos mais importantes paradigmas de interpretação da História como Ciência Social. Não se trata aqui simplesmente de recuperar um passado historiográfico congelado, mas, antes, de reabrir os debates cruciais – inclusive à luz dos avanços historiográficos posteriores que tenderam, no mais das vezes, a obscurecer tais discussões – sobre as relações entre capitalismo e escravidão, sobre as formações sociais enquanto totalidades contraditórias, sobre a complexidade dos sujeitos históricos sociais, coletivos e individuais. Engajar-se criticamente com as tradições historiográficas é um passo imprescindível para a elaboração de uma perspectiva analítica mais sólida para o conceito de segunda escravidão e, assim, para o entendimento histórico do binômio capitalismo & escravidão. A despeito de suas divergências analíticas, os autores desta coletânea convergem na avaliação da potencialidade do constructo para dar conta das aporias das historiografias recentes sobre a escravidão do século XIX. A ênfase unidimensional na microanálise, na agência individualizada, nas identidades culturais essencializadas mostrou-se incapaz de dar conta de processos sociais mais amplos e complexos, e que justamente informam e condicionam os aspectos do devir histórico. A atual crise global do capitalismo e o acirramento das desigualdades sociais em escala planetária demonstram o imperativo de perspectivas totalizantes para a compreensão do papel de processos e tendências de mais longo prazo no curso das mudanças históricas.[3]

O livro está dividido em cinco capítulos. O de abertura, escrito por Robin Blackburn, traz uma síntese sobre a escravidão moderna e o lugar que o conceito de segunda escravidão pode ocupar nessa história. No capítulo seguinte, Dale Tomich critica os pressupostos teóricos e epistemológicos da New Economic History em seu tratamento da escravidão negra oitocentista. Seu objetivo é o de recuperar uma perspectiva substantiva de economia que permita articular de forma estreita a história econômica à história social e política da segunda escravidão. Os três capítulos seguintes, escritos por Rafael Marquese e Ricardo Salles (Brasil), José Antonio Piqueras (Cuba) e Edward E. Baptist (Estados Unidos) abordam as historiografias nacionais das regiões da segunda escravidão. Seus balanços empregam estratégias distintas para dar conta de uma volumosa, porém desigual, produção historiográfica, e procuram explorar as potencialidades do conceito para a escrita da história de cada um desses espaços. Fica, por fim, o convite para que o leitor junte-se a nós nesta empreitada coletiva.

Notas

1. Dale Tomich, *Pelo prisma da escravidão: trabalho, capital e economia mundial*. São Paulo: Edusp, 2011, p. 87.
2. Ver, entre outros, Christopher Schmidt-Nowara, *Empire and Antislavery: Spain, Cuba and Puerto Rico, 1833-1874*. Pittsburgh: University of Pittsburgh Press, 1999; Rafael Marquese, *Feitores do corpo, missionários da mente: senhores, letrados e o controle dos escravos nas Américas, 1660-1860*. São Paulo: Companhia das Letras, 2004; Ricardo Salles, *E o Vale era o escravo – Vassouras, século XIX. Senhores e escravos no coração do Império*: Rio de Janeiro: Civilização Brasileira, 2008; Michael Zeuske, "Comparing or Interlinking? Economic Comparisons of Early Nineteenth-Century Slave Systems in the Americas in Historical Perspective", *in*: Enrico dal Lago e Constantina Katsari (Orgs.),

Slave Systems. Ancient and Modern. Cambridge: Cambridge University Press, 2008, pp. 148-183; Dale Tomich e Michael Zeuske (Orgs.), *The Second Slavery. Mass Slavery, World-Economy, and Comparative Microhistories, in: Review – Fernand Braudel Center*, parte I, v. 31, n. 2, 2008; parte II, v. 31, n. 3, 2008, José A. Piqueras (Org.), *Trabajo libre y coactivo en sociedades de plantación*. Madri: Siglo XXI, 2009; Anthony Kaye, "The Second Slavery: Modernity in the Nineteenth-Century South and the Atlantic World", *in: Journal of Southern History*, v. 73, n. 3, ago. 2009, pp. 627-50; Rafael Marquese, Tâmis Parron e Márcia Berbel, *Escravidão e política. Brasil e Cuba, c. 1790-1850*. São Paulo: Hucitec, 2010; Tâmis Parron, *A política da escravidão no Império do Brasil, 1826-1865*. Rio de Janeiro: Civilização Brasileira, 2011; Robin Blackburn, *The American Crucible. Slavery, Emancipation and Human Rights*. Londres: Verso 2011; Christopher Schmidt-Nowara, *Slavery, Freedom, and Abolition in Latin America and the Atlantic World*. Albuquerque: University of New Mexico Press, 2011; José Antonio Piqueras, *La esclavitud en las Españas, un lazo transatlántico*. Madri: Catarata, 2011; Enrico Dal Lago, *American Slavery, Atlantic Slavery, and Beyond. The U.S. "Peculiar Institution" in International Perspective*. Boulder: Paradigm Publishers, 2012; Josep M. Fradera e Christopher Schmidt-Nowara (Orgs.), *Slavery and Antislavery in Spain's Atlantic Empire*. Nova York: Bergham Books, 2013; Michael Zeuske e Javier Laviña (Orgs.), *The Second Slavery, Mass Slaveries and Modernity in the Americas and in the Atlantic Basin*. Berlim: Lit Verlag, 2014; Edward E. Baptist, *The Half Has Never Been Told. Slavery and the Making of American Capitalism*. Nova York: Basic Books, 2014.

3. Este livro já se encontrava em processo de finalização quando eclodiu o debate mundial em torno da obra do economista francês Thomas Piketty (*Capital in the Twentieth-First Century*). A urgência da retomada de perspectivas mais abrangentes para dar conta da historicidade do capitalismo global tem sido destacada em distintos balanços. Ver, entre outros, William Sewell Jr., *Logics of History. Social Theory and Social Transformation*, Chicago, Chicago University Press, 2005; Jürgen Kocka, "Writing the History of Capitalism", *in: Bulletin of the GHI*, outono de 2010, pp. 7-24; William Sewell Jr., "Economic Crises and the Shape of Modern History", *in: Public Culture*, v. 24, n. 2, 2012, pp. 303-327; Geoff Eley, "No Need to Choose: History from Above, History from Below", *in: Viewpoint Magazine*, 27 de junho, 2014, disponível em: <http://viewpointmag.com/2014/06/27/no-need-to-choose-history-from-above-history-from--below/#rf7-3086>. Acesso em: 15 jul. 2014.

1. Por que segunda escravidão?

Robin Blackburn
Tradução de Angélica Freitas

Eric Hobsbawm conta que, ao final de uma palestra, um aluno se aproximou e perguntou: "Professor, posso entender, a partir da expressão Segunda Guerra Mundial, que houve uma Primeira Guerra Mundial?" A anedota ilustrava seu temor de que o conhecimento da História estivesse se tornando desesperadamente truncado e superficial. O centenário da Grande Guerra torna, hoje, tal pergunta pouco provável. Contudo, qualquer leitor poderia ser perdoado por perguntar se a expressão "segunda escravidão" implica a existência de uma "primeira escravidão" e, nesse caso, qual seria a diferença entre ambas.

O termo "segunda escravidão" tem sido adotado por historiadores dos regimes escravistas que floresceram nas Américas no século XIX, sobretudo no Sul dos Estados Unidos, no Brasil e em Cuba entre 1800 e 1860, e que encontraram sua ruína pouco tempo depois (1865-1888).[1] Tal termo evidencia o fato de que a escravidão nas Américas não se enfraqueceu e terminou no período pós-colonial. Outra maneira de colocar a questão seria afirmar que a industrialização e o advento da modernidade não representaram automaticamente o fim da escravidão, mas que, ao invés disso, a intensificaram e difundiram. O resultado foi uma nova escravidão americana, que reformulou e reorganizou a instituição.

A primeira escravidão, sob esse ponto de vista, ocorreu no Novo Mundo no período de 1520 a 1800. Estava vinculada aos sistemas coloniais de escravidão elaborados por Espanha, Portugal, Países Baixos, Grã-Bretanha e França, os quais foram finalmente abalados e finalizados por uma onda de insurreição e de abolição entre 1791 e 1848. Em alguns casos, o império foi derrotado, mas não a escravidão; em outros, a escravidão foi suprimida, mas não o império.

A primeira escravidão teve caráter colonial, com fundamentos legais e socioeconômicos derivados do Velho Mundo, principalmente do Mediterrâneo. Apesar de ter levado algum tempo, a primeira escravidão envolveu duas novas instituições: o tráfico oceânico de escravos e a *plantation* escravista americana. Houve um desenvolvimento de protótipos nas ilhas do Atlântico, depois imitados no Brasil e no Grande Caribe. As *plantations* de cana-de-açúcar em Barbados e as de tabaco na Virgínia converteram-se em grandes fornecedoras. Nunca antes na História houvera um império marítimo como esse, que comprava trabalhadores forçados em um continente para organizá-los e explorá-los em outro, com o objetivo de produzir artigos de consumo popular em um terceiro.

Os sistemas de escravidão que surgiram no Novo Mundo deviam muito ao exemplo da escravidão na Grécia Antiga e em Roma, tendo adotado características importantes da lei romana. Assim, no caso da escravidão, a condição do filho seguia aquela de sua mãe, enquanto outras identidades sociais seguiam a condição do pai. A escravidão romana se distinguia por uma forte noção de propriedade privada e de posse. O escravo era uma propriedade, e também o era na escravidão do Novo Mundo. O prestígio da Antiguidade e o fato de que os ensinamentos cristãos consideravam normal a escravidão deram legitimidade à instituição. Contudo, havia diferenças importantes.[2]

Na Antiguidade, a escravidão estava concentrada na metrópole. Já na primeira escravidão do Novo Mundo, os escravos se destinavam às colônias ultramarinas e havia poucos deles, ou mesmo nenhum, na metrópole. Os plantadores da segunda escravidão não aceitavam esse status de colônia, rejeitando-o, no caso dos Estados Unidos e do Brasil, e aspirando à autonomia ou à independência, no caso de Cuba.

POR QUE SEGUNDA ESCRAVIDÃO?

Tanto a primeira quanto a segunda escravidão nas Américas se tornaram muito mais profundamente comerciais do que aquela da Antiguidade. No mundo antigo, muitos dos escravos levados para Roma ou para trabalhar em latifúndios romanos haviam sido capturados por comandantes romanos. Os comerciantes europeus, ao longo de todo o período moderno, pagavam pelos escravos a mercadores e governantes africanos. Os plantadores do Novo Mundo compravam muitos outros insumos dos mercadores coloniais e desejavam vender artigos tropicais e subtropicais produzidos por escravos nos mercados europeus. Na época colonial, a "primeira escravidão" foi organizada em monopólios mercantis, de tal maneira que os colonos ingleses, franceses e portugueses se viam obrigados a vender seus produtos exclusivamente a transportadores nacionais. Muitos colonos europeus começavam a vida como imigrantes independentes que não aceitavam o controle colonial, mas logo se viam obrigados a aceitar a autoridade da metrópole, uma vez que as potências coloniais controlavam as rotas marítimas e os portos.

Esses sistemas coloniais eram beligerantes e competitivos, com um histórico tempestuoso de guerras e uma ressaca de concorrência comercial. Comparada à da Antiguidade, a escravidão das Américas era menos diversificada, mais concentrada no trabalho braçal, e mais racial, apertando seus grilhões em torno de negros africanos e de afrodescendentes. A primeira escravidão se desenvolveu em um mundo feudal tardio, pré-moderno, quando o capitalismo ainda estava em sua infância. A segunda estava envolvida de forma intrincada num processo de industrialização de larga escala e de "acumulação primitiva" prolongada. A difusão das relações sociais capitalistas nos séculos XVI e XVII pôs dinheiro em novas mãos e incentivou formas de existência cada vez mais dependentes do mercado. Muitas pessoas já começavam a esperar que suas necessidades básicas fossem atendidas pelo dinheiro que ganhavam, e não pelo que produziam.

A primeira escravidão nas Américas foi extraordinariamente bem-sucedida, porém muito desequilibrada e, em última instância, autodestrutiva. Nas colônias mais prósperas, havia dez vezes mais escravos que pessoas livres. Por volta de 1770, os produtos escravistas dominavam o comércio no Atlântico e haviam criado grandes fortunas em Bordeaux, Liverpool, Londres, Nova York, Boston e Nantes. Instituições financeiras fizeram amplo uso das "cartas de crédito" descontadas dos fornecedores das *plantations*. Os sistemas escravistas coloniais eram assolados por conflitos e instabilidade, pois os produtores, comerciantes e funcionários coloniais brigavam pela divisão dos despojos, e diversas potências coloniais disputavam o controle tanto dos territórios quanto das rotas fluviais e marítimas. A especulação financeira e a crise geraram insegurança. Colônias como a francesa São Domingos e a britânica Jamaica, em que o número de pessoas de cor livres veio a superar o de brancos, mostraram-se especialmente vulneráveis. No século e meio antes do conflito de 1776 pelo território americano, a produção escravista alimentou os conflitos imperiais. A eclosão da Guerra da Independência Americana (1776-1783) desafiou o poder imperial, estimulou o livre-comércio e injetou um apelo ideológico numa luta que já não era simplesmente pelo território e pelo fortalecimento dos Estados dinásticos. Essa tendência foi acentuada com a Revolução Francesa, as guerras Anglo-Francesas (1792-1815), a Revolução Haitiana (1791-1804) e as guerras pela independência na América Latina (1810-1824). Os grandes comandantes e estadistas tinham agora que lidar com desafios como revoltas de escravos, movimentos abolicionistas e projetos de emancipação.

Há mais a dizer sobre a ascensão e a queda da primeira escravidão, tópicos que abordei em outros trabalhos (*The Making of New World Slavery, 1492-1800* e *The Overthrow of Colonial Slavery, 1776-1848*). Aqui meu foco está na pergunta "Por que segunda escravidão?" como prelúdio para abordar seu modo de funcionamento e os motivos para a sua derrota.

A segunda escravidão do Novo Mundo data de aproximadamente 1790, atingiu seu auge na metade do século e tinha sido completamente suprimida em 1888, quando o Brasil promulgou a última emancipação. Mesmo os historiadores que não utilizam o conceito assinalam que o aumento da escravidão das *plantations* nos Estados Unidos, em Cuba e no Brasil, no período de 1820 a 1860, representa um fenômeno de agregação significativo e exibe certas características importantes em comum nos diferentes países, além de contrastes interessantes.³

A segunda escravidão representava um regime escravista mais autônomo, mais duradouro e, em termos de mercado, mais "produtivo", capaz de suportar a ofensiva da Era das Revoluções e de atender à crescente demanda pelos produtos das *plantations*. A escravidão colonial estava vinculada desde o princípio à expansão dos mercados, associada à ascensão do capitalismo no noroeste da Europa. Nas primeiras décadas do século XIX, a Revolução Industrial ampliava enormemente a demanda e fornecia insumos essenciais às *plantations* e ao comércio dos seus produtos. A segunda escravidão foi em grande parte "pós-colonial", e senhores de escravos gozavam de uma relação mais direta com o poder. Essa nova escravidão americana floresceu ao mesmo tempo que o mercantilismo era desmantelado e a Era a Vapor revolucionava transportes e processamento.

Algumas críticas à escravidão colonial alegavam que sua prática só era comercialmente viável graças à proteção mercantilista. O historiador e líder nacional trinitário Eric Williams defendeu essa ideia em seu influente livro *Capitalism and Slavery*, lançado em 1944. Contudo, o foco dessa alegação era muito limitado. Os senhores de escravos britânicos das Índias Ocidentais prosperaram graças às taxas aplicadas sobre o açúcar de outras partes, que lhes davam acesso privilegiado ao mercado britânico. O desmantelamento do mercantilismo na sequência da Revolução Americana e de outras revoluções atlânticas levou alguns escravistas à ruína, porém ofereceu incentivo e mercados crescentes a muitos outros. Os senhores britânicos e franceses, que haviam sido os mais ricos do hemisfério, viram-se rebaixados e marginalizados. Mas quando as restrições ao comércio foram retiradas, os plantadores de algodão nos Estados Unidos, de cana-de-açúcar em Cuba, e de café no Brasil prosperaram.

A segunda escravidão não deve ser separada de forma tão drástica da primeira escravidão em virtude da permanência de grandes temas. Enquanto algumas características da primeira escravidão (colonial) já haviam esgotado sua utilidade ou tinham se mostrado perigosas, muitas das características essenciais da escravidão nas *plantations* se conservaram e foram adaptadas a novas condições e tecnologias. Neste momento mencionarei brevemente tais processos, já que a tarefa principal é explicá-los. Entretanto, alguns pontos preliminares indicarão um rumo a ser seguido e um conjunto de problemas que precisa de esclarecimento.

Aqueles que propuseram o conceito de segunda escravidão veem-na como uma mutação da primeira. Os dois tipos relegavam um subgrupo de cativos, definido conforme critérios raciais, ao trabalho forçado para a produção dos produtos primários mais valiosos. Ambas organizavam os escravos em turmas, sob comando unificado ou em um sistema de tarefas. A força de trabalho da *plantation* era valorizada como uma *commodity*. Em ambos os regimes, os escravos eram bens que podiam ser comprados e vendidos sem levar em consideração laços familiares. Ainda assim, ambos eram dependentes da chamada "economia natural". Ambos incentivavam os escravos a suprir sua própria necessidade de comida com o plantio de milho, a criação de galinhas e o cultivo de hortas em suas escassas horas de "tempo livre". A precária família ou comunidade escrava tentava assegurar o direito à posse de animais domésticos, de roças ou de cemitérios, e os feitores podiam, às vezes, conceder esses direitos. Os donos de escravos, como grupo, se reservavam o direito de vendê-los sempre que fosse necessário ou conveniente. A chamada economia natural era portanto um espaço de luta de classes, mas um espaço no qual, em tempos "normais", tudo favorecia a classe dos senhores, devido ao seu acesso aos recursos e ao controle das forças organizadas. Os plantadores também podiam utilizar escravos em obras ou tarefas que exigissem grande habilidade a baixo ou nenhum custo adicional. Evidentemente, todos esses aspectos dos regimes escravistas não eram características desprovidas de importância e sugerem forte continuidade.

Mas a segunda escravidão certamente apresentava características originais. Era uma espécie de escravidão descolonizada, que reivindicava soberania e aspirava à autonomia. Os senhores de escravos tiveram papel de protagonismo nas lutas de independência na América do Norte, principalmente se reconhecermos que essa luta teve caráter prolongado e não acabou totalmente em 1783, 1787 ou em 1815, mas continuava buscando novas fronteiras e conteúdos na década de 1820 e posteriormente. O Império do Brasil foi declarado formalmente em 1822, porém houve uma experiência anterior de autonomia em relação a Portugal e muitos esforços subsequentes para conquistar uma independência efetiva. Cuba nunca deixou de ser uma colônia espanhola, entretanto seus líderes reformaram o pacto colonial, manipularam a política da metrópole e defenderam os interesses independentes da "sacarocracia" – os senhores do açúcar.

A segunda escravidão supriu os mercados mais amplos alcançados pelo *free trade* e pelo *comercio libre*, pela industrialização e pela "revolução do mercado". Com o fim do velho mercantilismo, não havia espaço para proibições à manufatura ou para monopólios, mas algumas tarifas permaneceram e o Estado controlou o mercado fundiário. A segunda escravidão precisava de um Estado que a apoiasse e incentivasse, mas não que a supervisionasse. Era fortemente centralizada em fazendas e em *plantations*, de caráter mais industrial. Em alguns aspectos, era mais moderna e mais produtiva, se levássemos em conta apenas a produção comercializada, porém certamente não era melhor, nem mais humana. A segunda escravidão estava ligada à aceleração do capitalismo industrial e conforme este se expandia o número de tarefas extenuantes a serem realizadas se multiplicava. Essa nova escravidão americana tinha caráter ainda mais intensamente racial do que seu antecessor colonial. Isso dizia respeito principalmente ao status das pessoas de cor livres. Nos últimos anos de escravidão colonial nas ilhas francesas e britânicas o número dessas pessoas aumentou e houve melhora em suas condições, mas isso não aconteceu sem conflitos. Com o advento de um regime de *plantation* mais rigoroso, com forte demanda por "braços" para a *plantation* e com o medo suscitado pela Era da Revolução, a manumissão foi dificultada e a condição das pessoas de cor livres piorou. Os principais territórios da segunda escravidão apresentavam vantagens naturais para o cultivo das principais *commodities* – a cana-de-açúcar em Cuba, o algodão no Sul dos

Estados Unidos e o café no Brasil. Os sistemas de escravidão colonial não dispunham da terra necessária para expandir a produção. Os plantadores compensavam essa limitação com a introdução de fertilizantes, de novas variedades de colheita e de sistemas de irrigação (principalmente em São Domingos e na Guiana Britânica), contudo esses espaços não poderiam ser comparados, em tamanho, aos que seriam tomados pelos empresários da segunda escravidão. Estes obtiveram forte vantagem competitiva, mas sua expansão foi também resultado da invasão e conquista física e militar à custa de outros estados e dos povos indígenas. As *plantations* escravistas não impuseram a monocultura, porém o cultivo das principais *commodities* na época era sem dúvida imperativo e agressivo o suficiente para que lhes fossem conferidos títulos de realeza ou de nobreza: "King Cotton", "Su Majestad el Azucar" e "Barões do Café".

O fato de os senhores de escravos exercerem poder político no regime da segunda escravidão não significava que o monopolizassem. Cada um desses territórios fazia parte de uma entidade política maior, respectivamente parte da República Norte-Americana, parte do Império Brasileiro, e uma colônia formal da Espanha. Em todos os casos, tanto os plantadores quanto os comerciantes e banqueiros a eles vinculados tinham acesso privilegiado ao poder, mas também precisavam de aliados sociais e políticos dentro e fora da zona da *plantation*.

O acontecimento fundador da segunda escravidão foi a Revolução Americana, porém várias décadas se passaram até que o crescimento das *plantations* se estabilizasse nos principais territórios novos. Numa onda de sublevações de 1776 a 1825, os senhores de escravos do Novo Mundo e os comerciantes a eles vinculados foram muitas vezes protagonistas cruciais, como revolucionários ou contrarrevolucionários. Seu feito era difícil: acompanhar a maré da mudança sem ser inundados.

Por muitos motivos, os proprietários escravistas do Sul dos Estados Unidos tiveram um papel crucial na ascensão da segunda escravidão e também na sua queda. Por volta de 1800, havia mais escravos no Brasil do que nos Estados Unidos, mas a colônia portuguesa foi sufocada por um sistema mercantilista peculiarmente complexo. Em 1820, havia 1,5 milhão de escravos nos Estados Unidos, 1,1 milhão no Brasil e provavelmente 350 mil em Cuba. Já em 1860 eram 4 milhões os escravos no Sul dos Estados Unidos, 1 milhão no Brasil e 400 mil em Cuba. Os plantadores norte-americanos puderam contar com o crescimento contínuo da população escrava, enquanto os cubanos e brasileiros lutavam para expandir o contingente de cativos, recorrendo ao tráfico negreiro. Nesse ano, havia aproximadamente 40 mil senhores de escravos no Sul dos Estados Unidos, cerca de 10 mil no Brasil e 2 mil em Cuba. As estimativas são aproximadas e não dão conta dos diferentes papéis e caráter dos proprietários de escravos nessas três sociedades. Embora tais números indiquem o poder diferencial da classe senhorial nas três áreas, a discrepância era ainda maior do que sugerem devido à respectiva maturidade de seus sistemas de *plantation* e seu grau de integração econômica. Assim, o Sul dos Estados Unidos contava com aproximadamente 24 mil quilômetros de estradas de ferro em 1860, Cuba tinha em média 1.300 quilômetros, e o Brasil, mil quilômetros. A população "branca" do Sul dos Estados Unidos em 1860 era de aproximadamente 7 milhões, com muitos pequenos proprietários de escravos que aspiravam a se tornar plantadores. Em Cuba, a população branca compreendia quase a metade do total, enquanto no Brasil os brancos representavam apenas um quarto do total e eram em menor número que as pessoas de cor livres.

Tanto no sistema de escravidão colonial quanto no pós-colonial a *plantation* era, em muitos aspectos, uma ilha: distante de tudo e isolada socialmente. Os escravos eram proibidos de deixar a propriedade a menos que tivessem autorização assinada pelo feitor. Eram formalmente impedidos de aprender a ler ou a escrever. Tais regras nem sempre eram aplicadas, porém sua existência dizia muito sobre o sistema. O índice de alfabetização dos brancos no Sul dos Estados Unidos era significativamente mais baixo que o dos brancos do Norte, mas ainda representava aproximadamente dois terços do total. O grau de instrução em Cuba e no Brasil ficava muito atrás daquele apresentado pelo Sul dos Estados Unidos.

Refazendo a escravidão no Novo Mundo

No começo do século XIX, os perigos e as desvantagens da posse de escravos tinham se tornado bastante óbvios. Muitos escravos odiavam os seus senhores mesmo quando pareciam amá-los. Roubavam de seus donos e contra eles conspiravam. Dada a oportunidade, fugiam ou juntavam-se a uma rebelião. É claro que havia senhores paternalistas e escravos agradecidos, contudo a ambivalência era grande mesmo nessas circunstâncias. Os senhores das Américas eram frequentemente protagonistas da Era das Revoluções e sabiam que o fim do domínio colonial transformava suas perspectivas de expansão comercial e territorial, e também que isso os obrigava a se responsabilizar integralmente pela manutenção de seus escravos em submissão, apesar das novas oportunidades de resistência e fuga. É provável que o número de escravos que escaparam graças à Guerra dos Sete Anos (1756-1763) não tenha passado de no máximo algumas centenas. O monarca espanhol concedia liberdade aos escravos fugidos que pertencessem aos britânicos, porém a viagem até Saint Augustine, na Flórida, era longa e perigosa. Em contraposição, de 30 a 40 mil escravos pelo menos escaparam ou ganharam manumissão no decurso da Guerra da Independência. A grande maioria procurou as fileiras britânicas, enquanto aproximadamente um décimo do total se juntou às forças rebeldes, servindo principalmente como soldados substitutos na milícia dos estados do Norte.

O desafio à escravidão era político ou filosófico e não simplesmente uma consequência do temor pela segurança intensificado nos tempos de guerra. A ameaça ideológica surgiu na década de 1760 com os primeiros escritos e contestações judiciais contra a escravidão.

No mundo atlântico, assolado pela revolução, o questionamento da escravidão foi a princípio ofuscado pela grande questão da soberania popular, de âmbito e consequências próprios. Nem a Declaração da Independência Americana, nem a Declaração de Direitos do Homem e do Cidadão francesa, nem a Constituição Americana e o Bill of Rights se dirigiam à situação dos quase três milhões de pessoas escravizadas nas Américas. Entretanto, a Assembleia da Pensilvânia aprovou uma lei moderada de emancipação em 1780, após debate público, e em 1787 a Sociedade Britânica pela Abolição do Tráfico de Escravos no Atlântico havia começado a mobilizar a opinião pública em grande escala, com petições em massa, reuniões com grande participação e uma enxurrada de panfletos e artigos nos jornais. O primeiro movimento abolicionista atraiu o apoio de parlamentares, mas perdeu impulso em 1792, devido ao pânico antijacobino. O terror revolucionário na França e a grande insurreição de escravos em São Domingos, a colônia mais rica do Novo Mundo, convenceram os parlamentares abolicionistas de que ainda não era tempo de insistir em seu caso. Os radicais ingleses tinham que lutar pela própria sobrevivência ao se tornarem alvo das multidões do Crown and Anchor (nome da taberna que frequentavam). As *Reflections* de Edmund Burke atacavam a Revolução Francesa pela promoção da selvageria servil e de um canibalismo real.

Os senhores de escravos do século XIX promoveram novos preceitos políticos, negociaram novas alianças sociais e herdaram, adaptaram e reconfiguraram um contrato racial que atrairia o apoio de importantes grupos de pessoas livres, não escravistas, dessas sociedades. Doutrinas relacionadas à raça, à propriedade e aos interesses nacionais foram defendidas para justificar a posse de escravos e conter os desafios abolicionistas. Da mesma forma que os anteriores, os novos conceitos e estereótipos raciais retratavam os afrodescendentes como necessitados de coerção física e de duras restrições, e os indígenas como dignos apenas de desprezo. Apresentar o recurso à escravidão em massa como o destino de uma nova nação era uma proposta difícil e muito diferente da tentativa de justificar a escravidão numa colônia distante. Isso fez que algumas pessoas questionassem a exclusão de classe entre brancos, o que levou ao surgimento da república da democracia racial do homem branco.[4] A posse de escravos estimulava e, ao mesmo tempo, distorcia a visão dos senhores sobre o que seria uma boa sociedade e o futuro da nação. Nos Estados Unidos, isso acabou levando à celebração de uma civilização do homem branco, abertamente apoiada numa subclasse de trabalhadores negros.

Os senhores de escravos cubanos e brasileiros recuaram do republicanismo e foram cautelosamente em direção a uma maior autonomia, mas muitos começaram a se considerar liberais, termo aplicado pela primeira vez à política na época de Cortes de Cádiz, em 1810. Alguns desses liberais eram donos de escravos, e quase todos atuavam numa ordem política que defendia a escravidão. Como os Whigs norte-americanos, aceitavam alguma medida de exclusão racial mas se sentiam incomodados com a existência da escravidão e da democracia ao mesmo tempo. Esses homens trabalhavam por uma "civilização" e um "embranquecimento" da base da população, por uma redução na dependência de escravos e pela negação de direitos políticos ativos àqueles que não tivessem propriedades. As visões de mundo do senador americano Henry Clay, do estadista brasileiro José Bonifácio, do historiador britânico Thomas Babington Macaulay, do historiador francês Alexis de Tocqueville e do historiador cubano José Antonio Saco não eram idênticas porém tinham muito em comum, incluindo o respeito por uma suposta missão civilizatória europeia ou norte-americana, a aceitação da economia política atlântica e a rejeição a ideias radicais contra a escravidão. Enquanto os racistas radicais abraçavam a segunda escravidão sem restrições, para os liberais, seu dinamismo era perturbador.

Embora a escravidão fosse sem dúvida uma instituição tradicional, a segunda escravidão, ou a nova escravidão americana representava uma inovação, um novo começo, com novos amigos e inimigos, um novo contexto socioeconômico e novas tecnologias. Os principais centros de crescimento no período 1800-1830 eram regiões que antes não tiveram envolvimento direto no desenvolvimento das *plantations*. O vale do Mississippi, nos Estados Unidos, o interior de Matanzas, em Cuba, ou o vale do rio Paraíba do Sul, no Brasil, ofereciam vastos espaços novos para a agricultura de *plantation*, porém exigiam a introdução de dezenas de milhares de trabalhadores para desmatar a floresta, construir estradas e cultivar os produtos primários. Os povos indígenas foram considerados inadequados, mas, de qualquer forma, se recusavam a ser recrutados para essas tarefas. Uma série de plantadores estadistas – principalmente os de persuasão liberal – pressionavam pela introdução de imigrantes europeus livres, contudo, a experiência mostraria mais tarde que um projeto desse tipo necessitaria de iniciativa estatal e de muito dinheiro. Os plantadores das Américas não confiavam no Estado e eram alérgicos às tributações. Por fim, na metade da década de 1880, o estado de São Paulo, no Brasil, recrutou centenas de milhares de imigrantes italianos para trabalhar nas fazendas de café. Os fazendeiros precisavam dar um novo status aos trabalhadores e esvaziar ainda mais os bolsos para pagar pelo reassentamento em massa. A experiência deu certo, embora os fazendeiros ainda se ressentissem quando a abolição chegou, em 1888.

No início do século XIX, os senhores das Américas achavam mais fácil comprar escravos e mandá-los para as novas regiões. Embora fossem inovadores em muitos aspectos, escolhiam não inovar na contratação de mão de obra. Em vez disso, adotavam e adaptavam o sistema escravista herdado da era colonial. Como as demandas das *plantations* naquele regime eram cada vez mais persistentes, a própria condição escrava recebia muito mais atenção e era mais intensamente racializada.

À diferença dos proprietários com frequência absenteístas do Caribe inglês e francês, grande parte dos senhores de escravos do Brasil, de Cuba e do Sul dos Estados Unidos residia em suas fazendas ou em cidades vizinhas. Moravam perto de seus escravos e podiam se responsabilizar pessoalmente por suas propriedades. Sua influência política era considerável. Não formavam apenas um lobby; eram parte integrante da ordem dominante. Nas menores ilhas do Caribe os escravos representavam de 80 a 90% da população, o que tornava essas colônias particularmente vulneráveis a distúrbios. No Sul dos Estados Unidos, em Cuba e no Brasil, os escravos eram geralmente superados em número pelas pessoas livres, que nunca representavam menos de 44% do total. Em Cuba e no Brasil havia um número cada vez maior de pessoas de cor livres, mas poucas se identificavam com aquelas que ainda estavam escravizadas, e algumas até mesmo possuíam escravos. Grandes fortunas foram feitas nas colônias das ilhas caribenhas, mas a riqueza da *plantation* ainda era apenas uma fração do total da riqueza nacional – cerca de 5 a 6% –, o que reduzia a influência dos senhores e tornava mais fácil a sua compensação. O valor dos escravos era muito mais alto nos

Estados Unidos, no Brasil (onde representava metade da riqueza nacional) e também em Cuba.

O ciclo de guerras e revoluções testou a coragem dos proprietários de escravos ao mobilizar antigas e novas fontes de poder social. Os escravistas revolucionários dos Estados Unidos haviam tomado uma iniciativa corajosa num momento em que o movimento contra a escravidão mal aparecia no horizonte. Os *hacendados* de Cuba e os fazendeiros do Brasil foram muito mais cautelosos, porém de forma alguma passivos.

Os grandes proprietários de terra das Américas hispânicas do Sul e Central se mostraram bastante conservadores durante as lutas de libertação, foram lentos ao tomar uma atitude contra a Espanha e hostis a temas democráticos radicais. Mas nos últimos estágios da luta, e sob a influência de Simon Bolívar, Vicente Guerrero e outros líderes mais radicais, os Libertadores arregimentaram muitos soldados negros e ultrapassaram as proibições ao comércio de escravos para apoiar as Leis do "Ventre Livre" (isto é, leis que libertavam os futuros filhos de mães escravas). Em algumas das novas repúblicas, a escravidão foi abolida em definitivo na década de 1820 (no Chile e no México), enquanto, em outras, durou até a década de 1850. Essas medidas foram muito irregulares e pouco fizeram pela igualdade racial, apesar da excepcional contribuição dos negros à derrota da Espanha. Contudo, conseguiram impedir o crescimento de um sistema escravista nas novas repúblicas.[5] Nesse sentido, podem ser comparadas às medidas que acabaram por desacelerar a escravidão no Norte dos Estados Unidos, principalmente em estados como Nova York (1799) e Nova Jersey (1804), onde as leis do Ventre Livre extinguiram progressivamente uma escravidão que fora uma presença importante. Alguns senhores sulistas ansiavam por uma solução desse tipo, mas ficaram cada vez mais isolados. A imensa maioria dos plantadores se aferrava aos seus bens humanos, e a alegação de que seriam escravistas relutantes parecia cada vez mais esfarrapada.

Os proprietários de escravos do Sul dos Estados Unidos, do Brasil e de Cuba não foram demovidos pela amargura dos escravos ou por sua "ingratidão", nem mesmo pelo desprezo de muitas pessoas livres de fora da zona escravista. Mesmo os senhores de espírito público que admitiam que a presença de escravos comprometia a tarefa de construção da nação se aferravam à sua posse e se contentavam com gestos e medidas simbólicos que não chegavam a reduzir os números totais da escravidão. Uma Sociedade de Colonização Americana (US Colonization Society) foi criada em 1816 para estimular a manumissão e o reassentamento, mas, em sua farsa, nunca conseguiu enviar mais do que alguns milhares de ex-escravos para a África. Enquanto isso, a população escrava dos Estados Unidos, estimada em milhões, aumentou de forma constante apesar do fim das importações de escravos.

A persistência da escravidão

Por que os plantadores das novas regiões continuaram a ser ou se tornaram proprietários de escravos? No caso de alguns senhores da Costa Leste dos Estados Unidos, a inércia e o prazer de dominar seus servos e vizinhos sem dúvida tiveram o seu papel. Em décadas posteriores, uma última tentativa de apoio à escravidão racial transformou-se na defesa de um novo regime de supremacia branca, apreciado por brancos pobres e remediados, bem como por grandes proprietários escravistas. Porém, na construção da segunda escravidão, a principal motivação dos plantadores era ganhar dinheiro, já que assim poderiam pagar suas dívidas, aumentar o valor de suas propriedades e assegurar sua posição na classe dominante. Ganhar dinheiro exigia selecionar o produto certo, praticar um bom cultivo, obter uma disposição eficaz da força de trabalho e ser hábil ou ter sorte ao decidir o momento certo para vender. Financiadores e comerciantes ajudavam os plantadores, cobrando uma comissão.

Nos Estados Unidos, convencionou-se usar o termo *planter* para se referir àqueles que tinham mais de vinte escravos. Em Cuba, os senhores de engenhos possuíam muitos mais, e, no Brasil, os fazendeiros de café eram donos de um número menor. Mas em todas as três regiões a posse média era de seis escravos, número bastante reduzido porque muitos tinham somente um ou dois. Em cada uma dessas regiões o homem jovem que tivesse um grupo de escravos – fosse composto de meia dúzia, fosse de vinte deles – aspiraria a se tornar um grande fazendeiro e veria essa posse como um trampolim para a riqueza e o prestígio. Era comum que aqueles que estavam no estágio inicial de novas *plantations* trouxessem para o projeto suas riquezas pessoais ou familiares, bem como suas conexões e um grupo de escravos. Ainda assim precisariam de crédito, já que qualquer *plantation* demoraria alguns anos para produzir a sua primeira colheita real. Nesse meio-tempo, havia muitas despesas a pagar (equipamento, provisões, materiais de construção, escravos adicionais etc.).

Era fundamental que houvesse comerciantes, proprietários de armazéns, credores e banqueiros dispostos a conceder crédito aos plantadores. Na verdade, a despesa para transformar novas terras em *plantations* era tão considerável que muitos casos não seriam bem-sucedidos a menos que tais apoiadores pudessem ser encontrados. A disposição e a capacidade dos apoiadores comerciais de conceder crédito eram, por sua vez, a expressão de sua ânsia por obter produtos primários valiosos e participar dos lucros das *plantations*.

Por um lado, a explosão da escravidão foi um reflexo da vontade do consumidor de gastar seu dinheiro ganho arduamente com os produtos das *plantations*. Por outro, representou o desejo do proprietário de escravos de fazer bom uso de seu patrimônio. Se assim desejasse, ele poderia subsistir por algum tempo como patriarca independente, vivendo da produção e vendendo alguns escravos de vez em quando. A maioria, porém, aspirava a mais do que isso. Escravos eram uma forma de capital; de fato, eram uma forma muito tangível e móvel de capital, o que levava a maioria dos proprietários a desejar obter um retorno de seus grupos, e as *plantations* eram a aposta mais promissora nessas circunstâncias. A lógica do capitalismo escravista incentivava o comportamento empresarial, mas também oferecia alguma tranquilidade. Como todo empreendimento agrícola, a *plantation* teria que lidar com mau tempo, doenças de plantas, pestes, oscilações nos preços e assim por diante. Entretanto, do ponto de vista do investidor ou do credor havia a ideia tranquilizadora de que, em caso de dificuldade, o valor da propriedade rural e de seus escravos serviria como garantia explícita ou implícita. Às vezes os senhores aprovavam leis para proteger seu patrimônio de confiscos, mas precisavam de financiadores e não podiam desafiá-los por muito tempo.[6] Contudo, havia desastres que não poderiam contar com a cobertura dos escravos como garantia: epidemias e rebeliões, que destruíam o valor do capital. A disponibilidade de cobertura poderia reduzir alguns desses riscos, oferecendo alguma resiliência ao empreendimento da *plantation* por um preço (e excluindo a revolta de escravos, um risco que os seguradores não aceitavam).

Essa análise da nova escravidão sugere uma conclusão interessante. As elites mercantis e financeiras de Londres e Paris, de Nova York e Boston, de Nova Orleans e do Rio de Janeiro, de Madri e Havana têm uma responsabilidade específica pelo aumento da escravidão. Esses grupos poderiam ter oferecido crédito apenas a pequenos agricultores que quisessem cultivar as próprias terras, os quais poderiam ter empregado trabalho familiar para cultivar algodão, café e açúcar. Poderiam ter continuado a apoiar a provisão de equipamentos de processamento. Mas não fizeram nada disso porque fazendas sem escravos não eram uma boa perspectiva de crédito: tais propriedades careciam de garantias. Plantadores escravistas, por sua vez, tinham ativos líquidos à disposição.

A riqueza pessoal dos proprietários escravistas e o preço geralmente flutuante dos escravos fazem estranhar que houvesse qualquer dúvida quanto à rentabilidade da posse de escravos. A explicação para isso, sem dúvida, é que os plantadores se viram numa competição feroz uns contra os outros, alguns em setores em declínio ou trabalhando em terras já exauridas ou marginais. A grande maioria dos plantadores precisava de dinheiro emprestado para preparar a colheita e para oferecer parte da futura safra como garantia. Esses acordos ainda permitiam que os escravistas prosperassem em períodos normais, mas os menos exitosos viram-se cada vez mais afundados em dívidas e podiam ser forçados a vender alguns de seus escravos.

A possibilidade de que as *plantations* escravistas nas Américas fossem – e geralmente eram – rentáveis não é mais questionada. Porém notamos aqui o aparente paradoxo das *plantations* rentáveis e de proprietários endividados. Os beneficiários da labuta dos escravos poderiam ser, e na maioria das vezes de fato eram, aqueles que forneciam crédito ao plantador. Havia também os altos e baixos das colheitas em regiões concorrentes. Muitas décadas se passaram até que fosse evidente que as condições cubanas eram mais favoráveis à cana-de-açúcar, e, as brasileiras, ao café. Nesse ínterim, houve perdedores e ganhadores na classe dos plantadores, com o fechamento de fazendas de café cubanas e a venda de seus escravos ao setor açucareiro, enquanto no Brasil os produtores de açúcar se viram por fim obrigados a ceder passagem ao avanço mais rápido do café, muitas vezes tendo que vender seus escravos a concorrentes que produziam café. Será necessário examinar, a seguir, esses caminhos contrastantes de forma mais detalhada. Contudo, a conclusão geral é de que as fazendas escravistas de algodão, cana-de--açúcar e café eram rentáveis e de que aqueles que possuíam escravos eram levados a vendê-los aos plantadores que tivessem a melhor perspectiva de colher esses lucros.[7]

O crescimento da *plantation* exigia grandes quantidades de mão de obra organizada, que os escravos podiam fornecer. Exigia também a vigilância das equipes de trabalho enquanto colhiam café e algodão ou abriam caminho pelos canaviais que amadureciam. O plantio de algodão exige solo bem irrigado, mas a época de colheita deve ser seca. É preciso que haja pelo menos duzentos dias sem geada durante o ano, de preferência mais, e uma temperatura média de cerca de 25°C nos meses do meio do ano.[8] O cinturão do algodão do Sul dos Estados Unidos reunia essas qualidades e, dadas as condições sociopolíticas adequadas, era natural que dominasse a produção mundial do produto. Produtores do Novo Mundo também tinham uma vantagem sobre seus concorrentes, sobretudo da Índia e da Indonésia, porque estavam mais perto dos mercados europeus e norte-americanos. Embora a cana-de-açúcar pudesse ser cultivada na Louisiana, que se tornou um dos maiores produtores, suprindo mais de um terço do mercado americano, um inverno rigoroso poderia prejudicar a colheita nesse local. Cuba tinha nada menos que 365 dias sem geada por ano. A ilha também apresentava uma planície central extensa, o que facilitava tanto o cultivo quanto o transporte em comparação com o Brasil, com suas torrentes rochosas e escarpas costeiras. Porém, uma vez que o transporte ferroviário tornou-se disponível no Brasil, os morros já não representavam um problema para os plantadores de café. Isso permitiu que as turmas de escravos fossem facilmente monitoradas.

Os proprietários de escravos tinham os principais recursos necessários para explorar o terreno e o clima favoráveis do Sul dos Estados Unidos, de Cuba e do Brasil. Tinham a força de trabalho e o crédito necessários para incorporar novas terras à produção. O emprego de escravos permitiu, assim, que os proprietários obtivessem "vantagens naturais". Nos séculos XVII e XVIII, pequenas ilhas e enclaves costeiros ofereceram boas perspectivas aos regimes mercantilistas coloniais. Entretanto, a revolução nos transportes trazida pelos navios a vapor, canais e estradas de ferro abria enormes possibilidades uma vez que a terra fosse obtida, preparada e defendida de outros requerentes. A opção pela mão de obra escrava fornecia uma solução altamente eficaz, pelo menos em curto prazo.

Após a escravidão, cada uma das regiões-chave da segunda escravidão continuou na liderança global utilizando uma mistura de trabalho imigrante e sazonal, meação, pequena produção e mão de obra familiar. Salários modestos foram pagos, e houve a cobertura de algumas despesas. Mas ao abrir as novas terras e nelas trabalhar, a mão de obra escrava proporcionou ganhos muito altos aos plantadores, uma vez que lhes permitiu se apropriar de uma parte do excedente de um produto primário valioso. O ano de trabalho era mais longo nessas regiões que nas latitudes mais frias e isso pode ter ajudado os plantadores a arcar com os custos maiores da organização do trabalho escravo. Como foi observado anteriormente, os regimes coloniais dos séculos XVII e XVIII já haviam capturado os ganhos de um trabalho altamente coordenado, tanto em turmas quanto em variações do sistema de tarefas.[9] Os plantadores da segunda escravidão conseguiram atingir um ritmo mais intenso. As narrativas escritas por escravos e ex-escravos deixam muito claro que a labuta incessante da plantação só era mantida devido à disciplina feroz e à coerção física.

Na linguagem da economia política contemporânea, a ascensão da Louisiana, do Vale do Mississippi, de Matanzas, do Vale do Paraíba e de São Paulo pode ser vista como um "ajuste espacial" concebido pelos plantadores e seus financiadores em Nova York, Liverpool, Londres e Paris. Derrotados nos canaviais do Caribe, eles flanquearam a resistência escrava ao abrir terras no interior e criar *plantations* em áreas onde estas ainda não haviam florescido. O transporte a vapor – por meio de navios e estradas de ferro – foi essencial nesse sentido.

A segunda escravidão foi definida pelo divisor de águas da "dupla revolução": a Era das Revoluções, por um lado, e as Revoluções Industriais, por outro.[10] Acontecimentos políticos revolucionários tiveram o poder de condenar algumas formas sociais ao mesmo tempo que promoveram outras. A segunda escravidão demonstrou a habilidade dessa instituição em se transformar e desenvolver novas formas, assegurando sua sobrevivência e aproveitando outras oportunidades comerciais que, no calor de acontecimentos revolucionários, poderiam tê-la consumido totalmente. Em termos gerais, essa evolução foi testemunha do início da globalização e dos impulsos contraditórios que esta suscitou.

Globalização e escravidão

A escravidão no Novo Mundo e os tipos de comércio a que deu origem surgiram como uma consequência e um componente da "primeira globalização", fase da história humana inaugurada pelas explorações marítimas, comerciais e coloniais de Portugal e Espanha no final do século XV e no início do século XVI. Esse período envolveu intercâmbios verdadeiramente globais, com metais preciosos extraídos nas minas das Américas (ouro e prata) que eram trocados por artigos de luxo de procedência oriental (especiarias, seda e porcelana), transportados a bordo de navios europeus. Os monarcas ibéricos mantiveram seu controle ao estabelecer um sistema de comboios, bem como uma série de fortalezas marítimas e armazéns costeiros (as feitorias). Os metais preciosos impulsionaram o poderio militar espanhol e cobriram os custos de administração e defesa de seu vasto império ultramarino. Do ponto de vista da Europa como um todo, a entrada de dinheiro em espécie permitiu que os reinos cristãos pagassem pelas importações vindas do Oriente. A Europa do fim da Era Medieval e do início da Era Moderna oferecia poucos produtos que pudessem interessar aos consumidores asiáticos, mas a prata e o ouro americanos forneciam um pagamento aceitável e dessa forma financiaram o comércio de especiarias e artigos de luxo do Oriente.

No entanto, as transações comerciais de Portugal com o Oriente ocupavam apenas dois ou três galeões por ano no fim do século XVI, enquanto as transações comerciais espanholas entre o México e as Filipinas, no Pacífico, eram transportadas em uma única grande embarcação. A frota espanhola que navegava entre a Península e o Caribe era geralmente formada por algumas dúzias de navios, mas levava produtos europeus para as Américas e, além da prata, transportava poucos produtos americanos na viagem de volta à Europa. Essa globalização inicial, ou "globalização arcaica", pouco ou nada fez para alterar padrões populares de consumo na Europa e criou apenas alguns enclaves diminutos no Oriente.

A conquista espanhola do Novo Mundo teve um impacto devastador para os povos indígenas, causando a morte de dezenas de milhões de indivíduos por doenças desconhecidas, a desintegração de suas comunidades e a sobrecarga sistemática de trabalho. Bartolomé de las Casas, o homem cujos escritos alertaram a Europa inteira sobre esse desastre, persuadiu o monarca espanhol a proibir a escravização dos indígenas na década de 1540. Para seu posterior arrependimento, Las Casas sugeriu que os robustos africanos poderiam servir como substitutos. Frente à escassez de mão de obra, e a fim de maximizar a receita colonial, as autoridades espanholas concederam licenças aos mercadores portugueses para transportar cativos africanos ao Novo Mundo, onde poderiam vendê-los aos colonos. Estes pagavam uma boa soma de dinheiro para adquirir os criados e trabalhadores de que muito necessitavam. Por quase um século os escravos foram uma força de trabalho auxiliar na

América espanhola, trabalhando em casas, jardins ou oficinas, ou ainda como artesãos, na construção de cidades e fortificações. A grande massa da força de trabalho nas minas continuou sendo indígena, das quais uma parte constituía trabalho tributário e temporário de comunidades indígenas, e, outra, trabalhadores assalariados, os *yanaconas*, antigos escravos dos incas que haviam sido libertados pelos espanhóis. Essa fase inicial da escravidão nas Américas foi moldada por padrões mediterrâneos de servidão, que davam aos primeiros escravos africanos ou aos seus descendentes certa autonomia no trabalho, bem como a oportunidade de comprar a liberdade se trabalhassem arduamente por muitas décadas, ganhando seu dinheiro como mascates ou artesãos. António Dominguez Ortiz assinala que os escravos encontrados na Espanha no fim do período medieval podiam ser brancos ou negros e eram, eles próprios, "bens suntuários" – sinais de riqueza ou artigos de luxo.[11] Isso revela também um pouco sobre o status dos escravos na América espanhola. Esse status não impedia que os escravos fossem muito úteis e, quando arrendados ou quando se lhes permitia ter uma ocupação, também lucrativos.

Em 1650, pessoas nascidas na África ou de ascendência africana representavam a metade da população de Havana, Vera Cruz, Cidade do México e de Lima, na América espanhola, e as proporções eram parecidas ou maiores em Salvador ou Recife, no Brasil. A metade dessas pessoas de cor era formalmente livre. Elas poderiam dever alguma deferência a seu antigo proprietário, mas dominavam vários ofícios e tinham irmandades religiosas próprias. Em 1653, os portugueses derrotaram a tentativa holandesa de conquistar o Brasil que já durava trinta anos, com a organização de uma força militar negra, os Henriques, um exemplo que as autoridades espanholas mais tarde seguiriam. O regime racial nessas colônias ibéricas envolvia uma complicada hierarquia social racial, com funcionamento diferente daquele do regime altamente polarizado e permanente de escravização racial em massa que se desenvolveu nas colônias inglesas após o surgimento das *plantations*. O padrão ibérico mais complexo e flexível de "escravidão barroca" deixou, no início do período colonial, resíduos e ecos nas cidades onde havia prosperado, como Havana, Salvador e Nova Orleans, que persistiram muito tempo depois da revolução das *plantations*.

A globalização adquiriu maior profundidade e alcance a partir da metade do século XVII, impulsionada pelo avanço das relações sociais capitalistas nas zonas rurais e nas cidades do noroeste da Europa. Essa evolução pôs dinheiro nos bolsos de camadas mais amplas da população. Os arrendatários rurais ingleses precisavam produzir trigo, lã e outras *commodities* para a venda a fim de poder pagar o aluguel aos seus senhorios. A renda proveniente das suas vendas também lhes permitia contratar trabalhadores remunerados para aumentar a produção. Como empregadores, tinham incentivo para comprar equipamentos que poupassem mão de obra. A renda das vendas também lhes permitia pagar honorários de advogados e impostos do governo. A economia pecuniária abrangia necessidades e luxos e permitia que pessoas comuns comprassem tabaco para seu cachimbo ou açúcar para fazer conservas, bolos e bebidas adoçadas. Comerciantes e fabricantes encontraram mercados mais amplos e tentaram controlar a oferta desses produtos exóticos. Eles descobriram que as *plantations* do Novo Mundo poderiam lhes fornecer quantidades crescentes dos artigos pelos quais seus clientes ansiavam: fumo, açúcar, café e chocolate. Os povos indígenas haviam ajudado os colonizadores a descobrir, adaptar e consumir alguns desses artigos, mas evitavam as *plantations* e foram considerados escravos incompetentes. Os comerciantes ingleses e franceses empregaram trabalhadores forçados europeus, que se comprometiam a trabalhar nas *plantations* por três ou quatro anos em troca da passagem para as colônias e da promessa de terra quando o tempo de trabalho chegasse ao fim. Entretanto, doenças desconhecidas e a falta de habilidade para sobreviver nos trópicos tiraram a vida de muitos desses jovens europeus. O número de pessoas dispostas a se vender à servidão nas *plantations* diminuiu e os plantadores recorreram a uma fonte de trabalho mais cara, mas também mais eficaz. Havia tempo que os portugueses compravam cativos na costa africana para trabalhar nos canaviais do Brasil e das ilhas atlânticas. Por volta de 1650, holandeses, ingleses e franceses já faziam o mesmo no Caribe, porém em escala maior. Quando ficou claro que os africanos eram resistentes e independentes, e que poderiam ser coagidos a trabalhar em turmas nas *plantations*, os comerciantes holandeses, ingleses e franceses quebraram o monopólio português e transportaram dezenas de milhares de escravos africanos anualmente para o Caribe e para a América do Norte.

O navio negreiro e a *plantation* se tornaram veículos de um grande confinamento, arrastando milhões de pessoas da África para trabalhar nas *plantations* americanas a fim de produzir drogas exóticas e guloseimas que seriam vendidas aos novos consumidores europeus. Enquanto o número de trabalhadores europeus contratados ou de índios cativos caía a proporções insignificantes, a mão de obra das *plantations* ficava cada vez mais escura.

No início do século XVIII, as *plantations* do Brasil, de Barbados, da Jamaica, da Martinica, da Virgínia e de São Domingos se apoiaram em centenas de milhares de cativos comprados na costa da África. Por volta de 1714, havia trezentos mil desses escravos e seus descendentes labutando nas novas *plantations*. Com o aumento da demanda pelo trabalho coercitivo, o código de cores da escravização tornou-se mais persistente e permanente do que nunca. Em 1770, a população negra escrava das Américas chegava a 2,3 milhões de pessoas. Um pequeno número de trabalhadores livres e muito bem remunerados estava empregado nas maiores *plantations* como capatazes, contadores ou médicos, mas os senhores de escravos produziam uma safra valiosa e desejavam a qualquer custo evitar uma mão de obra que ameaçasse não trabalhar mais em algum ponto crítico da colheita.

Os novos padrões de consumo exigiam muitos milhares de navios, não apenas aquele punhado que fazia as rotas de comércio orientais. A demanda em massa foi acompanhada pela produção em massa e por regimes permanentes de escravidão racial. O comércio atlântico se tornou cada vez mais intenso, transportando da África, a cada ano, centenas de milhares de cativos ou mais e competindo com as produções de outros continentes, ou complementando-as.

Da invenção do café da manhã à importância da roupa íntima

O consumo das novas *commodities* exóticas era algo pessoal e onipresente, e acabou levando aqueles que fumavam ou mascavam tabaco, ou bebiam chá ou café adoçado, a uma nova subcultura e a uma dependência do mercado. Jan de Vries citou a "invenção do café da manhã", com seu café ou chá adoçado e suas relações com uma nova economia de controle do tempo, como um novo "pacote" que reorganizou o consumo doméstico e deu aos comerciantes europeus certa vantagem competitiva. Christopher Bayly retoma o conceito e o relaciona com o comércio internacional:

> Alguns dos principais produtos de consumo nas revoluções industriosas da Europa e das Américas eram tropicais: fumo, café, açúcar e chá. O corolário disto é que os europeus e seus colonos foram os maiores beneficiários das novas redes [globais]. Comerciantes chineses, árabes e africanos certamente prosperaram mas decididamente o maior "valor agregado" foi arrebatado pelos europeus.[12]

Ao registrar essa interconexão, é preciso tomar cuidado para não confundir a "industriosidade" das famílias europeias com a dura labuta das *plantations*, como Bayly às vezes faz. Ambas estavam vinculadas embora de forma alguma fossem idênticas, como Bayly supõe quando escreve: "O sistema escravista do Caribe representava a definitiva e forçada revolução industriosa."[13] A influência global desfrutada pelos comerciantes europeus refletia tanto a sua supremacia marítima quanto o seu acesso aos produtos das *plantations*. O trabalho forçado das *plantations* escravistas das Américas gerou uma enxurrada de produtos que de fato complementavam a economia de tempo da revolução industriosa, mas dela diferiam em aspectos cruciais. A novidade de tal revolução, e também a do trabalho remunerado e assalariado, em termos gerais, foi seu caráter voluntário e obstinado. A família de trabalhadores assalariados tinha perspectivas e um elemento de flexibilidade negados aos escravos. A disposição desses trabalhadores para aceitar jornadas de trabalho mais longas e intensas refletia a compulsão maçante da necessidade econômica, porém agora havia pacotes de fumo ou de açúcar – a centavos – para iluminar os poucos momentos de recreação. Karl Marx insistia que o lar da classe trabalhadora se diferenciava do casebre dos escravos pelo acesso que possuía a uma variada gama de produtos sociais, notadamente jornais, um item cultural de grande importância política.[14]

Era a coerção física, e não econômica, que mantinha o escravo das *plantations* no trabalho. Essa afirmação identifica o elemento crítico das relações sociais da escravidão e não exclui um relato mais complexo das motivações cotidianas e de práticas e suposições herdadas. Os cativos africanos que foram originalmente comprados pelos plantadores do Novo Mundo eram, em sua grande maioria, jovens adultos com experiência nas tarefas agrícolas e no trabalho em equipe. Como cativos, sabiam que o serviço árduo era seu provável quinhão. Contudo, nada disso significa que eles aceitavam a escravidão, principalmente a escravidão permanente e inflexível, e o trabalho incessante que os aguardava nas *plantations* americanas. Senhores e feitores tinham bastante ciência de que, deixados a si mesmos, os escravos não se esforçariam para o benefício de seus donos, mas iriam cultivar alimentos em suas hortas, ou mesmo furtar uma pequena quantidade da colheita comercial, que poderiam vender ou trocar com vendedores ambulantes ou nos mercados locais. Qualquer lapso na vigilância estimularia os escravos a negligenciar a produção básica, a "servirem-se" de produtos ou a escapar. Os escravos, obviamente, não eram os beneficiários das redes globais. De fato, seu distanciamento e sua invisibilidade eram algumas das razões por que o seu destino miserável podia ser ignorado ou minimizado. A resistência do escravo à arregimentação e ao trabalho árduo só poderia ser vencida pelo chicote, pela palmatória e pelo tronco, e por toda uma organização carcerária da sociedade das *plantations* para apoiá-la. Punições e vigilância eram necessárias para assegurar e fazer cumprir o trabalho em proveito da *plantation* e de seu dono. Nesse contexto, pequenos privilégios, concessões e incentivos também podiam ser oferecidos (ou retirados).

A psicologia e o contexto do trabalho forçado e das famílias de escravos eram a antítese da revolução industriosa de Jan de Vries.[15] Era comum que os escravos marchassem até os campos por volta das quatro ou cinco horas da madrugada, sem o benefício de um "café da manhã", e só fizessem sua primeira refeição um pouco antes do meio-dia. Os cativos demonstravam muita criatividade e empenho para complementar a dieta limitada e monótona fornecida pelos donos, porém as famílias escravas não tinham qualquer coisa semelhante à flexibilidade ou ao envolvimento no mercado das famílias industriosas e livres da Europa e da América do Norte quando se tratava de alocar o tempo total de trabalho ou de escolher uma cesta de produtos de consumo. Os lares escravos contavam com poucos utensílios de cozinha e não dispunham de máquinas de costura. Durante a primeira escravidão em São Domingos e na Jamaica houve uma grande participação de escravos nos mercados dominicais, mas os dados sugerem que havia poucos mercados e que vendedores ambulantes desempenhavam apenas um modesto papel.

Minhas observações dirigem-se à ideia de que a revolução industriosa e a escravidão da *plantation* eram fenômenos sociais afins, mas essa afirmação não nega os vínculos frequentemente fortes entre ambas, já que a demanda pelos próprios produtos das *plantations* fazia com que mais produtores rurais e trabalhadores assalariados tivessem um envolvimento maior nas atividades relacionadas ao mercado – o café adoçado e produtos similares eram componentes centrais do pacote que transformou os desejos dos consumidores. O próprio Jan de Vries destaca o estímulo fornecido por esse setor.[16] A esse respeito, ele menciona o trabalho pioneiro de Sidney Mintz, citando o seu clássico estudo *Sweetness and Power* e comentando-o no seguinte trecho: "A primeira xícara de chá quente adoçado bebida por um trabalhador inglês foi um evento histórico significativo, pois prefigurou a transformação de toda uma sociedade, a reconstrução total de suas bases econômicas e sociais." Mintz pede ao leitor que acredite que todas as coisas posteriores a esse ato (a mudança enorme no comportamento do consumidor, o consumismo, as economias baseadas nas *plantations* escravistas, o colonialismo, o capitalismo) realmente foram consequências de um gosto inato fatal... A abordagem sobre os gostos do consumidor que apresentei procura contextualizar e tornar assim endógeno o processo da formação do capital do consumidor – tratar as inovações de consumo como provenientes da experiência e do conhecimento acumulados, em vez de aparecerem como um evento determinado de forma exógena. No entanto, Mintz está certo em chamar a atenção para as ramificações de longo alcance dos agrupamentos de consumidores.[17]

Embora partilhe deste último sentimento, creio que o resumo anterior da análise de Mintz precise ser qualificado. Não só o gosto pelo chá (ou café) adoçado deve ser contextualizado, mas também a sequência dele proveniente deve ser matizada. O chá não precisou ser produzido pelo trabalho escravo ou colonial, e durante um período considerável foi produzido em condições muito diferentes da escravidão colonial do Novo Mundo. Além disso, eu diria que as *plantations* escravistas eram mais a consequência do que a causa do capitalismo. A formulação mais imprecisa de Mintz é preferível ao resumo nítido de consequências descrito por De Vries.

Consideremos outros vínculos e "pacotes" para consumidores. Estes eram mais amplos do que Bayly admite. Embora o café da manhã mostre bem a compensação oferecida pela revolução industriosa a alguns trabalhadores livres, o avanço fundamental da Revolução Industrial em curso surgiu com os tecidos de algodão, frequentemente tingidos com anil. O algodão teve seu papel na fase inicial, pré-industrial, porém se tornou de importância fundamental com a introdução dos teares mecânicos e dos métodos industriais associados, que utilizavam água ou energia a vapor. Essa inovação surgiu na década de 1760, mas foram necessárias várias décadas para aperfeiçoá-la. Era mais fácil adaptar o fio de algodão ao processo industrial do que a lã ou o linho, e as roupas de algodão também eram mais fáceis de lavar. As traças adoram a seda, porém evitam o algodão. Com seu frescor, sua leveza e sua suavidade, o algodão é mais agradável à pele do que a lã ou o linho. O algodão era o "favorito da moda", como nota De Vries. A invenção dos jeans e das roupas íntimas de algodão foi tão importante quanto a invenção do café da manhã. (Aos escravos eram fornecidos tecidos rudimentares e outras "roupas de negros", mas não roupas íntimas, como observa Walter Johnson, aumentando assim a vulnerabilidade sexual de mulheres e crianças escravizadas.)[18]

O algodão encontrou novos mercados em todo o mundo, tanto nas colônias quanto nas metrópoles, na África e na Ásia, e também na Europa. Os Estados Unidos, o Brasil e Cuba eram mercados importantes para o algodão inglês. Embora outros gêneros produzidos por escravos tivessem alguma importância, o triunfo definitivo das *plantations* escravistas foi a avalanche de algodão cru produzida, enterrando todos os rivais – e todos os escrúpulos. Aqui temos a evidência mais clara de uma segunda escravidão e de sua promoção pelo capitalismo industrial. Os próprios trabalhadores assalariados também constituíam um mercado – mais ainda depois de persuadirem seus empregadores a pagar-lhes em dinheiro, e não em vales. Outros detalhes a respeito desse vínculo serão apresentados posteriormente, mas considere-se que em 1802 os Estados Unidos produziram 55 milhões de libras de algodão; em 1820, 160 milhões de libras; em 1830, 331 milhões de libras; em 1840, 814 milhões de libras; em 1850, 1,001 bilhão de libras; em 1860, 2,241 bilhões de libras.[19] Aproximadamente três quartos desse algodão foram exportados para a Grã-Bretanha.

Kenneth Pomeranz estima que a terra necessária para obter todos os produtos escravistas exportados pelos Estados Unidos para a Grã-Bretanha em 1830 se estenderia por entre 10 e 12 milhões de hectares, uma área maior do que a de toda a terra arável e de pastagem da Grã-Bretanha.[20] A América do Norte não era mais uma colônia da Grã-Bretanha, contudo os comerciantes e fabricantes britânicos ainda dispunham de seu mais valioso produto comercial, representando dois terços da receita de exportação americana.

Os sistemas escravistas também faziam aumentar a demanda por artigos de metal, estabelecendo assim um elo com outra dimensão da industrialização. As *plantations* escravistas e seu suprimento pelo comércio atlântico de escravos criaram uma forte demanda por todos os tipos de manufatura de metal, desde barras de ferro a armas de fogo para a compra de escravos na África, os grilhões para uso durante o tráfico transatlântico, e também as enxadas e facões para uso dos escravos nas Américas. A galopante demanda por metal era como uma corrente de ar que avivava as chamas da industrialização.

O regime de trabalho da *plantation*, mantido a todo o vapor por meio do chicote e do tronco, era uma espécie de semimecanização: empregava a energia a vapor no processamento, mas contava apenas com a força humana durante o cultivo. A *plantation* e a feitoria, bem como o navio mercante e a cidade portuária, estabeleciam novos pontos de referência para a liberdade e para a servidão. O tecido de algodão, produto do trabalho escravo nas Américas e do trabalho infantil nas minas e fábricas do noroeste da Europa, era transformado em camisas, blusas e calças brancas que representavam o sentido de dignidade, liberdade e independência do consumidor.

Assim, a labuta dos escravos e uma incipiente rede global de trocas forneciam os artigos principais de um estilo de vida que definiu o consumo civilizado. As *coffee houses*, os chás, os jornais e os anúncios proviam os confortos e as seduções de um estilo de vida que tornava os consumidores cada vez mais dependentes de climas distantes. Enquanto o preto e a prata dominavam o barroco, esse novo mundo de consumo era intensamente branco, o branco do açúcar refinado ou dos tecidos de algodão, do estuque caiado e da vela das embarcações alvejada pelo sol. Apesar disso, o mundo escondido e distante da produção dependia do trabalho em turmas de escravos negros, de celas escuras e sem ar, de minas de carvão abarrotadas e "escuros moinhos satânicos" (o poema "América", de William Blake, mostra que ele também tinha ciência dos satânicos moinhos do Novo Mundo).

Os resultados nefastos e opressivos da aceleração da globalização foram entremeados com consequências potencialmente mais benignas, pois os novos intercâmbios difundiam plantas (batata, milho, banana, arroz, amendoim) e animais domesticados (cavalos, ovelhas e gado) de uma parte do mundo a outra. Onde encontrassem solo e condições adequados – tanto sociais como naturais – esses novos produtos diminuíam a labuta necessária para a reprodução da vida humana. Dependendo das relações sociais dominantes, isso poderia aumentar a autonomia dos pequenos proprietários ou intensificar o latifúndio. Como veremos, os senhores de escravos buscaram incessantemente novas variedades de produtos e espécies. Os escravos africanos também levavam consigo o conhecimento sobre cultivo (de arroz e outras colheitas de subsistência). As relações sociais do escravismo permitiam ao proprietário se beneficiar da criatividade e do esforço do escravo, que lutava pela sobrevivência, e de suas habilidades agrícolas.

A globalização semeia conflito e resistência

Em 1770, o abade Raynal publicava a primeira edição de seu best-seller *L'Historie des Deux Indes*. Suas palavras iniciais eram:

> Nada na história da humanidade em geral, ou da Europa em particular, foi tão significativo quanto a descoberta do Novo Mundo e da rota para a Índia pelo Cabo da Boa Esperança. Esses eventos marcaram o início de uma revolução no comércio e no poder das nações, e no modo de vida, na indústria e no governo de todos os povos. Foi desse momento em diante que os habitantes das terras mais longínquas foram aproximados por novas relações e novas necessidades.

Essa perspicaz introdução assinala a "revolução no comércio" e a vincula a um novo "modo de vida", "novas relações e novas necessidades". Os antigos modos de vida, antes a salvo de comparações, deveriam ser abandonados. A escravidão nas Américas era parte do velho ou do novo mundo?

A *Histoire des Deux Indes* era completamente contraditória ao tratar da escravidão colonial. O rei da Espanha foi instado a adotar as *plantations* escravistas em suas possessões, recebendo para isso sugestões de como proceder e de como melhor administrar a mão de obra escrava. As autoridades espanholas e portuguesas foram convidadas a aprender com a regulamentação da escravidão das colônias francesas, supostamente mais humana (um tropo comum da criação imperial de mitos era a alegação, por parte de cada potência, de que sua própria prática escravista era bem-regulamentada, benigna e exemplar para as demais). Por outro lado, esse livro, trabalho de várias mãos, continha também uma memorável denúncia do escravismo, com a advertência de que tal prática violenta e odiosa semeava a discórdia entre os poderes, enquanto os estadistas tardiamente compreendiam que as *plantations* de açúcar ou algodão haviam se tornado mais valiosas que as minas de prata. Os leitores eram advertidos de que a dependência de um regime escravista brutal cobraria seu preço – não estava distante o tempo em que um novo Spartacus surgiria na liderança de uma insurreição servil e vingaria as injustiças cometidas contra os filhos e filhas da África.

Costuma-se acreditar que essa passagem tenha sido escrita por Denis Diderot, com a possível ajuda de Jean de Pechmeja. O Iluminismo apresentava um histórico confuso em relação ao tratamento da escravidão colonial, porém Diderot representava sua vertente mais radical, tendo reconhecido o livre-arbítrio universal. Raynal estava preparado para tolerar os floreios antiescravistas de Diderot num contexto em que estes enfraqueciam a pretensão britânica de ser a principal potência do Atlântico. Raynal aceitou uma pensão secreta do ministério colonial francês e apoiou uma reforma das instituições dos Bourbon, que possibilitaria uma vitória sobre os ingleses. Isso ajuda a explicar a veia profética do livro, que parece antecipar a Revolução Americana, a disposição do rei da França em apoiar os rebeldes, a eclosão da revolução haitiana e as tentativas imperiais de reivindicar o capital moral do antiescravismo.

A "revolução no comércio" ainda vivia seus primeiros dias quando a *Histoire des Deux Indes* foi publicada. Os grandes sistemas de monopólio colonial ainda existiam, mas o contrabando generalizado e os projetos rivais de reforma já vinham afrouxando as restrições. Os produtos das *plantations* aumentaram a riqueza e as aspirações dos plantadores e os fizeram comprar mais provisões de fazendeiros e de comerciantes locais, ou ao menos de americanos. Doses adicionais de livre-comércio abriam brechas onde quer que mais competição fosse permitida, e a facção mercantil mais dinâmica prosperava sempre que as tarifas fossem reduzidas, e os privilégios mercantilistas, removidos.

Os rebeldes americanos desafiaram a reivindicação britânica de tributar e regulamentar suas colônias. Comerciantes, plantadores e fazendeiros americanos queriam negociar com quem desejassem e administrar os próprios negócios, demandas incompatíveis com a autoridade imperial. As autoridades da Coroa francesa estavam tão desesperadas para se vingar dos britânicos que se dispunham a ignorar esse perigo e juntar forças com os rebeldes americanos. As condições do tempo de guerra incentivavam ainda mais o contrabando, enquanto as autoridades espanholas e portuguesas acreditavam que precisavam modernizar e afrouxar as restrições comerciais.

Dessa forma, o livre-comércio favorecia as transações com a zona das *plantations* e impulsionava a escravidão, assim como os intercâmbios com as *plantations* certamente favoreciam a migração e a reprodução do capital, de maneira que auxiliaram a industrialização. Contudo, o livre-comércio também era parte de uma luta anticolonial, uma luta contra a tirania e o privilégio colonial. O boom das *plantations* do século XVIII havia estimulado um "proletariado picaresco" de artesãos, empregados assalariados, trabalhadores gráficos, pequenos agricultores, marinheiros, estivadores, migrantes e aventureiros. Essas camadas sociais engrossavam as fileiras de patriotas e dos *liberty boys*, exigindo a liberdade política e a igualdade social, o fim da censura, o sufrágio masculino e o acesso aos meios de subsistência.

O nascimento tardio do abolicionismo

A escravidão colonial começou a florescer num momento em que a escravidão era uma instituição praticamente inconteste nos centros civilizados do poder. De forma diferente, a segunda escravidão era definida pelo fato de ter sobrevivido à grande onda antiescravista – as revoltas escravas e o abolicionismo – que se dirigiu ao tráfico de escravos e destruiu ou suprimiu a escravidão nas colônias francesas e britânicas. As terras da segunda escravidão foram profundamente marcadas pelo destino do qual as demais haviam escapado.

A ideia de abolição ou de liberdade incondicional era nova. A escravidão tinha perdido a força e até mesmo acabado em várias partes da Europa do fim da era medieval, mas sem qualquer legislação geral que a suprimisse, e sem qualquer filósofo ou teólogo que a condenasse. Sua prática havia provocado resistência em todos os estágios, porém não em nome da abolição incondicional. Revoltas de escravos, desafios cotidianos ao escravismo e guerras de resistência por parte dos povos indígenas haviam ocorrido desde os primeiros dias da colonização. No século XVII, não foram os famosos filósofos do Iluminismo, nem os pregadores do "Grande Despertar" que mostraram o caminho, mas sim grupos anônimos de colonizadores comuns, como os responsáveis pela resolução de Germantown de 1688, ou a petição da Geórgia de 1739. Da mesma forma, os primeiros passos para a rejeição da escravidão foram dados pelas *freedom suites* (petições de liberdade), ações judiciais realizadas para alegar que determinadas vítimas foram mantidas em escravidão indevidamente. Tanto nos tribunais franceses quanto nos ingleses, essas "petições de liberdade" podiam simplesmente contestar os detalhes de uma transação, e isso não desafiaria a legitimidade da escravidão em si. Porém, em uma série de ocasiões – como a famosa decisão de Lord Mansfield, de 1772, que libertou Somerset –, o caso foi discutido em termos mais fundamentais, a saber, que Somerset era livre, uma vez que não havia qualquer apoio declarado à escravidão na lei britânica. Essas *freedom suites*, tanto na França quanto na Grã-Bretanha, só poderiam ser sustentadas por grupos persistentes e corajosos de amigos, apoiadores e de suas relações, e naturalmente refletiram as grandes contendas da época, de alguma forma. A decisão de Mansfield em si pode ser vista como uma advertência da metrópole aos turbulentos norte-americanos. Qualquer que fosse o motivo, esse era apenas um dos muitos julgamentos do tipo, que fechavam determinadas jurisdições ao escravismo, demarcando gradualmente territórios livres e escravos.

Essas fontes díspares de oposição foram sucedidas por uma crítica pública e fundamental que visava à abolição radical e incondicional, datando da década de 1760. Os pioneiros quakers Benjamin Lay e Anthony Benezet deram um passo crucial nesse momento, passando da crítica privada para a agitação pública, e venceram amplamente a discussão dentro da Society of Friends. Numa época de patriotismo e hostilidades crescentes, os quakers encontraram uma causa que reforçava e justificava seu pacifismo. A Guerra dos Sete Anos foi uma orgia de fortalecimento e conquista tremendamente destrutiva e cara, e viria a provocar uma crise imperial entre todos os protagonistas. Enquanto os ingleses tinham que lidar com o sucesso em demasia, as outras potências lambiam suas feridas e planejavam recuperação e vingança.

Os reis da França e da Espanha temiam que seus colonos estivessem se aliando aos contrabandistas ingleses, negligenciando os interesses nacionais e agindo com indiferença em relação às ordens da Coroa. Os senhores de escravos de São Domingos, por exemplo, compravam de bom grado suprimentos dos colonos ingleses e vendiam-lhes melado e outros produtos das *plantations* em troca. Por sua vez, as autoridades espanholas ficaram chocadas com as boas-vindas oferecidas quando os invasores ingleses tomaram Havana, em 1762. Reformistas imperiais desejavam reorganizar as restrições ao comércio, retirando os monopólios desfrutados por Sevilha e Bordeaux, mas mantendo a preferência por transportadores nacionais. E, como contrapeso aos *criollos* brancos, as autoridades francesas promoveram a criação de uma milícia de cor, medida que provocou protestos por parte dos colonos brancos nas ilhas francesas, especialmente em São Domingos. (As autoridades coloniais espanholas e portuguesas já haviam demonstrado, como se mencionou anteriormente, que uma milícia de cor poderia ser um acessório de apoio leal em tempos difíceis.)

O primeiro ataque meticuloso e radical à escravidão por parte de um jurista ou filósofo estava em um capítulo de *A System of the Principles of the Law of Scotland*, de George Wallace (1760). Essa dura acusação, com seu apelo à emancipação imediata, apareceu como excerto numa compilação sobre os males da escravidão e do tráfico de escravos, publicada por Anthony Benezet em 1762, com muitas tiragens posteriores. O apelo de Wallace à liberação imediata de todos os escravos também repercutiu profundamente num verbete sobre escravidão e tráfico de escravos na *Encyclopédie* francesa (1765). Antes da aparição do capítulo de Wallace, a única crítica secular e filosófica à escravidão racial tinha sido uma passagem satírica em *De l'esprit des lois* de Montesquieu (1748). Embora se deva dar crédito a este último por ter ridicularizado defesas racistas da escravidão, isso não constituiu de forma alguma uma rejeição sistemática à propriedade de escravos. O aumento do comércio no Atlântico estimulou a autoconfiança dos que estavam associados à sua prática e criou uma vibrante sociedade civil. A Guerra dos Sete Anos levou ao fim do domínio francês na América do Norte, acabando com um poderoso obstáculo aos colonos ingleses. Os americanos, como eles agora se chamavam, já não dependiam tanto da Grã-Bretanha nem estavam dispostos a se submeter às demandas e regulamentações da metrópole. As subsequentes controvérsias sobre direitos coloniais e prerrogativas da metrópole envolveram uma extraordinária enxurrada de milhares de folhetos, revistas, pasquins e jornais dedicados a temas seculares como tributação, propriedade, representação e o escopo apropriado da liberdade. Apenas um ínfimo número desses escritos mencionou os acertos e erros da escravidão, embora os rebeldes americanos lamentassem com frequência a sua suposta escravização ao país natal. No entanto, havia algo de estranho na escravidão e isso se tornou fonte de controvérsia. Nesse momento, as primeiras linhas da Declaração da Independência se prestaram a objeções à propriedade de escravos.

No início da luta, um dos comandantes britânicos, Lord Dunmore, governador da Virgínia, ofereceu liberdade aos escravos dispostos a desertar proprietários rebeldes e se juntar às forças britânicas. Houve um número suficiente de respostas para que Dunmore formasse um "regimento etíope". No desenrolar do conflito muitos comandantes britânicos acolheram escravos que desertavam proprietários rebeldes, empregando-lhes como serviçais ou trabalhadores de apoio. Alguns milhares de negros livres e antigos escravos lutaram nas fileiras rebeldes, às vezes servindo como substitutos de seus donos. Contudo, os proprietários de escravos da zona das *plantations* não permitiam o ingresso de soldados negros nas unidades militares do Sul. Num momento crítico da rebelião, Jack Laurence, filho do financista Henry Laurence, pediu a criação de um batalhão negro, porém a assembleia da Carolina do Sul vetou o projeto. Os rebeldes americanos adotaram uma proibição à importação de escravos em seu boicote comercial geral.

Ambos os lados, com sua participação maciça nas *plantations*, evitaram posturas antiescravistas. Mas as tensões da guerra provocaram uma resposta abolicionista em alguns setores. O período prévio à Guerra de Independência fora testemunha da luta de classes entre os comerciantes e proprietários mais ricos, de um lado, e da massa de cidadãos pobres e remediados, de outro. Esses enfrentamentos geraram a diminuição do respeito pela propriedade de tal forma que se tornou mais fácil tolerar a emancipação. Em 1777, os radicais chamados Green Mountain Men deixaram Nova York e fundaram o novo estado de Vermont, adotando uma constituição que proibia tanto a escravidão quanto o trabalho forçado. Na Filadélfia, os radicais, com seus ataques à ganância dos comerciantes "prevenidos", tiveram influência nas milícias e na assembleia. Enquanto os cidadãos mais pobres passavam fome, comerciantes mantinham seus depósitos fechados e esperavam que os preços subissem ainda mais. Em alguns casos, acreditava-se que os comerciantes tivessem vendido grãos aos franceses e até mesmo aos ingleses. Gary Nash descreve como a criação de um Comitê de Comércio para regular preços e vendas gerou uma situação em que "os defensores de uma economia de mercado irrestrita e os partidários de uma economia moral gestionada gritavam uns com os outros sobre um abismo cada vez maior".[21]

Em 1780, a Assembleia da Pensilvânia aprovou uma lei moderada de emancipação, que libertava os filhos nascidos de mães escravas assim que atingissem os 28 anos de idade. A Pensilvânia era um estado em guerra, abatido por contendas sociais, escassez e inflação. O preâmbulo à lei de emancipação assinalava que restavam poucos escravos no estado (muitos haviam partido com os britânicos), dos quais nenhum fora libertado pela lei. Essa medida moderada foi alcançada depois de um debate público e com grandes concessões aos proprietários de escravos (o aumento da idade da alforria, por exemplo). Os libertos teriam os mesmos direitos que qualquer outra pessoa. A assembleia que aprovou essa lei estava entre as mais radicais da história da Pensilvânia, porém talvez o seu apoio à medida do ventre livre devesse ser visto como oferecimento de uma nova base para colaboração entre ricos e pobres, patriotas e pacifistas. Trata-se de uma medida que despertaria orgulho em qualquer rebelde norte-americano e podia ser citada como prova de que o livre-comércio não era sinônimo da difusão da escravidão. Sua adoção promoveu a ideia enganosa de que a escravidão já estava de saída na América do Norte.

Enquanto outros estados do Norte finalmente adotavam medidas para acabar com a escravidão, as assembleias dos estados sulistas, com suas enormes populações de escravos, nem mesmo consideravam as leis do ventre livre. Na sequência imediata da Revolução, manumissões particulares foram (por algum tempo) facilitadas na Virgínia e a proibição ao tráfico de escravos foi mantida por todos os estados, com exceção da Carolina do Sul. Os líderes da nova república podiam se sentir envergonhados pela presença de meio milhão de pessoas ainda em escravidão, mas mesmo assim as consideravam bens e recursos da maior importância.

O abolicionismo surgiu como um movimento de massa na metrópole derrotada, não entre os vitoriosos ex-colonos. A derrota britânica na América do Norte causou uma crise de legitimidade profunda. Desafiou a ordem hanoveriana, com as suas instituições corruptas e não representativas de governo, suas novas e resolutas classes médias e os artesãos. Afinal, os rebeldes lutavam pelas "liberdades inglesas" e sua vitória expusera a incompetência, a arrogância e a venalidade da oligarquia. O cauteloso movimento de reforma britânico não se sentiu fortalecido o suficiente para encarar a oligarquia de frente, principalmente num momento de orgulho nacional ferido. A campanha pública contra o tráfico de escravos surgida entre 1787 e 1792 deu aos defensores da reforma um problema que dramatizava a necessidade de mudança no coração da monarquia e do império. Figuras importantes nas universidades, na Igreja Anglicana, no Almirantado e por fim no próprio parlamento juntaram-se à causa, com os quakers, instigados por jovens American Friends, desempenhando um papel crucial de organização.[22] A Sociedade pela Abolição do Tráfico Atlântico de Escravos atraiu apoio respeitável ao organizar uma campanha nacional de petições e encontros públicos. A nova imprensa provinciana juntou-se à causa, bem como as denominações protestantes não conformistas, especialmente os metodistas. Entre os defensores parlamentares da abolição do tráfico de escravos estariam o primeiro-ministro William Pit e seu amigo William Wilberforce, dois homens ainda na casa dos vinte anos. A legislação foi rejeitada na poderosa Câmara dos Lordes, o que só incentivou os abolicionistas a aumentar a agitação do lado de fora do parlamento. Que algo novo estava a caminho já se adivinhava pela fundação de uma sociedade abolicionista na França, a Amis des Noirs [Amigos dos Negros], e pela decisão do governo dinamarquês de se antecipar à ação britânica ao diminuir seu próprio papel no tráfico no Atlântico.

A campanha abolicionista britânica de 1787-1792 limitou-se formalmente a pôr fim ao tráfico escravista no Atlântico, porém seus partidários com frequência alegavam ou deixavam implícito que, sem acesso a novos suprimentos, os proprietários de escravos das Índias Ocidentais Britânicas seriam induzidos a melhorar as condições nas *plantations* e a finalmente pôr fim à escravidão. Os rebeldes norte-americanos adotaram proibições ao tráfico de escravos como medida de guerra e de rejeição aos britânicos, mas sem uma análise racional contra a escravidão. A população escrava da zona de *plantation* da América do Norte já havia se reproduzido sem a necessidade de novas importações. Os grandes senhores da Carolina do Sul ainda desejavam ter acesso a novos suprimentos e alguns comerciantes do Norte estavam bastante dispostos a atendê-los. Entretanto, a maioria dos proprietários da Virgínia não viu prejuízos em uma proibição ao tráfico de escravos e entendeu que uma reabertura do tráfico privaria a república de autoridade moral, além de causar sua exposição ao desprezo.

Os triunfos da abolição

A primeira década do século XIX foi testemunha de avanços para a emancipação e a abolição que jogaram uma sombra sobre todo o desenvolvimento posterior da segunda escravidão. Já foi referida a histórica rebelião dos escravos em São Domingos, em agosto de 1791. Essa revolta mobilizou pelo menos 30 mil rebeldes na planície ao Norte, alguns dos quais escaparam em direção às colinas próximas. Também ocorreram insurreições em outras partes da colônia. As divisões entre monarquistas e republicanos, entre aqueles que defendiam a "aristocracia da pele" e os que a atacavam, deram aos rebeldes a sua oportunidade.

Os próprios jacobinos franceses a princípio lutaram para tentar reprimir a rebelião dos escravos, mas, tendo fracassado, foram tardiamente persuadidos a abraçar a causa da liberdade negra. Em fevereiro de 1794, a Convenção Nacional decretou o fim da escravidão nas colônias francesas. O general negro Toussaint Louverture, que lutara pelo rei da Espanha, juntou-se às forças da república francesa. Os jacobinos negros sucessivamente derrotaram as tentativas de restaurar a escravidão em São Domingos por parte da Espanha (1792-1795), da Grã-Bretanha (1794-1798) e da França de Napoleão (1802-1803). Ao fim dessa saga extraordinária, o novo Estado do Haiti foi estabelecido em 1804, com uma constituição que proibia a escravidão e proclamava a nação como refúgio para qualquer escravo ou indígena em busca da liberdade.

O caos real e imaginado das revoltas escravas havia enfraquecido o apoio à abolição na Grã-Bretanha em 1792, porém a derrota de Napoleão no Caribe pelas mãos dos rebeldes negros e a criação do Haiti em 1804 deram novo fôlego aos abolicionistas britânicos. O Haiti foi apresentado como um aliado contra Napoleão, enquanto a eliminação praticamente total dos produtos coloniais franceses facilitou que o parlamento britânico privasse seus próprios plantadores nas Antilhas da possibilidade de comprar novos estoques de escravos. A vitória naval de Trafalgar em 1805 confirmou a supremacia marítima britânica e descartou uma invasão francesa, porém nada fez para reduzir o isolamento britânico na Europa. Num momento difícil, em que Bonaparte aparentemente triunfava e a Grã-Bretanha não tinha aliados na Europa, e em que as relações com os Estados Unidos se deterioravam cada vez mais, o parlamento britânico conseguiu unir a nação ao promulgar, em 1807, a proibição do comércio de escravos no Atlântico, 20 anos após a fundação da Sociedade Abolicionista. Os Estados Unidos adotaram medida semelhante em 1808. No Congresso de Viena, em 1815, as grandes potências europeias repudiaram solenemente o tráfico transatlântico de escravos. A implementação era outra questão, porém o consenso alcançado pela comunidade internacional era impressionante, ao menos superficialmente.

Estas vitórias importantíssimas para o abolicionismo eram causa de preocupação mesmo para os mais intransigentes comerciantes e proprietários escravistas. Contudo, esses também estavam cientes das enormes oportunidades abertas pelo fim da agricultura de *plantation* em São Domingos, o maior produtor colonial de açúcar, café e algodão em 1790. Os preços dispararam na década seguinte. O desafio para aqueles grandes proprietários mais bem-situados do Novo Mundo era evitar o destino dos escravistas franceses e satisfazer a demanda acumulada por produtos das *plantations* na Europa e na América do Norte. Descobriu-se que o Sul dos Estados Unidos, o Brasil e Cuba eram os mais indicados e os mais capazes de reinventar a escravidão do Novo Mundo numa era essencialmente pós-mercantilista e pós-colonial, e, em suma, de forjar uma segunda escravidão.

Notas

1. O termo foi criado por Dale Tomich num ensaio de 1988 republicado em *Through the Prism of Slavery: Labor, Capital and World Economy*, Boulder Co., Rowman & Littlefield, 2004, principalmente pp. 56-74. Para um trabalho que emprega o conceito, ver Márcia Berbel, Rafael Marquese, Tâmis Parron, *Escravidão e política: Brasil e Cuba, 1780-1850*. São Paulo: Hucitec, 2010; Rafael de Bivar Marquese, *Feitores do corpo, missionários de mente: senhores, letrados e o controle dos escravos nas Américas, 1660-1860*. São Paulo: Companhia das Letras, 2004; Enrico del Lago, *American Slavery, Atlantic Slavery and Beyond: the US "Peculiar Institution", in: International Perspective*, Boulder, Paradigm Publishers, 2012; Charles Post, *The American Road to Capitalism*. Chicago: Haymarket Books, 2011.
2. É possível argumentar que a "primeira escravidão" era aquela da Grécia e Roma antigas, para que a "segunda escravidão" fosse a do Novo Mundo. Mas não usarei o termo nesse sentido, pois é útil distinguir as diferentes fases da escravidão no Novo Mundo. Para ligações diretas entre a escravidão romana e a do Novo Mundo, ver Perry Anderson, *Lineages of the Absolutist State*. Londres: Verso, 1974, pp. 24, 422, nota 32.

3. Ver, por exemplo, Laird Bergad, *The Comparative Histories of Slavery in Brazil, Cuba and the United States*. Cambridge: Cambridge University Press, 2007.
4. Questões mais abrangentes são discutidas por Michael Mann, *in: The Dark Side of Democracy*. Cambridge: Cambridge University Press, 2005.
5. Jeremy Adelman, *Sovereignty in the Iberian Atlantic*. Princeton: Princeton University Press, 2006, pp. 355-8.
6. Ver Harold Woodman, *King Cotton and His Retainers*, Lexington, University of Kentucky Press, 1968; e Walter Johnson, *River of Dark Dreams*. Cambridge Ma: Harvard University Press, 2013.
7. Laird Bergad, *The Comparative Histories of Slavery in Brazil, Cuba and the United States*, pp. 143-51.
8. R. W. Fogel e S. L. Engerman, *Time on the Cross: the Economics of American Slavery*. Nova York: Boston, Brown & Co., 1974, p. 41.
9. O estudo mais abrangente dos elos entre a primeira e a segunda escravidão é de Rafael Marquese, *Feitores do corpo, missionários de mente: senhores, letrados e o controle dos escravos nas Américas, 1660-1860*. São Paulo: Companhia das Letras, 2004.
10. Eric Hobsbawm, *The Age of Revolution*. Londres: Penguin, 1974.
11. Antonio Dominguez Ortiz, *La Esclavitud en Castilla durante la Edad Moderna*. Granada: 1952.
12. C. A. Bayly, *The Birth of the Modern World, 1780-1914: Global Connections and Comparisons*. Oxford: Oxford University Press, 2004, pp. 51-2.
13. Bayly, *The Birth of the Modern World*, p. 6.
14. Ver Karl Marx, "Results of the Immediate Process of Production", *Capital*, v. 1. Londres, 1975, p. 1.031.
15. Jan de Vries, *The Industrious Revolution, Consumer Behaviour and the Household Economy, 1650-the present*. Cambridge: Cambridge University Press, 2008, pp. 1-40.
16. De Vries, *The Industrious Revolution*, pp. 32, 134-6, 155-9.
17. De Vries, *The Industrious Revolution*, pp. 30-3.
18. Johnson, *The River of Dark Dreams*, pp. 171, 195.
19. Alfred Conrad and John Meyer, 'The Economics of Slavery in the Ante-bellum South', *in:* Robert Fogel & Stanley Engerman, *The Reinterpretation of American Economic History*. Nova York: Harper & Row, 1971, pp. 342-61.
20. Kenneth Pomeranz, *The Great Divergence: China, Europe and the Making of the Modern World Economy*. Princeton: Princeton University Press, 2000, p. 276.
21. Gary Nash, *The Unknown American Revolution*. Londres: 2006, p. 320.
22. Christopher Brown, *Moral Capital. Foundations of British Abolitionism*. Chapel Hill: The University of North Carolina Press, 2005.

2. A escravidão no capitalismo histórico: rumo a uma história teórica da segunda escravidão[1]

Dale Tomich
Tradução de Angélica Freitas

Teoria econômica, história econômica e economias históricas

Desde a década de 1950, a disciplina acadêmica de história econômica tem sido cada vez mais dominada pelo que se tornou conhecido como a Nova História Econômica. Esse campo acadêmico não é mais novo, mas estabelecido, e tem sido o veículo da separação da história econômica, como uma prática altamente quantitativa e técnica, dos estudos históricos em termos mais gerais. Não seria exagero dizer que o surgimento da Nova História Econômica levou a uma bifurcação dos estudos históricos: de um lado, uma história econômica altamente matemática, empregando a teoria econômica neoclássica, e de outro, estudos históricos convencionais, que em geral não tocam diretamente tópicos econômicos.

A revolução cliométrica foi possível graças aos avanços da economia, da estatística, da matemática aplicada e da computação de alta velocidade. Esses progressos nas ciências sociais e na tecnologia permitiram uma maior exploração de arquivos e a utilização de novas fontes por meio de novos métodos. Por uma série de razões, a escravidão se tornou um objeto de especial interesse para os cliometristas e um dos principais temas de investigação cliométrica.

A publicação que marcou a Nova História Econômica foi sem dúvida o livro *Time on the Cross*, de Robert W. Fogel e Stanley L. Engerman.[2] Sua exposição agressiva, para não dizer polêmica, estabeleceu o escopo da Nova História Econômica e dos debates sobre a escravidão.[3] Ela contrapôs uma história econômica teoricamente rigorosa, de base empírica, objetiva e não ideológica, a uma historiografia de "consenso" humanista, interpretativa e ideológica. (Deve-se observar que as diferenças entre os historiadores de "consenso" foram reunidas numa suposta abordagem interpretativa em comum. Suas diferenças fundamentais eram menos importantes do que os pressupostos compartilhados. O denominador comum de todos os historiadores de "consenso" era, aparentemente, o fato de não empregarem uma metodologia quantitativa.) Os historiadores da Nova História Econômica pretendiam representar a verdade objetiva em oposição às ideologias de esquerda e direita. Os humanistas, por sua vez, reagiram contra os "métodos desumanizadores das ciências sociais" e pediram aos historiadores que rejeitassem a "deusa QUANTIFICAÇÃO".[4]

As respostas predominantes à Nova História Econômica concentraram-se na natureza dos dados, no caráter dos modelos, na pertinência e adequação das inferências feitas a partir dela para a interpretação de problemas importantes. Porém deixaram intactas as suposições metodológicas e epistemológicas da Nova História Econômica e sua adequação à interpretação histórica.[5] A Nova História Econômica, em geral, e o livro *Time on the Cross*, em particular, foram assunto de debates acalorados.[6] Ainda assim, mesmo no ponto alto do debate crítico relacionado a essa nova abordagem da história econômica, as críticas, com poucas exceções, foram feitas de duas formas: 1) Fogel e Engerman foram criticados de dentro do paradigma, pela adequação de sua "cliometria" e pelas inferências que fizeram; 2) Os cliometristas, e Fogel e Engerman, em particular, foram criticados por sua concepção economicista da história ao justapor ao seu trabalho uma história social e cada vez mais cultural. Contudo, estes últimos críticos geralmente não adentravam o terreno da história econômica.

Num texto de 2004, Fogel descreve os debates dos anos 1960 e 1970 como uma guerra cultural. A divisão entre a abordagem quantitativa "rígida" das ciências sociais da Nova História Econômica e um estudo humanista e interpretativo da história foi intensificada mais tarde pela "virada cultural" que levou as práticas históricas a tomarem direções opostas e antagônicas. De certa forma, o debate foi resolvido quando cada lado fechou-se em seu próprio nicho profissional e, se muito, reconheceu apenas superficialmente o outro lado. Contudo, um abismo ainda existe entre ambos. A Nova História Econômica construiu um enclave especializado, separado da prática histórica geral. Do outro lado do muro, a Nova História Cultural, principalmente, cultiva o próprio jardim.

A Nova História Econômica é o elefante no meio da sala. Suas descobertas não podem ser ignoradas. Seus historiadores criaram procedimentos para analisar grandes quantidades de dados de formas que antes não eram possíveis. Eles produziram o relato quantitativo mais sistemático da produção de mercadorias por escravos nos Estados Unidos. Demoliram a tese do caráter ineficiente, retrógrado, pré-capitalista da escravidão e demonstraram, em seu lugar, a produtividade do trabalho escravo nos Estados Unidos durante o século XIX.[7] No entanto, não é apropriado simplesmente aceitar esses resultados tal como foram apresentados. Qualquer apropriação crítica do trabalho sobre a Nova História Econômica precisa reconhecer suas limitações conceituais, bem como suas realizações importantes. Por um lado, os historiadores da Nova História Econômica conseguem desqualificar explicações mais antigas, mas são notoriamente incapazes de oferecer interpretações próprias satisfatórias.[8] Por outro, tratar seus resultados como "fatos econômicos" determinados que complementam mas se mantêm ao largo de domínios políticos, sociais ou culturais também é insuficiente para qualquer tentativa de escrever um relato histórico coeso e abrangente da escravidão no Atlântico.

À diferença das principais linhas de resposta à Nova História Econômica, este estudo se dirige a seu enquadramento conceitual – a adequação de seus conceitos e procedimentos de organização e a forma como são construídos teoricamente os relatos históricos. Esse capítulo argumenta que as categorias e procedimentos metodológicos fundamentais da teoria econômica estão em grande desconformidade com aqueles da investigação teórica. Meu propósito, contudo, não é me envolver num diálogo entre as disciplinas, neste caso subdisciplinas, de forma simples ou direta. Tal ideia me parece ingênua e acrítica. Superficialmente, a maioria dos pesquisadores está envolvida em suas próprias especialidades, embora considere que pensar entre disciplinas seja uma boa ideia em princípio. Apesar disso, poucos estão dispostos a investir energia nesse esforço, menos ainda em tentar desenvolver abordagens que ultrapassem as fronteiras disciplinares. Mais significativamente, a Nova História Econômica está orientada na direção da teoria econômica[9] e a grande maioria dos historiadores, em que me incluo, carece dos conhecimentos técnicos necessários para participar de sua discussão em seus próprios termos. É difícil conversar para além das diferenças mesmo quando existe um tema em comum, e pode ser logicamente impossível chegar a uma síntese teórica. Consequentemente, não se presume que os argumentos apresentados neste capítulo tenham alguma relevância para a teoria econômica ou sejam mais que um interesse passageiro para os historiadores da Nova História Econômica. Em vez disso, meu propósito é examinar o enquadramento conceitual, seus pressupostos metodológicos e sua adequação à interpretação histórica, a fim de ampliar o leque de discussão entre os historiadores e outros cientistas sociais interessados em construir relatos históricos mais abrangentes da mudança socioeconômica.

Teoria econômica, escravidão e História

Os resultados da Nova História Econômica são muito sugestivos, mas, da perspectiva da análise histórica, limitados pelos pressupostos iniciais da teoria. A concepção formal e técnica de economia implementada pela Nova História Econômica não considera a variedade de formas pelas quais as sociedades humanas asseguram sua subsistência, isto é, as relações sociais que constituem economias históricas importantes, e as maneiras como essas formas mudam ao longo do tempo. Em última análise, isso resulta no que se pode denominar "econometria retrospectiva", mais do que história econômica.[10]

A Nova História Econômica está baseada na aplicação da teoria econômica neoclássica a materiais históricos. Essa teoria é concebida como um guia para a ação econômica a curto ou médio prazo. Porém, ela é interpretada como uma abordagem universalmente válida para a análise econômica. Seu conceito de economia se baseia numa compreensão da ação humana em condições de escassez. A escassez é entendida como a insuficiência de meios para atingir a totalidade de um conjunto de fins. A ação, portanto, requer a escolha de meios e/ou fins. A ação racional (economizar) é tomada como a fonte da ação econômica, e o mercado é considerado sua forma. Estes constituem o tema da economia. A preocupação central da teoria é a determinação dos preços de mercado. Sua análise se concentra na forma elementar da troca como base da formação de preços. A teoria pressupõe indivíduos ou unidades de ação (famílias, empresas) com conjuntos de bens (utilidades) em condições de escassez. Bens só têm valor em condições de escassez. A escassez determina a escolha, isto é, a utilidade marginal dos bens e, portanto, o preço. Esses indivíduos ou unidades de atuação trocam bens entre si a fim de maximizar a utilidade total. (A troca supõe, é claro, a liberdade e a segurança da propriedade.) As avaliações individuais da utilidade podem estar relacionadas entre si através do mercado. A troca de mercado permite uma ação formalmente racional orientada ao preço, isto é, o cálculo racional de meios e fins (as categorias da teoria neoclássica entendem todas as relações econômicas em princípio como quantificáveis, calculáveis e intercambiáveis). A operação desimpedida de escolha racional (conhecimento e concorrência perfeitos) resultará em uma situação de equilíbrio ideal de preços, que ajustam o mercado ao equalizar a oferta e a demanda.[11]

Considera-se que a produção, como um processo social material substantivo, está fora do domínio da teoria neoclássica. A teoria econômica preocupa-se apenas com a determinação técnica das proporções em que os fatores de produção – terra, trabalho e capital (incluindo a tecnologia como forma e combinação peculiar de bens de capital) – são empregados a fim de produzir bens. Assim como ocorre com outras categorias da teoria neoclássica, terra, trabalho e capital são construídos como universais abstratos. Estes são considerados totalmente quantificáveis e sua utilização racional pode ser calculada com precisão. A demanda por cada fator vai depender de sua produtividade marginal, isto é, de sua contribuição marginal à utilidade final (produto). A contribuição marginal de cada fator para a utilidade final pode ser derivada como receitas provenientes de cada um e vai corresponder ao preço do fator, isto é, à combinação de aluguel, salários e lucro. A preocupação da teoria econômica é determinar quais são os fatores que maximizam a utilidade e a rentabilidade.[12] Esse conjunto de premissas é generalizado como uma condição humana universal, o que justifica a aplicação da teoria a todos os tipos de sociedades. A suposição subjacente é que todas as atividades econômicas podem ser entendidas por meio de categorias de escassez, utilidade, ação racional e mercado – abstrações universais existentes fora do espaço e do tempo. Todas as relações econômicas são portanto reduzidas a relações comensuráveis e calculáveis.

Os conceitos e procedimentos da economia neoclássica permitem, dessa forma, a análise quantitativa da economia e, na era do processamento eletrônico de alta velocidade, permitem a construção e a manipulação de grandes volumes de dados. Fogel e Engerman descrevem a Nova História Econômica como a aplicação de métodos quantitativos a problemas históricos. A análise sistemática de dados é considerada superior à interpretação de provas isoladas e parciais utilizadas por historiadores não quantitativos.[13] Porém, não há reconhecimento de que os dados empregados pelas abordagens cliométricas sejam construídos e ordenados nos termos das categorias da teoria econômica e de que eles possam ser construídos ou interpretados de outra forma.[14] Os conceitos e procedimentos da economia neoclássica são aqui considerados como se tivessem a precisão das leis matemáticas e fossem universalmente aplicáveis a toda atividade econômica. Da mesma forma, a construção de dados é dada como certa. Os resultados gerados por esses procedimentos são tratados como fato objetivo.

A aparente universalidade das categorias da teoria neoclássica limita a sua validade para a análise histórica. Sua alegação de universalidade se concretiza quando não se consideram as relações sociais e os processos materiais complexos por meio dos quais uma atividade econômica substantiva é historicamente formada.[15] Esse é o paradoxo da Nova História Econômica. Utilizando a terminologia marxista, é possível dizer que o processo extremo de abstração das relações sociais, dos processos materiais de produção e da História permitiu aos historiadores da Nova História Econômica produzir uma estimativa quantitativa da força produtiva do trabalho escravo.[16] No entanto, ao continuarem prisioneiros de suas próprias suposições simplificadoras, tais estudiosos não conseguem dar conta das relações históricas substantivas de que suas conclusões são o resultado.

De fato, a teoria neoclássica naturaliza sub-repticiamente as relações mercantis e postula o mercado e suas trocas como o paradigma explicativo da ação econômica. O indivíduo como agente econômico, a propriedade privada, a troca e a escassez são todos pressupostos como categorias "naturais" – pressuposições e ponto de partida para a teoria. Portanto, as relações e atividades que não são de mercado são desconsideradas ou tratadas como se fossem relações de mercado. Essa abordagem resulta numa concepção teleológica em que o mercado e a troca são ao mesmo tempo a origem de toda atividade econômica, o motor da sua mudança e o resultado do desenvolvimento histórico.[17]

É significativo que os volumosos escritos sobre a metodologia da Nova História Econômica preocupem-se com métodos e testes estatísticos e matemáticos para enviesamentos dos dados e não com a relação da história econômica com processos históricos gerais. Embora tais distinções possam ser apropriadas para os procedimentos exigidos pela teoria econômica, não existe reconhecimento de formas alternativas de quantificar e analisar evidências ou do valor potencial da análise qualitativa da mesma evidência.¹⁸ A evidência histórica, com suas ricas texturas, sua variedade e seu caráter sempre fragmentário e incompleto, é reduzida a um conjunto monocromático de dados em que a quantificação é possível, ou desvalorizada como meramente fragmentária e impressionista, quando não o é. Ao excluir assim a consideração de outras abordagens possíveis, a Nova História Econômica trata seus procedimentos e resultados nem como relativos, nem provisórios. Em vez disso, teoria e evidência quantitativa se combinam para produzir o fato objetivo. Teoria, método e dados formam um sistema mutuamente reforçado e fechado. Na melhor das hipóteses, seus resultados só podem ser justapostos de forma mecânica a fatores políticos, sociais ou culturais igualmente fechados e autônomos que são, por definição, externos à "economia" e à teoria econômica. A História geral aparece como a soma de partes sombreadas vistas isoladamente.

Essa relação entre teoria, dados e descobertas revela o caráter positivista do projeto da Nova História Econômica. O objetivo principal dos cliometristas é a "descoberta do que realmente aconteceu",¹⁹ isto é, a história *wie es eigentlich gewesen ist*. Em sua opinião, os fatos falam por si sós. Os historiadores da Nova História Econômica propõem uma distinção absoluta entre fato e interpretação. Embora sejam devidamente cautelosos ao fazer as interpretações de seus resultados, essa distinção rapidamente se transforma num confronto da verdade com o erro quando se trata do trabalho dos historiadores tradicionais. Aos olhos dos cliometristas, as diferenças essenciais entre os historiadores tradicionais são menos importantes do que suas diferenças em relação à Nova História Econômica. Eles tratam todas as interpretações qualitativas como se estivessem em pé de igualdade. Dessa forma, o engajamento entre abordagens quantitativas e qualitativas se torna ainda mais difícil. De fato, os historiadores econômicos quantitativos realizam análises históricas mais gerais, fazendo inferências diretamente de seus dados em vez de considerar como seus resultados podem ser incorporados a enquadramentos conceituais e históricos mais abrangentes. Consequentemente, suas análises e interpretações da economia, sem mencionar as formações sociais históricas, são no melhor dos casos parciais e inadequadas.

Para o historiador, seu conceito de economia deve ser traduzido em categorias apropriadas à análise das relações históricas sociais. Para chegar a isso, precisamos de uma maior atenção aos enquadramentos conceituais e procedimentos analíticos, e de um reconhecimento mais claro de conceitos, problemas e proposições de história econômica do que aquele que está em evidência agora.

Tanto *Time on the Cross* quanto *Without Consent or Contract* têm início com uma análise da história da escravidão e da servidão desde a Antiguidade – o fim do Império Romano – até 1492, o descobrimento das Américas. Essas análises desempenham uma importante função pedagógica. Elas mostram aos leitores norte-americanos a difusão do trabalho forçado na história do Ocidente e sugerem que a escravidão mercantil nos Estados Unidos foi, em muitos aspectos, mais normativa do que excepcional. Ao mesmo tempo, introduzem a análise da escravidão apresentada em cada um dos volumes quando localizam a escravidão norte-americana dentro de um panorama mais amplo de sistemas escravistas. Neles estão contidas suposições que guiam a construção do objeto de estudo de Fogel e Engerman, bem como sua interpretação histórica da escravidão.

Esses capítulos destacam a continuidade histórica da escravidão, tratando-a como se representasse uma relação universal e uniforme ao longo do tempo e do espaço. Constroem uma história linear da escravidão, abstraída das relações mais amplas que a constituem. Embora diferenciem servidão e trabalho forçado, todas as escravidões são consideradas comparáveis umas às outras. O que distingue um sistema escravista de outro é seu contexto externo. Essa, porém, é uma operação de classificação. Nenhuma conexão necessária ou lógica é estabelecida entre um sistema escravista em particular e os elementos considerados como seu contexto. As formas como as relações escravas podem ser constituídas diferentemente, em circunstâncias históricas específicas (por exemplo, a escravidão grega e romana, ou a africana), não são consideradas nessa formulação do problema. Os contextos em si se constituem de conjuntos de elementos díspares e diferentes metodologicamente, mobilizados *ad hoc* em determinados casos. Não apresentam relação necessária a casos particulares de relações escravistas e podem ser montados e desmontados à vontade (por meio de categorias abstratas e universais a serviço de comparações arbitrárias). Aqui não há uma concepção de um todo socioeconômico. A economia mundial é meramente a soma de suas partes, não um sistema de relações estruturado e coerente.

Fogel e Engerman estabelecem o objeto de seu estudo por meio da comparação da diferença e da classificação de "casos". Eles distinguem a escravidão moderna de outras escravidões ao enfatizar a sua relação com o mercado.[20] Estabelecem essa ampla distinção classificativa simplesmente combinando os termos gerais "mercado" e "escravidão". Nenhum dos dois é especificado de outra forma, tampouco a sua relação. A categoria composta resultante é apenas uma grande generalização que estabelece uma classe de casos de escravidão com uma característica distintiva comum que serve para diferenciar a "escravidão moderna" de todas as demais. Aqui o mercado aparece como um atributo da escravidão, e a escravidão, como um atributo do mercado. A identidade conceitual desses dois termos serve para facilitar a aplicação da teoria econômica neoclássica à "escravidão moderna" e permite que o comportamento econômico de maximização dos lucros atinja a sua expressão mais clara. Assim, nessa abordagem, nem o mercado nem a escravidão são considerados relações historicamente formadas (apesar de isso não ser uma exigência da teoria econômica), e o problema de sua interdependência histórica e das relações cambiantes entre ambos desaparece de vista.

Por meio de sucessivas comparações de diferenças, Fogel e Engerman filtram diversos casos de escravidão moderna e isolam sua prática nos Estados Unidos como objeto de investigação. Eles especificam ainda mais a escravidão americana ao chamar a atenção para a importância dos gêneros cultivados no campo da escravidão moderna. Demonstram que o açúcar, e não o algodão, criou a maior demanda por trabalho escravo durante o transcurso do desenvolvimento da escravidão moderna nas Américas e que a demanda pelo açúcar se correlaciona intimamente com o desenvolvimento do tráfico transatlântico de escravos. Em comparação, a importância do algodão e a inexistência de um tráfico transatlântico de escravos eram as características distintivas do sistema escravista americano do século XIX.

Nesse procedimento comparativo, o produto agrícola é apenas uma característica qualificativa da escravidão. O algodão e a inexistência de um tráfico transatlântico de escravos identificam as características distintivas do caso americano.[21] O mercado, a escravidão e o produto cultivado são tomados como entidades já determinadas, conceitualmente independentes umas das outras. Esses elementos são inseridos no argumento como fatos determinados que ocorrem dentro de um determinado lugar e de uma cronologia – as propriedades de um lugar já determinado. Tais fatores servem para identificar o caso, mas continuam sendo externos, e desempenham um papel secundário na análise econômica. Assim, nessa abordagem, a sua inter-relação histórica e sua dependência mútua em conjunturas espaçotemporais específicas da economia-mundo não estão sujeitas a consideração teórica. Na falta de uma construção teórica rigorosa da escravidão americana como objeto da investigação histórica, ela continua sendo um subtipo do fenômeno mais geral – a escravidão moderna. Consequentemente, existe em toda a obra uma tensão permanente entre a análise econômica da escravidão nos Estados Unidos num determinado período e a escravidão moderna em geral.

A teoria econômica neoclássica prescinde de determinadas relações sociais fundamentais e das condições materiais de produção. Da perspectiva da teoria, as relações escravistas, os processos materiais de produção e outros elementos específicos do processo de produção são tratados como fatores independentes, autônomos e contingentes que ficam do lado de fora das fronteiras da análise econômica propriamente dita. (Tais fatores independentes não têm necessariamente nenhuma relação entre si e podem ser arbitrariamente combinados ou separados.) A análise econômica é conduzida em termos de categorias abstratas e universais de escassez, utilidade e economia, que são consideradas características comuns de toda atividade econômica, mas interpretadas como independentes de todas as relações sociais. Presume-se assim que as categorias fundamentais da teoria neoclássica sejam operativas na "economia escravista" e funcionem independentemente das relações sociais da escravidão.

Como se pressupõe que as categorias da economia neoclássica tenham validade universal, a escravidão não apresenta problemas analíticos especiais dentro das premissas da teoria. Nas palavras de Alfred Conrad e John Mayer, dois pioneiros da Nova História Econômica: "Do ponto de vista do empreendedor que faz um investimento em escravos, os problemas básicos para determinar a rentabilidade são analiticamente os mesmos que aqueles encontrados ao se determinarem os rendimentos de qualquer outro tipo de investimento de capital."[22] Nessa abordagem, as relações escravistas merecem consideração porque representam fatores extraeconômicos que distorcem o funcionamento ideal da escolha racional econômica numa situação de mercado. Na teoria neoclássica, a escravidão é entendida como uma relação jurídica de propriedade, isto é, a posse de uma pessoa por outra. É "o resultado da força e coerção praticadas por um grupo contra outros e não o resultado de direitos de propriedade trocados voluntariamente". Isso é do interesse da teoria neoclássica apenas à medida que afeta a alocação e distribuição de recursos econômicos. Segundo Engerman, os direitos de propriedade sobre um homem, isto é, a escravidão, afetam o nível e o padrão de produção na economia, bem como a distribuição de renda e de utilidade. Ele afirma: "A função de utilidade do proprietário de escravos incluirá a utilidade derivada de sua posse desse recurso, seja na forma de rendimentos financeiros, bens produzidos ou alguma forma de renda psíquica." Aqui a exploração do escravo é entendida como uma combinação da manutenção da cesta básica do trabalhador num valor abaixo daquele de seu produto marginal, e o "deslocamento dos trabalhadores do que seria sua curva de oferta desejada caso a escolha fosse voluntária, levando a uma maior entrada de mão de obra do que seria proporcionado voluntariamente, a um salário de equilíbrio de mercado".[23]

Assim, a economia neoclássica preocupa-se com a determinação técnica da alocação ideal de recursos escassos. Para os historiadores econométricos, os escravos são considerados simplesmente "capital" e tratados como uma "função da produção", isto é, como insumo necessário para produzir uma dada utilidade. (A teoria é indiferente às características específicas da utilidade: *widgets*.*) Conrad e Mayer tratam a escravidão em termos de duas funções de produção. A primeira relaciona a contribuição dos escravos e os materiais necessários para mantê-los na produção de artigos primários. A segunda função descreve a produção do bem intermediário, o trabalho escravo – isto é, a reprodução da população trabalhadora –, a criação de escravos.[24] Prescindindo assim das particularidades históricas e construindo categorias comensuráveis entre si, esse procedimento permite a medição, o cálculo e a comparação de toda atividade econômica. Tal abordagem cria um conteúdo puramente quantitativo para cada categoria abstrata e formal, e permite que estas sejam submetidas a operações estatísticas e matemáticas. Assim, os cliometristas conseguem calcular a utilidade e a produtividade marginal dos fatores e das utilidades produzidas, e analisar quantitativamente a produtividade e a rentabilidade da economia escravista sob os pressupostos da teoria econômica. Depois, comparam o retorno sobre o capital na forma de escravos com o retorno sobre outras formas de capital (isto é, aquelas formas em que a escolha livre e racional prevalece, tais como o trabalho livre ou a economia de pequenos agricultores do Norte dos Estados Unidos) relativas a valores abstratos de mercado. Por meio dessas comparações, eles procuram determinar se as economias escravistas proporcionam um retorno sobre o capital maior ou menor, ou uma produtividade maior ou menor em comparação com aquelas economias em que existe uma alocação livre e racional de recursos.[25] O pressuposto que opera aqui é: enquanto as economias escravistas forem rentáveis e produtivas segundo esses crité-

---

* *Widget*: palavra que significa "coisa, coisinha: objeto cujo nome é desconhecido", segundo o *Michaelis Moderno Dicionário Inglês & Português* online. Na Economia, é empregada para designar unidades abstratas de produção. (*N. da T.*)

rios, elas são viáveis e não apresentam nenhum problema econômico inerente. Além disso, unidades econômicas que mantêm níveis similares de produtividade podem ser consideradas similares entre si.

O interesse dos cliometristas não está no modo como a terra e o trabalho escravo são reunidos para produzir um artigo agrícola em determinadas condições históricas, mas na utilidade e na produtividade marginal dos fatores trabalho e terra. A exclusão das características sociais e materiais da terra, do trabalho e da tecnologia é a condição para a quantificação da economia escravista. A fim de construir o trabalho como um fenômeno quantificável e calculável, eles prescindem tanto das relações sociais essenciais da escravidão quanto dos processos materiais da produção escravista, substituindo-os por categorias abstratas e gerais da teoria econômica neoclássica. Assim, reconstroem conceitualmente a terra e o trabalho como funções de produção que simplesmente respondem à oferta e demanda e ao valor de mercado. Como as relações e os processos essenciais pelos quais o trabalho escravo é organizado estão além da competência das categorias da teoria neoclássica, esses fatores não constituem uma preocupação teórica direta. Nessa abordagem, a organização social e material do trabalho é tratada como se já fosse dada e evidente. A interpretação da "economia escravista" é inferida diretamente da análise dos dados quantitativos.

Essa abordagem permite que os historiadores da Nova História Econômica façam apenas uma análise abstrata e técnica da produtividade do trabalho escravo sem integrar ao seu relato as condições sociais e materiais que a tornaram possível. Por exemplo, tanto em *Time on the Cross* quanto em *Without Consent or Contract*, Fogel e Engerman medem a produtividade do trabalho em termos de produção por trabalhador de acordo com os princípios da teoria neoclássica. Eles atribuem os altos índices de produtividade da mão de obra escrava às economias de escala, ao alto índice da participação da força de trabalho (isto é, a alta porcentagem da população escrava residente que trabalhava), à alocação eficiente de trabalhadores entre as várias tarefas a serem realizadas, à especialização e interdependência do trabalho em grupo e à intensificação do trabalho.[26] Contudo, a relação escravista é a condição para a relativa eficiência da produção, bem como seu limite. As relações sociais da escravidão permitem que os proprietários com capital suficiente comprem mais trabalhadores e estabeleçam economias de escala, que assegurem uma grande participação da força de trabalho e obriguem o trabalho cooperativo em grupos. Porém, ao mesmo tempo, a relação escravista restringe o desenvolvimento do caráter social do trabalho cooperativo ao inibir mudanças na divisão do trabalho.[27] Uma vez que a produção é estabelecida numa certa escala e dentro de uma certa divisão do trabalho, os proprietários de escravos devem distribuir um determinado grupo de trabalhadores numa determinada série de tarefas. Assim, no trabalho escravo, a alocação eficiente de trabalho refere-se à adaptação de um corpo fixo de trabalhadores às tarefas manuais. Da mesma forma, o aumento da produção de bens materiais é assegurado não por meio do aumento da produtividade social, mas pela intensificação do trabalho, isto é, obrigando um determinado número de trabalhadores a produzir mais bens numa determinada quantidade de tempo. Já que os trabalhadores foram tomados como propriedade, tais mudanças aumentam a produção mas não poupam trabalho.

Assim, o método da Nova História Econômica não oferece o vínculo conceitual ou teórico necessário entre as descobertas da teoria econômica e a organização histórica fundamental do trabalho escravo. Em vez disso, relações históricas são desagregadas e depois reagrupadas como fatos determinados em torno das categorias da economia neoclássica. Mesmo quando os historiadores da Nova História Econômica estão factualmente corretos, suas interpretações estão baseadas em alegações históricas arbitrárias, contingentes, tardias, sem qualquer relação necessária com as categorias e os resultados da análise econômica. Esse quadro teórico impede que se analise a escravidão como sendo formada e reformada através da relação historicamente cambiante entre terra, trabalho, e tanto os instrumentos de trabalho quanto o mercado, entendidos como relações sociais substantivas. Ambientes específicos e geografias da produção escrava; o tipo de colheita, seja de algodão, açúcar ou café; o tamanho, a composição, a organização e a administração da força de trabalho; as características sociais do trabalho como trabalho escravo; e as maneiras como todos esses elementos se combinam entre si em circunstâncias históricas específicas não são constitutivos de categorias de análise econômica, nem são do interesse da Nova História Econômica.

A Nova História Econômica chega assim a uma aproximação quantitativa da produtividade e da rentabilidade da economia escravista mediante a construção de um conceito de economia abstrato e formal que opera "pelas costas" das relações socioeconômicas substantivas, e não exige nenhuma referência a processos materiais e à organização social da produção. Seu sucesso em construir uma análise quantitativa da economia escravista americana é conseguido à custa de uma análise das relações sócio-históricas substantivas de produção, distribuição, troca e consumo, isto é, da economia histórica.

A escravidão como relação social da produção

A teoria econômica neoclássica e portanto a Nova História Econômica tratam todos os fatores de produção como se fossem totalmente mercantilizados. Essa suposição fornece as bases para a crítica de Karl Polanyi à teoria econômica liberal e ao conceito de mercado autorregulável. Polanyi argumenta que terra, trabalho e dinheiro são organizados através de mercados, mas não são produzidos para a venda e não se trata de mercadorias. É preciso que a economia de mercado trate-os como o que ele chama de "mercadorias fictícias", a fim de funcionar. Em sua opinião, essa ficção de mercadorias não pode ser sustentada. Pelo contrário, ela revela a artificialidade da economia de mercado. Terra, trabalho e dinheiro são necessariamente produzidos por meio de relações sociais substantivas e submetê-los à regulação pelo mercado vai resultar na destruição da sociedade.[28]

O pressuposto de que todas as relações econômicas podem ser tratadas como se fossem mercadorias também é relevante para a teoria do fetichismo da mercadoria de Karl Marx. Marx argumenta que a mercadoria é uma relação social, e mais precisamente, uma relação social histórica específica. Seu caráter reificado, objetivo, ao mesmo tempo expressa e oculta as relações sociais e os processos que a produzem. Na produção de mercadorias, as relações sociais entre produtores tomam a forma de uma relação social entre os produtos do trabalho, isto é, entre mercadorias. As características sociais do trabalho humano aparecem como "características objetivas dos próprios produtos do trabalho, como as propriedades socionaturais dessas coisas". Assim, argumenta Marx, a forma de mercadoria e a relação de valor dos produtos do trabalho dentro do qual aparece são "nada mais que a relação social definida entre os próprios homens, que assume aqui, para eles, a forma fantástica de uma relação entre coisas". Para Marx as categorias da teoria neoclássica não são universalmente válidas, mas somente para a produção de mercadorias historicamente determinada. Em sua teoria, a análise da forma de mercadoria permite a especificação histórica das relações sociais.[29]

Em suas diferentes formas, as perspectivas críticas tanto de Polanyi quanto de Marx chamam a atenção para os modos como a produção capitalista de mercadorias e a economia de mercado autorregulável estão implicadas em relações socioeconômicas substantivas. Ao fazê-lo, sugerem possíveis maneiras de se passar das categorias abstratas formais da teoria econômica neoclássica para a reconstrução teórica de economias históricas específicas.

Ao tratar o trabalho como um fator da produção, a teoria neoclássica ignora a distinção entre as várias formas de relações sociais pelas quais o trabalho é organizado. Dessa perspectiva, as diferenças entre o trabalho remunerado e o trabalho escravo aparecem como extraeconômicas e não são importantes para o funcionamento da teoria. Para Marx, pelo contrário, a questão teórica-chave é por que o trabalho – a necessária interação de seres humanos e natureza que é comum a todas as sociedades – assume determinadas formas históricas sociais. Ele enfatiza a forma das relações sociais através das quais o trabalho humano é organizado – senhor e servo, senhor e escravo, capitalista e trabalhador assalariado – como a característica distintiva de várias formações socioeconômicas. Em sua opinião, "o que distingue as diversas formações econômicas da sociedade – a distinção entre uma sociedade baseada no trabalho escravo e uma sociedade baseada no trabalho remunerado – é a forma como esse trabalho excedente é extorquido do produtor imediato, o trabalhador".[30]

A preocupação de Marx não é com o preço do produto, mas com a maneira como as formas de relações sociais ordenam e reordenam as relações socioeconômicas. Em contraste com a teoria neoclássica, que trata a terra, o trabalho e a tecnologia como fatores independentes de produção, Marx considera-os necessariamente interdependentes. Para ele, a forma das relações sociais determina as condições sob as quais trabalho, terra e instrumentos do trabalho são combinados entre si, e portanto o caráter sócio-histórico de determinadas formações. A análise de sua relação cambiante permite a reconstrução teórica do desenvolvimento de formas econômicas sociais. Para a produção capitalista de mercadorias, a crítica marxista da economia política revela as relações sociais específicas e os processos pelos quais as mercadorias são produzidas e por que essas relações e processos assumem um caráter reificado independente da atividade humana.[31] Ela proporciona dessa forma o acesso aos processos sócio-históricos que operam sob o mundo das mercadorias.

A ênfase de Marx nas formas sócio-históricas específicas de atividade econômica oferece uma alternativa às categorias universais abstratas da teoria neoclássica. Isso permite que se faça uma distinção crucial entre o trabalho assalariado e o trabalho escravo, abrindo um caminho em direção à compreensão teórica de relações econômicas históricas:

> No trabalho escravo, mesmo a parte da jornada de trabalho em que o escravo está apenas repondo o valor de seu próprio meio de subsistência, em que portanto na realidade está trabalhando para si mesmo, é vista pelo seu senhor como trabalho. Todo o seu trabalho é visto como trabalho não pago. No trabalho remunerado, pelo contrário, mesmo o trabalho excedente, ou não pago, é visto como pago. No primeiro caso, a relação de propriedade oculta o trabalho do escravo para si mesmo; no segundo, a relação de dinheiro oculta o trabalho não remunerado do trabalhador assalariado.[32]

Aqui, o trabalho assalariado e a escravidão podem ser tomados como representantes de duas formas distintas da produção de mercadorias. Em cada um dos casos, a forma de mercadoria organiza as relações sociais de modos diferentes e impõe padrões diferentes de atividade econômica.

Para Marx, a mercantilização da capacidade de trabalho, ou força de trabalho, é a *differentia specifica* de sua análise da forma capitalista de produção. A relação de trabalho capital-remuneração pressupõe a existência de um mercado de trabalho. O trabalhador assalariado é proprietário de sua força de trabalho e troca-a com o capital por um salário com o qual provê sua subsistência e reprodução. Por outro lado, o capitalista compra o direito de usar a força de trabalho do trabalhador por um dado período de tempo. No processo de trabalho, a força de trabalho (incluindo as forças de trabalho de outros trabalhadores) é combinada com instrumentos e materiais de produção sob condições determinadas pelo capitalista. Aqui todos os elementos de produção tomam a forma de mercadorias e podem ser relacionados entre si por meio de seu valor. Seres humanos, isto é, trabalhadores, são organizados e controlados por meio do domínio da disposição da sua capacidade de trabalhar. O desafio do capitalista é produzir mais valor do que aquele que foi gasto na compra dos elementos do processo de trabalho.

De modo diferente, na relação escravista não é a força de trabalho, mas a pessoa do trabalhador que toma forma de mercadoria, e a produção é baseada na sua apropriação física, como se ele fosse uma propriedade. A posse do trabalhador determina os modos como a terra, o trabalho e o capital são combinados e como a produção e a reprodução social são organizadas. A posse dos escravos se estende por toda a sua vida, e o status de escravo é passado para os seus filhos. A renovação da força de trabalho depende da renovação física da população escrava, seja pelo mercado de escravos ou pela reprodução biológica. De um ponto de vista econômico, o tráfico de escravos é parte integrante do regime de produção e constitui um mercado de trabalhadores, não de trabalho.[33]

A relação escravista está fundamentada na coerção direta da população cativa. Essa mesma relação deve ser assegurada e os direitos de posse do dono de escravos devem ser protegidos; a ordem social deve ser mantida e deve-se fazer cumprir o trabalho. Podemos conceituar três instâncias de dominação e coerção: disciplina no trabalho, controle social na *plantation* e a manutenção da ordem escravista na sociedade como um todo. Esta última exige pelo menos a potencial mobilização da população livre e a intervenção do Estado para sancionar e garantir a ordem escravista. Nesse sentido, o aspecto coercitivo da relação escravista vai mais além do estritamente econômico e permeia e politiza toda a sociedade.

Tanto economicamente quanto legalmente, o escravo é visto como uma propriedade que pode ser comprada e vendida. A relação de propriedade é a condição para o processo de produção escravista, mas a produção é independente dela. Em termos econômicos, o escravo representa um investimento fixo na pessoa do trabalhador por um período de tempo indefinido, um investimento em capital, o que não é diferente de um investimento em um conjunto de animais domésticos ou em maquinário.[34] O preço do escravo é uma dedução do capital disponível para a produção e não tem qualquer relação com a atividade de trabalho. Um capital adicional é necessário para pôr a produção em movimento. Dessa forma, a posse do escravo é a condição para a produção mas não garante o bom desempenho no trabalho, pois o trabalho do escravo não é uma mercadoria separada da sua pessoa. O trabalho não apenas não tem um custo, tampouco tem expressão social efetiva nas relações sociais da escravidão, e o processo de trabalho não pode ser organizado por meio de relações entre mercadorias.

Essa característica da relação escravista vai ao fundo tanto das conquistas da Nova História Econômica quanto de seus limites. A fim de calcular a rentabilidade e a produtividade da economia escravista, os cliometristas têm que estimar o custo do trabalho. Para conseguir isso, têm adotado uma de duas estratégias: ou equiparam o preço do escravo ao valor produzido durante toda a vida de trabalho, ou tratam os custos da sua manutenção – comida, roupa, abrigo – como se fossem uma remuneração.³⁵ A primeira opção é plausível numa estimativa a longo prazo dos custos de trabalho, mas o preço dos escravos não tem relação necessária com o processo real de produção e seus custos. Ele mal proporciona uma base precisa para a organização racional da produção numa base diária. A segunda opção representa uma despesa necessária para o proprietário de escravos e uma dedução de seu capital. Provê, em termos, as necessidades materiais dos escravos, mas não representa um retorno ao trabalho. Os escravos devem ser mantidos quer trabalhem ou não, ou o capital investido neles será perdido. A manutenção dos escravos é portanto a renovação do estoque de capital e equivale ao custo de combustível ou de partes de máquinas. Sob tais condições, conceitos como tempo de trabalho, economia de trabalho e produtividade do trabalho perdem seu significado principal.³⁶

Na relação escravista, o trabalho é necessariamente incalculável e não está sujeito à ação formalmente racional. Nesse sentido, a *plantation* escravista se aproxima mais à concepção de unidade orçamentária de Max Weber do que àquela da empresa capitalista. O valor dos bens de capital, insumos e produtos, custos e renda pode ser calculado em termos de preço de mercado, mas o trabalho não tem preço e o processo de trabalho é conduzido por meio da dominação sobre um número fixo de trabalhadores escravizados cuja reprodução física e social deve ser garantida a fim de assegurar a continuidade da *plantation*.³⁷ Antônio Barros de Castro desenvolve essa ideia em uma análise mais abrangente e historicamente fundamentada da escravidão de *plantation* nas Américas. Ele demonstra que a continuidade das relações mercantis e a racionalidade do mercado que regem as entradas e os retornos da *plantation* escravista é interrompida pela relação escravista. Dentro da unidade da *plantation*, a produção e a reprodução social da força de trabalho é conduzida por meio de relações de dominação pessoal direta cuja condição é a relação escravista.³⁸

A relação escravista como propriedade da pessoa do trabalhador impõe condições diferentes na organização do trabalho e da vida social. Aqui o dono de escravos controla e organiza o trabalho mediante a posse de seres humanos. A *plantation* é não só a residência da força de trabalho escrava, como também tem um caráter carcerário. Ela é organizada de modo a impedir a mobilidade dos escravos e a regular todos os aspectos de sua vida social. Como os seres humanos foram fisicamente apropriados como propriedade (e representam um investimento de capital), o dono de escravos deve, ao mesmo tempo, extrair trabalho da mão de obra residente e assegurar a reprodução física e social da massa de trabalhadores. A plantação escravista é tanto o lugar da produção de mercadorias quanto da reprodução social e física da força de trabalho escrava. Os dois processos são intimamente ligados entre si e ambos têm lugar sob a supervisão e o controle do dono dos escravos ou de seus representantes. Em princípio, o escravo não tem voz na determinação das condições de trabalho e da vida social.[39]

A propriedade do escravo é a condição para a produção, mas não garante em si o desempenho do trabalho. Em termos econômicos, o escravo entra no processo de produção como um instrumento de trabalho, não como trabalho. A posse do escravo dá ao seu dono o direito de se apropriar de tudo o que é produzido (inclusive seus meios de subsistência). Todo o trabalho do escravo é não remunerado. O trabalho é uma atividade imposta ao escravo e realizada independentemente da sua subsistência.[40] A vantagem do proprietário deriva de seu poder de subordinar a reprodução da mão de obra às exigências da produção de mercadorias. (Essa relação de dominação não se encaixa facilmente nos pressupostos de escolha racional e individualismo metodológico que são a base da teoria neoclássica.)

No entanto, o desempenho do trabalho deve ser assegurado por meio da dominação direta do escravo pelo dono. A população escrava está sujeita a uma equipe de supervisão hierárquica e disciplinar, e o trabalho é forçado por meio de uma combinação de punição e recompensa. A organização do trabalho pode assumir uma variedade de formas.[41] A vantagem da relação escravista na produção de mercadorias em larga escala é sua habilidade de coagir a cooperação de grandes números de trabalhadores. A produção pode ser incrementada a partir do aumento do número de trabalhadores, do prolongamento da duração de seu trabalho e da exigência de cooperação mútua sob as condições estabelecidas pelo proprietário. No entanto, a mão de obra sob o comando do proprietário escravista é fixa ou, na melhor das hipóteses, muda dentro de parâmetros estreitos.[42] Sua determinação depende, entre outras coisas, da escala da demanda, da quantidade de capital à disposição do proprietário, das características da colheita e da composição social da população escrava residente. O proprietário se vê obrigado a ajustar continuamente os trabalhadores às tarefas exigidas ao longo do ciclo de vida do grupo. Sob essas condições, pode incrementar a produção aumentando a escala das operações, modificando a distribuição das tarefas/a divisão do trabalho entre a mão de obra escrava, a mecanização ou intensificando os esforços dos grupos de escravos. Tais estratégias podem aumentar a produção por escravo, mas já que o trabalho e seu custo não têm expressão na economia escravista, conceitos como tempo de trabalho, economia de trabalho e produtividade do trabalho não prevalecem. Por isso, o processo contínuo de desqualificação, de mudança na divisão detalhada do trabalho e de mecanização que caracteriza a produção do trabalho assalariado[43] não ocorre na relação escravista.

O aparato coercitivo onipresente na escravidão foi utilizado contra a resistência da população escrava. A resistência, de formas diversas e muitas vezes sutis, é uma característica permanente dos sistemas escravistas. Fugas e rebeliões são características da escravidão difundidas em todos os lugares. Mais relevantes diretamente à nossa discussão são as transformações da relação escravista em si. Com o tempo, não só a composição demográfica do grupo de escravos muda, com mulheres, crianças e idosos formando a maior parte do grupo, mas os cativos também aprendem e se adaptam às "regras do jogo". Eles criam formas de luta cotidiana dentro das rotinas da *plantation* para atingir objetivos individuais e coletivos. Trabalho e vida diária estão sujeitos a conflito e negociação. Padrões costumeiros são estabelecidos para limitar a possibilidade de exploração da mão de obra e o controle da população escrava. Talvez os exemplos mais claros desse tipo de processo que tenho em mente sejam os escritos pioneiros de Sidney Mintz sobre "protocampesinatos" e "campesinatos reconstituídos" no Caribe.[44] Tais iniciativas não apenas expressam o desejo das populações cativas de escapar da *plantation* e obter terra, como também são um recurso em suas lutas contínuas contra o sistema de *plantation*, em favor das condições de seu trabalho.[45]

A natureza da relação escravista sugere o limite dos esforços para formular uma teoria formal da "economia escravista" ou uma teoria do "modo de produção escravista" que possam ser aplicadas a "casos históricos" de escravidão. A difusão da dominação social e do seu necessário papel na reprodução das relações escravistas não permite a formação de um discurso econômico unificado e sistemático, menos ainda a formulação da subjetividade individual mediada por relações mercantis. Além disso, uma conceptualização adequada deve levar em conta a resistência dos cativos como um elemento constitutivo da relação escravista.[46] No entanto, a resistência escrava está situada. As pessoas resistem a condições específicas por meios específicos. Conceber uma resistência generalizada e transistórica à escravidão é improdutivo e representa o risco de deturpar as lutas reais dos povos escravizados. A resistência é uma característica constitutiva das relações escravistas, não por se tratar de um processo contínuo, mas por representar uma resposta similar a condições históricas similares. A tarefa, portanto, é a de reconstruir os contextos históricos específicos da escravidão e da resistência escrava. Aqui chegamos a um limite da teoria entendida como um sistema de proporções vinculadas a ser aplicado ao mundo. Em vez de tentar formular leis generalizadas sobre a economia ou o modo de produção escravista, é mais produtivo voltar a nossa atenção para a história das economias escravistas, para a construção de modelos históricos e para a análise teórica de situações concretas.[47]

A teoria econômica e a fragmentação da História

A abordagem da Nova História Econômica prescinde das substantivas relações históricas entre terra, trabalho e capital a fim de construir uma avaliação quantitativa da produtividade e rentabilidade da economia escravista por meio da utilização de categorias abstratas e universais da teoria econômica neoclássica. Aqui, as relações históricas não são vistas como constitutivas dos processos econômicos levados em consideração, mas são tratadas *ex post facto* como fatores já formados e completos. A teoria econômica neoclássica considera cada "economia escravista" uma unidade independente e autossuficiente, e portanto não leva em consideração os processos (além da competição de mercado) que ordenam as relações entre as regiões produtoras.

As limitações desse tipo de abordagem para a análise histórica podem ser vistas no debate sobre o livro *Capitalism and Slavery*, de Eric Williams. Seymour Drescher e David Eltis, cujas interpretações históricas são guiadas por essa abordagem, procuram desqualificar o argumento de Williams de que o declínio econômico fora o motivo que levou à abolição da escravatura nas Antilhas Britânicas. Eles utilizam os conceitos abstratos e formais de rentabilidade e produtividade da teoria neoclássica para demonstrar a viabilidade econômica das economias desse local e atribuem a abolição a motivos ideológicos e políticos. De acordo com esses critérios, Drescher argumenta que "foram capazes de alcançar crescimento e expansão vigorosos" depois de 1814, enquanto Eltis enfatiza "a contínua vitalidade das Antilhas Britânicas século XIX adentro".[48]

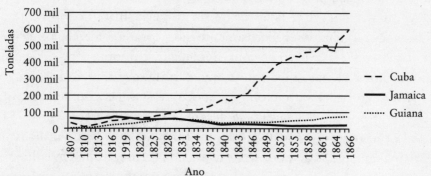

Figura 1 – Produção de açúcar na Jamaica, na Guiana e em Cuba

Fonte: Noel Deerr, *The History of Sugar*, 2 vols. Londres, Chapman & Hall, vol. I, 126, 131, 193-204.

O foco de Drescher e Eltis está na competição de mercado e de preços entre unidades de ação independentes, nesse caso, as colônias açucareiras. Jamaica e Guiana, as duas colônias com maior produção de açúcar nas Antilhas Britânicas, são essenciais para seus argumentos. No entanto, a Figura 1 sugere as dificuldades inerentes à sua abordagem. Consistentes com os pressupostos e procedimentos da teoria econômica neoclássica, suas análises de produtividade e rentabilidade não consideram as relações históricas substantivas entre terra, trabalho e capital. Os complexos açucareiros escravistas da Jamaica e da Guiana eram realmente produtivos e rentáveis segundo os critérios da teoria econômica. Contudo, mesmo um rápido exame da figura revela que os níveis de produção para cada um deles estavam mais ou menos estagnados. Além disso, se eram suficientemente produtivos e rentáveis para se manterem como produtores viáveis, cada um chegou a essa posição de maneira diferente.

A zona açucareira da Jamaica encolheu depois de 1814. As *plantations* de cana-de-açúcar que seguiram produzindo adquiriram terras e escravos de seus vizinhos falidos para aumentar suas posses. Dentro do possível, os proprietários aumentaram o tamanho das propriedades e em muitos casos compraram equipamentos de moagem a vapor. Ainda assim, a escala de produção, embora excepcional para os padrões jamaicanos, continuava pequena em comparação à dos concorrentes, e não havia espaço para uma expansão.

A Guiana passou a fazer parte do Império Britânico durante as Guerras Napoleônicas. Relativamente inexplorada, oferecia excelentes condições para o cultivo de cana-de-açúcar, embora sofresse de uma falta crônica de mão de obra, já que o tráfico britânico de escravos no Atlântico tinha sido abolido à época de sua incorporação ao Império. A produção açucareira se desenvolveu rapidamente entre 1814 e 1825. Grandes propriedades foram formadas, as quais utilizavam não só as moendas a vapor mais avançadas, como também caldeiras a vácuo para refinar o açúcar. Essas tecnologias exigiam uma escala de produção muito maior do que as técnicas anteriores de manufatura, e depois da abolição da escravidão, entre 1834 e 1918, a servidão por contrato asiática gradativamente substituiu o trabalho africano emancipado. (As terras disponíveis para o cultivo da cana-de-açúcar eram muito pequenas e estavam muito espalhadas para que houvesse um emprego eficaz da caldeira a vácuo.) A zona açucareira da Guiana, contudo, era limitada em sua extensão. Embora dispusesse de engenhos de açúcar muito grandes e tecnologicamente avançados, sua produção também estagnou, mas em condições muito diferentes das jamaicanas.

Tanto a Jamaica quanto a Guiana podem ser comparadas com Cuba, que possuía um território enorme com condições ideais para a produção do açúcar. Enquanto as tecnologias açucareiras se desenvolviam, durante o século XIX, os senhores de engenho cubanos conseguiam combinar terra, trabalho escravo e novas tecnologias de maneiras sem precedentes. Sua produção, que dobrava a cada dez anos, da década de 1820 à de 1860, estabeleceu os preços mundiais do açúcar. Cuba redefiniu o mercado açucareiro mundial e gerou a crise das colônias açucareiras mais antigas, como a Jamaica.[49]

Drescher e Eltis conseguem demonstrar que cada "economia escravista" é rentável e produtiva. No entanto, ao fracassar em integrar condições sociais e materiais importantes em sua análise, esses autores não conseguem explicar teoricamente as diferenças entre elas, muito menos as condições que produzem a diferença. Dessa maneira, produzem um relato abstrato e unilateral que justapõe fatores "econômicos" a "não econômicos". A destruição da escravidão nas Antilhas Britânicas é devida à ascensão do "abolicionismo", uma força externa fortuita a ser explicada pela história social e cultural única da Grã-Bretanha.

O fracasso da Nova História Econômica em explicar as características históricas de cada zona produtora nos leva à segunda dificuldade apresentada por essa abordagem. As unidades agentes – sejam indivíduos, firmas ou estados – são consideradas dadas e independentes umas das outras.[50] Aqui, cada "economia escravista" aparece como uma iteração diferente da mesma coisa. Cada uma se distingue das demais por marcadores temporais e espaciais (por exemplo, as "economias escravistas" da Jamaica, Guiana ou Cuba no século XIX), mas os conceitos de tempo e espaço são em si abstratos e vazios (uma grade a priori em que observações são traçadas). A escravidão ocorre no tempo e no espaço, não através do tempo e do espaço. Consequentemente, as relações entre essas "economias" independentes e autossuficientes são arbitrárias e acidentais. Somos apresentados a um universo caótico e desestruturado de fragmentos, de múltiplas economias independentes que podem ser combinadas e desmontadas à vontade por meio de categorias abstratas e universais. Qualquer unidade de ação ou análise maior – a economia atlântica, a economia mundial – é simplesmente a soma de partes independentes.

Essa abordagem impede a consideração de processos que ordenam as relações entre essas regiões produtoras. Como argumenta Immanuel Wallerstein, os historiadores da Nova História Econômica deixam de reconhecer que essas "economias escravistas" são arenas de uma economia-mundo. Tratar formações escravistas como economias integrais em vez de partes de um todo maior falsifica os seus resultados e enfraquece os *insights* de sua abordagem.[51] Em comparação, a "economia-mundo" oferece um conceito ordenado e ordenador e permite uma investigação sistemática das relações entre seus elementos constitutivos. Ela fornece uma concepção consistente da escravidão como objeto de observação e de uma unidade abrangente de análise que nos permite ordenar nossas observações e examinar as diversas maneiras como são formadas e reformadas dentro de campos mais amplos de relações e processos.[52]

Rumo a uma economia histórica: a escravidão na economia-mundo capitalista

A Nova História Econômica tem produzido descobertas altamente sugestivas a respeito da produtividade e da rentabilidade do trabalho escravo nas Américas, mas seus conceitos abstratos e formais, bem como seus métodos e procedimentos interpretam relações sócio-históricas substantivas como fatores contingentes exteriores ao seu campo de análise. Consequentemente, essa abordagem proporciona ferramentas adequadas à análise e à interpretação histórica. De outro lado, a perspectiva do sistema-mundo oferece um enquadramento analítico que nos permite conceituar terra, trabalho e capital (mercado) como relações históricas substantivas e examinar as maneiras como esses elementos são interdependentes e mutuamente formativos entre si dentro da divisão de trabalho da economia-mundo. Essa abordagem procura não apenas registrar padrões de relações no tempo e no espaço, como também entender os processos históricos pelos quais tais padrões espaçotemporais são produzidos. Assim, a escravidão é tratada não como uma categoria geral e universal, mas como uma forma específica de produção social que é continuamente feita e refeita através da relação historicamente cambiante entre terra, trabalho e mercado. Além disso, ao conceber complexos determinados de produção escravista como partes de uma singular divisão mundial de trabalho, essa perspectiva nos permite especificar as relações e os processos através dos quais cada um desses complexos é formado, bem como diferenciar sistemas escravistas entre si, dentro do conjunto evolutivo de relações que formam a economia-mundo. Desta forma, essa abordagem nos permite tanto diferenciar quanto especificar determinadas zonas de produção dentro da economia-mundo e ao mesmo tempo apreender seu quadro mais amplo. Dentro deste enquadramento teórico, é possível descobrir as relações mutáveis entre terra, trabalho e tecnologia, e portanto as maneiras como o trabalho escravo e a relação escravista são continuamente formados e reformados como parte da expansão da economia-mundo. Desta forma, podemos rastrear o curso da história da produção escravista através do desenvolvimento histórico da forma escravista e de sua formação e reformulação dentro dos processos econômicos mundiais.

A Figura 2 possibilita discutir as maneiras como a perspectiva da economia-mundo permite uma reconstrução teórica mais adequada da história econômica das formações escravistas do Novo Mundo do que aquela proposta pela Nova História Econômica. A Figura 2 mostra que as curvas de produção do algodão americano e do café brasileiro têm trajetórias similares à da curva de produção do açúcar cubano, e que essas três contrastam dramaticamente com as correspondentes à Jamaica e à Guiana, apresentadas na Figura 1. Em cada um dos casos, as curvas da Figura 2 registram níveis de produção sem precedentes para o respectivo produto. Da perspectiva aqui proposta, cada curva representa uma nova configuração de terra, trabalho escravo e capital; quando consideradas juntas, formam parte de uma nova divisão de trabalho que expressa a expansão material e econômica da economia-mundo. Aqui a escravidão aparece formada ou reconfigurada dentro de uma constelação específica de relações históricas da produção de mercadorias (discuti em outro lugar esse processo como sendo a formação de uma segunda escravidão).

Figura 2 – Produção de produtos primários nos EUA, Cuba e Brasil, 1810-1870

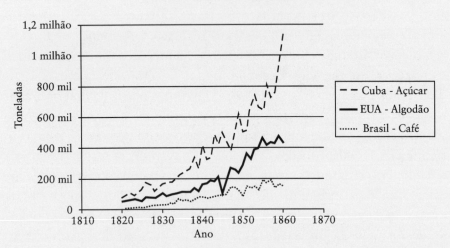

Desta perspectiva, a interpretação das curvas revela as formas como as condições materiais de produção, de ambiente e geografia são elementos constitutivos de importantes relações econômicas históricas. Aqui, os diferentes produtos não são apenas qualificadores de uma escravidão já determinada, mas também formadores de configurações específicas das relações escravistas. Cada cultivo – algodão, cana-de-açúcar e café – tem características materiais distintas e cria uma demanda diferente de trabalho. A escala de produção, o tamanho e a composição da força de trabalho escrava, a divisão do trabalho e a organização do processo de trabalho, bem como a configuração espacial da *plantation* são todos ligados às exigências materiais do cultivo. Além disso, cada cultura atende a diferentes necessidades humanas, e o aumento dramático em sua produção, indicado na Figura 2, expressa uma profunda transformação econômica, social e cultural.

No período em análise, o algodão desbancou o açúcar como a *commodity* mais valiosa no comércio internacional. Ao contrário do açúcar, o primeiro é uma matéria-prima industrial, e a rápida ascensão de sua produção escravista estava intimamente ligada à mecanização da produção de materiais têxteis, do sistema fabril e do surgimento do trabalho assalariado na Grã-Bretanha e em outros lugares. Da perspectiva da economia-mundo, o Sul algodoeiro dos Estados Unidos e a Grã-Bretanha industrial não formam "economias" escravistas e capitalistas separadas, mas, em vez disso, são vistos como dois polos da divisão de trabalho econômica e geográfica mundial. Eles são interdependentes e mutuamente formativos um do outro através da forma de mercadoria.[53] Tomados em conjunto, formam o circuito da produção de algodão, definido mediante a aceleração da demanda, o aumento da escala de produção, a queda dos preços e a pressão contínua sobre a produtividade do trabalho, e torna possíveis os altos níveis de produtividade e rentabilidade indicados pelo trabalho de Fogel e Engerman. A relação entre esses dois polos impõe ritmos espaciais específicos e extensões temporais à atividade econômica. Aqui, as relações sócio-históricas ocorrem através do tempo e do espaço, não no tempo e no espaço. A relação entre escravidão e trabalho assalariado, entre a *plantation* e a fábrica, ao mesmo tempo que produz uma conjuntura espaçotemporal, é moldada por ela.

(Contra o suposto eurocentrismo da abordagem economia-mundo, o economista Seymour Shapiro demonstrou que a expansão da indústria algodoeira britânica e o crescimento praticamente ilimitado do mercado têxtil algodoeiro mundial foram impulsionados pela contínua queda dos preços das matérias-primas.[54] Com demasiada frequência, aqueles que escrevem sobre *commodities* agrícolas não prestam atenção a quem as produziu e como. De forma semelhante, aqueles que escrevem sobre escravos prestam muito pouca atenção às *commodities* que sua força de trabalho produz. O que Shapiro não consegue reconhecer ou integrar em seu relato é que a queda do preço do algodão cru foi devida ao aumento da produção do trabalho escravo no *Cotton South*. Desenvolvimentos parciais são sempre fundamentados na economia-mundo como um todo. A economia é a economia-mundo.)

Ao contrário do algodão, o açúcar e o café são bens de consumo, mas as curvas acentuadas da produção crescente do açúcar cubano e do café brasileiro foram sustentadas pela industrialização, pela urbanização e pela emergência de uma nova massa de classes trabalhadoras e classes médias. O ciclo de expansão material e econômica transformou relações, incluindo a relação de oferta e demanda em toda a economia-mundo. Juntas, essas três curvas são indicativas de um grande avanço para a produção e o consumo em massa de três das *commodities* que definem a cultura material moderna. Isso foi ainda mais indicado pelas transformações na divisão de trabalho mundial. O Sul dos Estados Unidos era o principal fornecedor de algodão cru para a Grã-Bretanha, ao mesmo tempo que os Estados Unidos se tornavam o principal consumidor do açúcar cubano e do café brasileiro. O crescimento da produção escravista tinha a ver com a expansão geográfica, econômica e material, e a integração de novos complexos de produção escravista na nova divisão mundial de trabalho. Não seria um exagero, aqui, pôr Marx de cabeça para baixo e ver o trabalho assalariado como o pedestal da escravidão.[55]

Além disso, uma análise dos artigos produzidos revela os modos como as condições materiais de produção, o ambiente e a geografia são elementos constitutivos de relações econômicas substantivas. Cada um desses cultivos requer condições ambientais e compreende processos de produção diferentes. Cada cultivo pode ser realizado em determinados lugares, mas não em outros. Consequentemente, cada um é produzido numa localização geográfica específica. A demanda por essas *commodities* canalizou a expansão a ambientes mais adequados para a sua produção, numa escala apropriada para garantir a rentabilidade. Jason Moore habilmente conceituou tais zonas como "fronteiras da mercadoria".[56] Moore vê a fronteira da mercadoria como um modo de expansão da economia-mundo.[57] O conceito se refere às maneiras como a produção e a distribuição de produtos primários específicos reestruturam o espaço nas margens da economia-mundo, de forma a exigir maior expansão. A fronteira de mercadoria é uma zona além da qual uma expansão maior é possível, contanto que exista terra não mercantilizada e, em menor escala, trabalho. Esse conceito nos permite formular a relação entre ecologias específicas, lugares e a expansão geográfica da economia-mundo. Revela, assim, as formas históricas específicas em que a terra constitui uma condição substantiva da produção escravista.

Cada uma dessas zonas em discussão – o cinturão algodoeiro americano, a zona açucareira cubana, a zona cafeeira brasileira – era uma área previamente inexplorada que foi transformada para promover o cultivo sistemático de seu respectivo artigo. As características ambientais e geográficas de cada zona permitiram que tal produção se desenvolvesse numa escala sem precedentes. Cada uma representa, assim, um novo espaço socioeconômico que criou condições específicas para a utilização do trabalho e do capital. Além disso, para cada zona há uma relação específica entre o volume, valor do produto, e a distância até o ponto de consumo, que determina os requisitos de transporte. Significativamente, as transformações no transporte – especialmente as estradas de ferro e os barcos a vapor – foram, de maneiras e em graus diferentes, essenciais para o desenvolvimento de cada uma das três zonas. As características físicas da colheita, as condições materiais para a produção e a localização moldam, portanto, seu desenvolvimento.[58]

Finalmente, o conceito de fronteira da mercadoria esclarece a importância da demanda pelo trabalho escravo e pelo tráfico de escravos no desenvolvimento das formações escravistas do Novo Mundo. Como novas zonas não incorporadas e não estruturadas à margem geográfica da economia-mundo, as fronteiras de mercadoria sofrem de uma escassez crônica de trabalho ("falta de braços"). Assim como a transformação da natureza, o movimento da população é consequência da demanda pelas mercadorias. A demanda pelo trabalho no conceito de fronteira de mercadoria chama a atenção para a mobilidade do trabalho escravo. Dessa perspectiva, o tráfico de escravos não é simplesmente uma relação de mercado que responde a flutuações mais ou menos regulares de oferta e demanda, mas uma relação de força e coerção impulsionada pela demanda por trabalho na expansão das fronteiras da mercadoria. A quantidade certa de trabalho deve ser fornecida no lugar certo, no tempo certo. Vale notar que apesar da pressão para acabar com o tráfico internacional de escravos, havia no século XIX quase tantos escravos transportados pelo tráfico transatlântico, fosse legal ou ilegalmente, quantos houve no auge do século XVIII. Agora, seu destino era praticamente restrito a Cuba e Brasil. Se adicionamos a esse número os escravos transportados nos tráficos domésticos dos Estados Unidos e do Brasil, havia mais escravos sendo transportados do que em qualquer outra época da história do tráfico negreiro. Todos eram destinados às novas fronteiras de mercadoria dos Estados Unidos, de Cuba e do Brasil.

Assim, diferentemente das zonas mais antigas da produção de mercadorias escravistas, as novas fronteiras de mercadoria organizaram a produção numa escala sem precedentes e combinaram terra, trabalho e os instrumentos de produção de novas maneiras. Em cada uma das zonas, as relações sociais de escravidão foram reformadas em torno de novas relações e processos de produção. Em cada zona de fronteira, o espaço produtivo da *plantation* foi reorganizado em formas que facilitaram a gestão da terra e do trabalho e a máxima produção de cada cultivo. Como demonstrou Rafael Marquese, pela primeira vez na história da escravidão nas Américas os conceitos de gestão de escravos passaram das obrigações mútuas de senhor/servo à preocupação direta com a gestão do trabalho e o aumento da eficiência.[59] Em cada uma dessas zonas, a escala de produção e o tamanho das forças de trabalho escravo aumentaram, o trabalho em grupos predominou, as tarefas foram cada vez mais quantificadas, medidas e calculadas, as cargas de trabalho aumentaram e o trabalho foi intensificado a fim de maximizar a produção. Quando viáveis, sobretudo na indústria açucareira cubana, novas tecnologias foram empregadas. A produção por escravo em cada zona aumentou vertiginosamente em relação aos níveis anteriores.[60] Assim, os altos índices de participação da mão de obra, a intensificação do trabalho e o aumento da produção por trabalhador que Fogel e Engerman identificam como causas da produtividade da economia escravista não são atributos da "escravidão em geral", mas dependem da inter-relação histórica substantiva entre terra, trabalho e capital que a reformulação do trabalho escravo representa, dentro desta conjuntura da economia-mundo. Contudo, uma vez estabelecida nessa escala e dentro dessa divisão do trabalho, a rigidez da relação escravista como meio de organizar a produção se reafirma e inibe uma maior expansão.

Do ponto de vista da investigação histórica, os resultados da Nova História Econômica são conclusões provisórias válidas no âmbito de um conjunto limitado e limitante de suposições. Embora esses resultados sejam sugestivos, as inferências extraídas deles têm valor limitado para a investigação e para a análise histórica. Este capítulo propôs que, em vez de aplicar a teoria a materiais históricos, é mais produtivo voltar a atenção para uma história econômica teórica e empiricamente fundamentada.[61] Essa tarefa inclui não só a avaliação das descobertas da Nova História Econômica como também a tradução das categorias da teoria econômica em categorias históricas apropriadas, e a necessidade de repensar os parâmetros espaciais e temporais da atividade econômica. Apesar de uma longa e ilustre tradição na história econômica, o trabalho de desenvolver conceitos adequados, de construir modelos históricos e de elaborar narrativas teoricamente fundamentadas para situações específicas ainda está em sua infância. Esta perspectiva nos permite avançar em direção a relatos interpretativos e analíticos do trabalho escravo e da economia-mundo mais adequados historicamente. Tal enfoque nas economias históricas leva a um entendimento mais amplo e mais profundo dos processos históricos e incentiva o diálogo com os desenvolvimentos na história social, política e cultural.

Notas

1. Gostaria de agradecer a Yann Moulier Boutang os valiosos comentários a uma versão anterior deste artigo.
2. Robert W. Fogel e Stanley L. Engerman, *Time on the Cross: The Economics of American Negro Slavery*. Boston: Little, Brown and Co., 1974.
3. No relato posterior de Robert Fogel (*The Slavery Debates: A Retrospective, 1952-1990*. Baton Rouge: Louisiana State University Press, 2003, p. 22), o tom triunfal e intransigente da proclamação da chegada da Nova História Econômica deveu-se ao fato de que "a euforia era muito grande para ser contida".
4. Fogel, *The Slavery Debates,* p. 21; Carl Bridenbough, "The Great Mutation", *in: The American Historical Review*, 68, 2: 315-331, 1963, p. 326. A fim de evitar que se tome precipitadamente o lado dos "humanistas", nesta rejeição da instrumentalização, o texto que continha este ataque pode ser descrito na melhor das hipóteses como misantropo e mesquinho, e, na pior delas, como uma vigorosa defesa da aptidão especial de homens brancos protestantes à interpretação correta do passado dos Estados Unidos.
5. Para uma crítica mais abrangente, ver Michael Greenberg, "The New Economic History and the Understanding of Slavery: A Methodological Critique, Dialectical Anthropology", v. 2, 1977, pp. 131-141; e Douglass C. North, "Beyond the New Economic History", *The Journal of Economic History,* 34, 1: pp. 1-7; p. 1974.
6. Mais destacadamente, Paul A. David, Herbert G. Gutman, Richard Sutch, Peter Temin e Gavin Wright, *Reckoning with Slavery*. York: Oxford University Press, 1976; Herbert G. Gutman, *Slavery and the Numbers Game: A Critique of Time on the Cross*. Urbana: University of Illinois Press, 1975.
7. Yann Moulier Boutang, "Agency and Transnational Perspectives on the Constitution of Waged, Unfree, and Free Labor: The Role of Mobility in the Nineteenth Century", *in:* Dale Tomich (Org.), *The New Frontiers of Slavery*. Binghamton. Nova York: The Fernand Braudel Center, no prelo.

8. Douglass C. North, *Beyond the New Economic History*, pp. 1-7.
9. Peter Temin, "The Future of the New Economic History: the 1980s and Beyond (II)", *The Journal of Economic History*, 12, 2: pp. 179-197, p. 1981.
10. Eric Hobsbawm, "Historians and Economists: I", "Historians and Economists: II", *On History*. Nova York: The New Press, 1997, p. 96, 112.
11. Terence K. Hopkins, "Sociology and the Substantive View of the Economy", em Karl Polanyi, Conrad M. Arensberg e Harry W. Pearson (editores), *Trade and Market in the Early Empires*. Nova York: The Free Press, 1957, pp. 271-292; Simon Clarke, *Marx, Marginalism and Modern Sociology: From Adam Smith to Max Weber*. Londres: The MacMillan Press, 1982, pp. 151-5.
12. Clarke, *op. cit.*
13. Em *Time on the Cross*, Fogel e Engerman criam uma hierarquia de dados que revela a lógica desta abordagem. Tipos de dados são classificados de acordo com o grau em que se conformam aos requisitos da análise estatística. Dados que podem ser sujeitados a testes estatísticos sistemáticos, ou o que eles se referem como dados sistemáticos, são mais confiáveis e têm mais probabilidade de resultar em conclusões objetivas. Dados fragmentários ou impressionistas não passam no teste de confiabilidade estatística. Independentemente da objetividade da fonte, eles têm valor apenas como ilustração ou para preencher as lacunas onde dados sistemáticos estão faltando. Fogel e Engerman, *Time on the Cross*, pp. 10-12.
14. Cabe observar que os procedimentos da Nova História Econômica não são a única maneira possível de quantificar dados históricos. A história serial, iniciada por François Simiand ("Historical Method and Social Science", *Review*, IX, 2: 163-213, 1985), e Ernest Labrousse (*Esquisse du mouvement des prix et des revenues en France au XVIIIe siècle, 2 vols.* (Orig. 1933). Paris: Librairie Dalloz. Repr.: Paris: Éditions des archives contemporaines, 1984; *La crise de l'économie française à la fin de l'Ancien Régime et au début de la Révolution* (primeira edição: 1944), Paris, Presses Universitaires de France, 1990), e característica da "segunda" escola dos Annales, representa uma abordagem alternativa à Nova História Econômica. Ao contrário dos pressupostos atemporais deste último, a história serial procura reconstruir temporalidades históricas. Ver também Jean-Yves Grenier, "Expliquer et comprendre. La construction du temps de l'historie économique", *in:* Bernard Lepetit (Org.), *Les formes de l'expérience: Une autre historie sociale*. Paris: Éditions Albin Michel, 1994, e Jean-Yves Grenier e Bernard Lepetit, "L'experience historique: Sur C.-E. Labrousse", *Annales: E.S.C.* 44 (6): 1337-60, 1989.
15. Hopkins, *Sociology and the Substantive View of the Economy*, pp. 270-306.

16. Em comparação, historiadores marxistas têm se preocupado com as relações sociais da escravidão e prestam pouca atenção a sua força produtiva.
17. John Merrington, "Town and Country in the Transition to Capitalism", *in:* Rodney Hilton (Org.), *The Transition from Feudalism to Capitalism*, pp. 173-174.
18. De fato, o ilustre economista Albert O. Hirschman, em "The Search for Paradigms as a Hindrance to Understanding", *in: A Bias for Hope: Essays on Development and Latin America*. New Haven: Yale University Press, 1971, argumentou de forma perspicaz que a interpretação qualitativa de um único caso pode ter maior potencial para a compreensão histórica do que a análise quantitativa de um grande número de casos.
19. Fogel e Engerman, *Time on the Cross*, p. 8.
20. Robert Fogel, *Without Consent or Contract: The Rise and Fall of American Slavery*. Nova York: W.W. Norton & Co., 1989, p. 22.
21. Ironicamente, enquanto Fogel e Engerman identificam as características particulares da escravidão nos Estados Unidos no século XIX, em vez de explicar a diferença, eles inadvertidamente criam um argumento para o excepcionalismo americano. Sem uma explicação analítica dos processos que criam as qualidades particulares da escravidão nos Estados Unidos no século XIX, seu trabalho é moldado por preocupações convencionais sobre o excepcionalismo americano, a diferença entre Norte e Sul, e a Guerra Civil como foco explícito do "tempo na cruz" da nação.
22. Alfred H. Conrad e John R. Meyer, *The Economics of Slavery and Other Studies in Economic History*. Chicago: Aldine, 1964, p. 47.
23. Stanley Engerman, "Some Considerations of Property Rights in Man", *Journal of Economic History*, XXXIII, 1: 43-65, 1973, pp. 43-46.
24. Conrad e Meyer, *The Economics of Slavery*, p. 45.
25. *Idem*.
26. Fogel e Engerman, *Time on the Cross*, pp. 191-207; Fogel, *Without Consent or Contract*, pp. 72-80.
27. Max Weber, *Economy and Society*, 2 v. Berkeley: University of California Press, 1978, v. 1, pp. 162-163.
28. Karl Polanyi, *The Great Transformation: The Political and Economic Origins of our Time*. Boston: Beacon Press, 1957, pp. 72-73.
29. Karl Marx, *Capital: A Critique of Political Economy*, v. I. Harmondsworth: Penguin, 1976, pp. 164-165.
30. Marx, *Capital*, I, p. 325.

31. Roman Rosdolsky, "Comments on the Method of Marx's *Capital* and its Importance for Contemporary Marxist Scholarship", *New German Critique*, 3: 62-72, 1974, pp. 65-67.
32. Marx, *Capital*, I, p. 680.
33. Discuti esses problemas conceituais mais detalhadamente em outro livro (Dale Tomich, *Slavery in the Circuit of Sugar: Martinique and the World Economy, 1830-1848*. Baltimore: The Johns Hopkins University Press, 1990, pp. 124-138). Se os historiadores da Nova História Econômica têm ignorado a forma das relações sociais da escravidão, os escritores marxistas têm se preocupado com a forma das relações sociais à custa do conteúdo. Em geral, eles enfocam as diferenças entre as relações de dominação predominantes entre senhor-escravo e capital-remuneração para enfatizar o caráter pré-capitalista ou não capitalista da relação escravista. Depois utilizam esta diferença para construir uma economia escravista nacional ou regional fechada em si mesma, internamente coerente e delimitada externamente, ou um modo de produção escravista com suas próprias e diferenciadas "leis de movimento". (Aqui as relações são abstraídas de seu contexto histórico e transformadas em categorias universais que depois são impostas novamente à situação histórica como leis históricas. As "abstrações racionais" de Marx, cujo propósito é analisar situações históricas concretas [Karl Marx, *Grundrisse: Foundations of the Critique of Political Economy (Rough Draft)*, Harmondsworth, Penguin, 1973, p. 85] são sutilmente transpostas a tipos ideais weberianos e usadas para classificar sociedades. As "leis" apropriadas são para a análise de cada tipo de sociedade.) Nessas formulações, o mercado é considerado externo às relações primárias de produção e de importância secundária. Esta visão separa a produção de mercadorias da circulação destas. Aqui, a "economia mundial" é composta de diferentes economias nacionais ou regionais independentes, caracterizadas/classificadas como escravistas, capitalistas etc. O mercado relaciona entidades separadas entre si (centro-periferia). O que não se consegue ver, aqui, é que comércio e mercado são possíveis apenas porque existe uma relação entre economias "nacionais" (Terence Hopkins, "World-Systems Analysis: Methodological Issues", *in*: Terence K. Hopkins e Immanuel Wallerstein, *World-Systems Analysis: Theory and Methodology*, Beverly Hills, Sage Publications, 1982, pp. 145-158, especialmente 151-152). Para uma discussão mais completa dessas questões, ver Dale Tomich, *Through the Prism of Slavery: Labor, Capital, and World Economy*. Landham, MD: Rowman & Littlefield, 2004, pp. 3-31, 32-55.
34. Max Weber, cuja própria abordagem sociológica era baseada em conceitos de escolha racional e racionalidade formal, estava muito consciente da diferença

entre as categorias da economia neoclássica e aquelas da sociologia. Ele elaborou as consequências formalmente "irracionais" da produção escravista derivadas da apropriação do escravo como propriedade. Estas incluem: 1) Maior investimento de capital na aquisição e manutenção dos escravos do que exigida pelo trabalho livre; 2) Maior risco de capital, porque o trabalho escravo é exposto a todo tipo de influências não econômicas, especialmente a um alto grau de influência política; 3) O mercado de escravos e os preços dos escravos estão sujeitos a um alto grau de flutuação que torna o cálculo de lucro e perdas extremamente difícil; 4) As flutuações do mercado e a situação política dificultam o recrutamento da mão de obra escrava; 5) Se os escravos desfrutam de relações familiares, o proprietário deve arcar com os custos de manutenção da mulher e dos filhos; 6) Talvez seja de maior importância a impossibilidade de seleção e emprego depois de experimentá-lo no trabalho, e a demissão de acordo com as flutuações da situação do negócio, ou do declínio da eficiência pessoal (Weber, *Economy and Society*, I, pp. 162-163). As ideias de Weber são centrais para a construção da "irracionalidade" da economia escravista do Sul dos Estados Unidos de Eugene Genovese (Eugene Genovese, *The Political Economy of Slavery: Studies in the Economy and Society of the Slave South*, Nova York: Pantheon, 1967, pp. 3-39, especialmente 16-18).
35. Engerman, *Some Considerations*, p. 47.
36. Douglas Hall, "Incalculability as a Feature of Sugar Production during the Eighteenth Century", *in: Social and Economic Studies*, v. 11, n. 4, 1961, pp. 305-318.
37. Weber, *Economy*, I, pp. 85-100.
38. Antônio Barros de Castro, "A economia política, o capitalismo e a escravidão", *in:* José Roberto do Amaral Lapa (Org.), *Modos de produção e realidade brasileira*. Petrópolis: Vozes, 1980, pp. 67-107.
39. Yann Moulier Boutang, *De l'Esclavage au salariat: Économie historique du salariat bride*, Paris, Presses Universitaires de France, 1998, enfatiza a centralidade do controle sobre a mobilidade do trabalho nos sistemas de trabalho forçado. As ameaças de fuga, rebelião e outras formas de resistência são uma pressão constante contra a qual a dominação é exercida.
40. É comum, nos escritos sobre a escravidão, comparar a falta de interesse do escravo pelo processo de trabalho com o suposto interesse do trabalhador remunerado pela produção. Como nos lembra Antônio Castro ("Economia Política", pp. 67-107) e como qualquer familiaridade com o trabalho de Frederick Winslow Taylor tornará claro, a falta de interesse pela produção é o que escravos e trabalhadores livres têm em comum, não o que os separa. A

respeito disso, ver a importante distinção feita por Walter Johnson entre trabalho e labor (*River of Dark Dreams: Slavery and Empire in the Cotton Kingdom*. Cambridge: Harvard University Press, 2013: 164-165) e também Sidney Mintz ("Caribbean History, Caribbean Labor", *in: Blick nach vorn: Festgabe für Gert Spittler zum 65. Geburtstag*, Kurt Beck, Till Förster, e Hans Peter Hahn (editores), Köln, Rüdiger,Köppen Verlag, 2004, pp. 136-144) sobre a importância da habilidade e do trabalho para os trabalhadores.

41. Philip Morgan, "Task and Gang Systems: The Organization of Work on New Work Plantations", *Work and Labor in Early America*, Stephen Innes (Org.). Chapel Hill: University of North Carolina Press, 1988, pp. 27-101.
42. Aqui devemos acrescentar que o aumento temporário da força de trabalho escravista por meio do aluguel de cativos não introduz trabalho ou custo de trabalho nas relações de produção escravista. Isso pode aliviar a demanda em curto prazo na unidade de produção, mas, do ponto de vista da formação escravista como um todo, representa um jogo de soma zero.
43. Harry Braverman, *Labor and Monopoly Capital: The Degradation of Work in the Twentieth Century*. Nova York: Monthly Review, 1974.
44. Sidney W. Mintz, *Caribbean Transformations*. Chicago: Aldine, 1974, pp. 130-250, 27-101.
45. Tomich, *Slavery in the Circuit of Sugar*, pp. 214-280; Tomich, *Through the Prism of Slavery*, pp. 173-191.
46. Pierre Dockès, *Medieval Slavery and Liberation*. Chicago: University of Chicago Press, 1979, pp. 117-149.
47. Barros de Castro, "Economia política", pp. 67-107; Immanuel Wallerstein, "A Theory of Economic History in Place of Economic Theory", *in:* Immanuel Wallerstein, *Unthinking Social Science*. Cambridge: Polity Press, 1991, pp. 257-265.
48. Seymour M. Drescher, *Econocide: British Slavery in the Era of Abolition*. Pittsburgh: University of Pittsburgh Press, 1977, p. 160; David Eltis, *Economic Growth and the Ending of the Transatlantic Slave Trade*. Nova York: Oxford University Press, 1987, p. 5.
49. Dale Tomich, "Capitalism and Slavery Revisited: The Williams Thesis in Atlantic Perspective", *in:* Colin Palmer e Barbara Solow (Orgs.), *New Perspectives on the Life and Work of Eric Williams*. Kingston: Jamaica, University of the West Indies Press, no prelo.
50. Embora a economia e a escolha racional sejam os pressupostos organizacionais gerais da teoria, o conceito de unidades de atuação é impreciso. Uma análise de *Time on the Cross* revela que a escravidão é tratada de formas diferentes, como uma instituição, uma economia, um modo de produção, uma relação entre pessoas

sem esclarecimento ou justificativa do que cada uso significa e o contexto em que deve ser entendido. Não há consideração teórica de como essas unidades são formadas através de relações e processos mais amplos ou de sua relação entre si.

51. Immanuel Wallerstein, "American Slavery and the Capitalist World-Economy", em Immanuel Wallerstein, *The Capitalist World-Economy*. Cambridge: Cambridge University Press/Paris Editions de la Maison des Sciences de L'Homme, 1979, pp. 200-221.

52. Terence K. Hopkins, "The Study of the Capitalist World-Economy: Some Introductory Considerations", *in:* Terence K. Hopkins e Immanuel Wallerstein, *World-Systems Analysis: Theory and Methodology* (Beverly Hills: Sage Publications), 1982, pp. 9-38.

53. A relação entre esses polos de produção é regulada pelo mercado, que aqui deve ser entendido não como uma entidade abstrata e formal (como em abordagens neoclássicas) nem como um fator externo e secundário (como nos enfoques marxistas) mas como uma relação histórica substantiva expressando as relações de produção do sistema como um todo. Maria Sylvia Carvalho Franco, "Organização de Trabalho Escravo no Período Colonial", *in:* Paulo Sergio Pinheiro (editor), *Trabalho escravo, economia e sociedade*. Rio de Janeiro: Paz e Terra, 1984, pp. 143-192, 1978. Existe comércio mundial porque existe uma divisão mundial de trabalho.

54. Seymour Shapiro, *Capital and the Cotton Industry in the Industrial Revolution*. Ithaca: Cornell University Press, 1967.

55. É famosa a observação de Marx, em *O capital*, I, p. 925, de que a "escravidão velada dos operários assalariados da Europa precisou da escravidão não qualificada do Novo Mundo como pedestal".

56. Jason W. Moore, "Sugar and the Expansion of the Early Modern World-Economy: Commodity Frontiers, Ecological Transformation, and Industrialization", *in*: *Review – A Journal of the Fernand Braudel Center*, XXIII, 3: 409-433, 2000.

57. Uma comparação entre as Figuras 1 e 2 oferece dados que podem fundamentar a ideia essencial porém negligenciada de Antônio Barros de Castro sobre o caráter migratório da produção agrícola primária e indica a utilidade do conceito de fronteira de mercadoria. Castro argumenta que a produção agrícola primária é mais bem compreendida não como fixa em um lugar, mas mudando de uma zona para a outra. Em qualquer momento no tempo coexistem uma zona em declínio, uma zona em seu pico de capacidade de produção e uma zona pioneira que ainda deve ser desenvolvida (Castro, *Sete ensaios sobre a economia brasileira*, pp. 48-83). As Figuras 1 e 2 sugerem que esse processo ocorre não somente dentro de determinados locais, mas também de forma transnacional.

Ao comparar as figuras, é possível perceber que a Jamaica apresenta as características de uma zona em declínio, a Guiana aparece como uma zona de pico que cessou a expansão, e Cuba (juntamente com o Brasil e os Estados Unidos em diferentes cultivos), como zona de pico que continua a se expandir.

58. Stephen G. Bunker e Paul Ciccantell, *Globalization and the Race for Resources*. Baltimore: The Johns Hopkins University Press, 2005.
59. Rafael Marquese, *Feitores do corpo, missionários de mentes: senhores, letrados e o controle dos escravos nas Américas, 1660-1860*. São Paulo: Companhia das Letras, 2004.
60. Rafael Marquese, O *Vale do Paraíba cafeeiro e o regime visual da segunda escravidão: o caso da fazenda Resgate*, Anais do Museu Paulista, N. Sér. 18, 1, pp. 83-128, 2010; Edward E. Baptist, *The Half has Never Been Told*. Slavery and the Making of American Capitalism. Nova York: Basic Books, 2014; Johnson, *River of Dark Dreams,* pp. 13, 151-175, 247-250.
61. Ver Wallerstein, *American Slavery and the Capitalist World-Economy*, pp. 257-265.

3. A escravidão no Brasil oitocentista: história e historiografia[1]

Rafael Marquese e Ricardo Salles

Neste capítulo, realizaremos um balanço breve e seletivo da chamada nova historiografia da escravidão do século XIX, desenvolvida no Brasil a partir dos anos 1980. A avaliação que traremos não tem pretensão de ser exaustiva. Desde a década de 80 do século passado e as celebrações do centenário da abolição, o leitor pode contar com boas apreciações de conjunto, críticas ou não, sobre diversas temáticas relativas à escravidão brasileira que foram investigadas após a explosão de interesse sobre o assunto.[2] Nosso recorte é, simultaneamente, mais modesto e mais ambicioso. Por um lado, faremos uma comparação entre alguns de seus temas ou trabalhos mais significativos e temas e trabalhos da historiografia anterior; por outro lado, buscaremos apontar algumas limitações e impasses dessa nova historiografia, sem desconhecer, contudo, seus avanços. A partir desse procedimento, proporemos o esboço de um quadro interpretativo da escravidão brasileira oitocentista que aponte para novas possibilidades de pesquisas atinadas ao escopo geral deste livro, isto é, ao exame da escravidão negra do século XIX em suas múltiplas relações com os processos históricos de longa duração que se desenrolaram na arena global.

Historiografia

Na década de 1970, a historiografia sobre a escravidão brasileira foi marcada por um duplo movimento. Por um lado, representou o ponto de chegada de uma forte tradição ensaística, cujas origens se encontravam na própria crise da escravidão em fins do século XIX, e que procurava apreender de modo abrangente o papel fundador da escravidão negra na formação histórica do país. Por outro lado, nos anos 1970 verificou-se a profissionalização definitiva do ofício da história por meio da criação dos primeiros programas nacionais de pós-graduação, cujos perfis são bem semelhantes ao que ainda hoje se tem.

Tanto em um caso como no outro, nesse período a escrita da história da escravidão brasileira foi bastante marcada pelo marxismo, no exato momento em que, no quadro historiográfico internacional, essa corrente passava a ser questionada. Tal questionamento apontava as limitações do marxismo ortodoxo em termos de uma concepção economicista do processo histórico e pelo foco quase exclusivo na classe operária, deixando de lado a história das mulheres, das minorias, dos grupos marginais.

As objeções ao marxismo não eram novas: vinham de antes e se prendiam a uma concepção da história cuja ênfase repousava no papel das mentalidades, das ideias, das linguagens, das culturas e dos indivíduos ou grupos de indivíduos no devir histórico. Assinalava-se, ademais, o caráter singular dos acontecimentos históricos, tudo isso em contraposição às possibilidades de apreensão do processo histórico em suas dimensões estruturais, que caracterizariam o marxismo e outras escolas totalizantes de interpretação histórica, como a geo-história ou a sociologia histórica. Esses questionamentos e ataques às pretensões de uma história total tiveram na micro-história italiana e na antropologia histórica suas expressões mais elaboradas.[3]

Essas correntes historiográficas só se destacaram de forma significativa no Brasil a partir da segunda metade dos anos 1980. No final dos anos 1970 e início dos 1980, havia ainda um impulso represado pelas perseguições, cassações e pelo clima de terror promovido pela ditadura militar, que repercutia nas discussões no campo das ciências sociais originárias da década de 1960. Essas discussões haviam sido e ainda eram fortemente influenciadas, política e teoricamente, pelo marxismo em suas diversas correntes. A pauta delimitada por esses debates girava em torno da identificação e da compreensão das forças sociais e dos processos socioeconômicos e culturais que haviam moldado historicamente a realidade nacional. Entre essas forças e tendências históricas, destacavam-se a escravidão e o passado colonial. Quanto ao tema da escravidão, a questão de sua abolição ganhara grande destaque particular nos anos 1960. Como a instituição se manteve no século XIX, e por que sua abolição ocorreu tão tarde? Quem a promoveu? Qual o papel desempenhado pelos escravos nesse processo?

A história da escravidão escrita no Brasil, na década de 1970, foi informada por esse quadro político e intelectual. Dos debates que então se travaram, a categoria de modo de produção, ao enfatizar os aspectos internos, locais, das relações sociais escravistas, ganhou relevância, particularmente nos trabalhos de Ciro Flamarion Santana Cardoso e Jacob Gorender.[4] As visões em torno do modo de produção escravista colonial tinham por objetivo superar ou tornar mais complexas as abordagens que priorizavam as relações com o mercado internacional na caracterização da sociedade escravista brasileira. Tais abordagens, cujos fundamentos básicos se encontravam nos trabalhos de Caio Prado Jr., de Celso Furtado e nas formulações da teoria da dependência, tiveram seu ápice também nos anos 1970, na obra de Fernando Novais.[5]

Se o trabalho de Gorender foi ainda elaborado à margem das instituições acadêmicas, tanto Novais quanto Ciro Cardoso (ainda que este último estivesse no exterior, em parte por conta do quadro político da ditadura) atuavam dentro do espaço universitário. Eventualmente, por essa razão associaram-se a diversas outras filiações além do marxismo, notadamente o aporte da Escola dos Annales. Em Cardoso, encontramos o forte peso da história demográfica e econômica serial, que remetia a Ernest Labrousse; no caso de Novais, está presente a percepção das diferentes temporalidades históricas, de inspiração braudeliana, conjugada com as teses de Eric Williams sobre as relações entre capitalismo e escravidão.

Esse debate, ainda que marcado pelas particularidades brasileiras, inseria-se em um contexto latino-americano e internacional mais amplo, seguindo em suas linhas gerais as discussões que tinham se instaurado desde a década de 1950 sobre a transição do feudalismo ao capitalismo.[6] Em fins dos anos 1970 e começos dos anos 1980, a categoria do modo de produção escravista colonial impôs-se no campo da historiografia brasileira da escravidão, principalmente após a publicação de *O escravismo colonial*, de Jacob Gorender, em 1978. Demonstrando quanto o debate intelectual e político em geral estava explicitamente conectado com o debate historiográfico, o livro de Gorender, apesar de não ter sido produzido nos marcos acadêmicos convencionais, conheceu imediato sucesso.

Prova disso foram os simpósios organizados para avaliar a problemática abordada pela obra, entre os quais se destaca o que resultou, dois anos depois, no livro *Modos de produção e realidade brasileira*. Pouco antes, também ocorrera um evento no qual a discussão sobre as determinações "externas" e "internas" da escravidão brasileira estivera no centro do debate. É importante registrar que, nessas duas ocasiões, foram apresentadas propostas distintas para se conceituar a inscrição do Brasil no sistema capitalista mundial, e que não recaíam nas dicotomias analíticas que opunham a *produção* (modo de produção escravista colonial) à *circulação* (Antigo Sistema Colonial) como pontos de partida privilegiados da análise.

Assim, se Antônio Barros de Castro procurava ver "nos processos produtivos que se desenvolveram à base do trabalho escravo o segredo último da economia colonial escravista", seu modelo das zonas geográficas "superdotadas" (ou "pioneiras"), "maduras" e "residuais" (ou "decadentes") em permanente mutação, isto é, com padrões cambiantes de competição intercolonial e, portanto, de relações entre metrópoles e colônias, integrava de forma orgânica, em um movimento analítico unificado, os momentos da produção, da circulação e do consumo.[7] Ao mesmo tempo, esse modelo reservava grande espaço para aquilatar o peso decisivo do conflito social entre senhores e escravos na determinação do devir histórico das sociedades escravistas.[8]

Em um sentido convergente, Maria Sylvia de Carvalho Franco propunha examinar tanto a formação histórica do trabalho livre, nos espaços metropolitanos, quanto a do trabalho escravo, nos espaços coloniais, como mutuamente determinantes na longa duração, vale dizer, desde o ressurgimento da escravidão no mundo moderno até sua crise definitiva no século XIX. Tal como em Barros de Castro, essa perspectiva – que em absoluto anulava as profundas diferenças entre trabalho livre e trabalho escravo – implicava negar

> qualquer relação de exterioridade entre "núcleo" e "periferia". Colônia e metrópole são desenvolvimentos particulares do capitalismo, mas carregam ambos, no seu interior, o conteúdo essencial – o lucro – que percorre todas as suas determinações. É esse o método que será sustentado aqui: conceber como mundial o desenvolvimento do capitalismo e investigar o engendramento de suas partes, das formas particulares que assumiram, no movimento de diferenciação histórica dessa determinação universal – lucro e acumulação.[9]

Daí que, em vez de encarar a sociedade e a economia coloniais periféricas em suas relações com o centro do capitalismo nos espaços metropolitanos como uma "dualidade integrada" via mercado mundial (como ocorria com a teoria dos modos de produção e, também, com a categoria Antigo Sistema Colonial, fortemente inspirada na perspectiva dependentista), Carvalho Franco concebia o mundo do trabalho livre metropolitano e do trabalho escravo colonial como uma "unidade contraditória".[10]

As contribuições de Maria Sylvia de Carvalho Franco e de Antônio Barros de Castro, contudo, frutificaram pouco naquele momento. Na virada da década de 1970 para a de 1980, a tese do modo de produção escravista colonial parecia reinar, soberana, sobre os escombros das teses sobre o caráter feudal ou capitalista da sociedade brasileira, ao resolver a questão da inserção do Brasil nos quadros do capitalismo internacional, e, ao mesmo tempo, abrir a possibilidade de se estudar como era organizada a escravidão em uma sociedade escravista dependente e colonial.

A superação do debate sobre o caráter da sociedade colonial brasileira – se feudal ou capitalista – correspondia, em alguma medida, no plano historiográfico, à superação do debate político sobre o caráter da revolução ou dos impasses da modernização brasileira, que marcara fortemente a vida intelectual no país até a década de 1970. A urbanização e a industrialização aceleradas que haviam ocorrido sob o regime militar, assim como o surgimento de novos atores sociais – como a nova classe operária do ABC paulista e de outros complexos industriais semelhantes, ou de uma nova e mais numerosa classe média urbana ligada à expansão do setor terciário – sepultavam as visões que interpretavam a dependência e um certo ruralismo como obstáculos intransponíveis à modernização capitalista.

Nesse quadro de transformações estruturais, acrescido do acirramento da luta política contra a ditadura militar a partir de meados da década de 1970, buscar as razões dos impasses e desafios do presente na dependência colonial ou no peso do ruralismo e do patrimonialismo deixava de fazer sentido. Entender os processos sociais em curso em sua dinâmica interna era o mais importante. A categoria de modo de produção escravista colonial, num ambiente de crescente especialização e profissionalização da pesquisa histórica, buscava exatamente isto: a compreensão das dinâmicas sociais internas como chave de leitura da sociedade brasileira em relação ao passado histórico.

Todavia, essa abordagem deixava intocadas duas premissas que, em larga medida, haviam norteado os estudos anteriores: 1) o prolongamento do vetor colonial – entendido como relação de subordinação ao modo de produção capitalista nos países centrais – para o século XIX e o período independente; 2) a dicotomia colonial *versus* nacional, entendida como oposição entre atraso e modernização, ou estruturas pré--capitalistas e capitalismo. Ainda que não fosse objeto direto de suas preocupações (o que não deixa de ser significativo), o Estado nacional era subentendido como um aposto à economia e à estratificação social colonial. Esse Estado, se não era inteiramente artificial, ao menos estava deslocado de bases sociais e econômicas mais orgânicas – aquelas referentes ao desenvolvimento do capitalismo e à ascensão da burguesia. Neste sentido, a teoria do modo de produção escravista colonial deixava pouco ou nenhum espaço para a conceituação da novidade da escravidão africana nos quadros do Estado nacional brasileiro.

Nisso se encontra a relevância de um importante trabalho de Florestan Fernandes, composto em 1976. Intitulado "A sociedade escravista no Brasil", esse ensaio propunha uma periodização histórica da escravidão brasileira. Fernandes partia da categoria de escravidão mercantil em contraposição à escravidão antiga. A escravidão mercantil das colônias europeias nas Américas, em especial no Brasil, estava intrinsecamente imbricada na formação do mundo moderno e capitalista, ou de uma ordem social competitiva. Essa conexão, no entanto, não seria somente constitutiva das relações externas entre a metrópole, ou, mais precisamente, o mercado mundial capitalista, e a colônia. Tais imbricações seriam também internas à sociedade e à economia coloniais.

A partir dessa caracterização geral, Fernandes distinguia, para o caso brasileiro, três fases na história da escravidão mercantil: 1) a era colonial, caracterizada pelos efeitos do controle direto da Coroa e do antigo sistema colonial sobre a organização do espaço ecológico, econômico e social; 2) a era de transição neocolonial, entre o início do século XIX e a década de 1860, por ele denominada como a "era de ouro" da ordem escravista, "caracterizada pela eclosão institucional da modernização capitalista e a formação de um 'setor novo na economia'"; 3) a era de emergência e expansão de um capitalismo dependente, nascido do crescimento e da consolidação do "setor novo da economia", que se constituiu inicialmente como uma "economia urbano-comercial com funções satelizadoras em relação ao campo".

Como se percebe, ainda se fazia presente, em seu enquadramento, certa dicotomia entre a modernização capitalista, entendida como uma economia urbana, mercantil e com trabalho livre produtor de mais-valia relativa, e a escravidão colonial. Entretanto, essa dicotomia seria interna e estruturante, tanto na fase colonial, que comportou a crise do sistema colonial, quanto nas duas fases nacionais, sendo que a segunda seria a da crise final da escravidão. A escravidão mercantil não era um entrave, mas impulsionara o "capital mercantil". De um lado, sua prática fora a base para a revitalização da grande lavoura; de outro, um fator sem o qual o capital mercantil não se concentraria nem cresceriam as cidades. Segundo Florestan Fernandes, sem a escravidão não se desenvolveria

> a forma de revolução urbano-comercial que é típica da evolução da economia brasileira ao longo do século XIX. Se essa revolução culmina no fim da década desse século e atinge o seu apogeu sob o trabalho livre, isso não significa outra coisa se não que a diferenciação alcançada sob o trabalho escravo pela economia interna exigia outra forma de trabalho – e não que, sem a escravidão mercantil, o capitalismo comercial teria crescido sobre seus próprios pés nas zonas urbanas e imposto à grande lavoura um novo padrão de organização e de crescimento econômicos.[11]

O esquema de evolução histórica proposto por Florestan Fernandes era explicitamente restrito ao Brasil. Portanto, não se propunha o estabelecimento de funcionalidades ou disfuncionalidades abstratas entre categorias genéricas, como escravidão e capitalismo, mesmo que esses conceitos fossem empregados na análise. Ele igualmente rompia, como já assinalamos, com as dualidades modernidade *versus* colônia, modernidade *versus* escravidão, campo (atrasado) *versus* cidades (modernas), correntes do pensamento social em geral e brasileiro em particular.

Mesmo assim, sua análise se atinha às contradições estruturais que, em determinado momento (o terceiro de seu esquema), opuseram escravidão e capitalismo dependente. Não se concedeu espaço, em seu enquadramento, para os fatores circunstanciais e políticos que deflagraram a crise orgânica da escravidão brasileira na década de 1860: o desfecho da Guerra de Secessão norte-americana; o impacto interno da Guerra do Paraguai, que expôs as estritas bases de legitimação e sustentação social do Estado imperial, advindas da escravidão; e o fato político da aprovação da Lei do Ventre Livre, em larguíssima medida decorrente desses fatores circunstanciais. Mais ainda, Florestan Fernandes, apesar de, acertadamente, apontar o caráter revolucionário da abolição, a reduziu a uma "revolução do branco para o branco". Isso significa converter o abolicionismo em uma dada função estrutural – decorrente do acúmulo objetivo de contradições entre escravidão mercantil e o novo setor da economia que se desenvolveu em suas entranhas. Ao assinalar o fato de que a abolição não foi fruto "da atuação revolucionária das massas escravas, que não chegou a ocorrer como 'fator tópico' das transformações históricas", sua análise deixou de lado a ocasionalidade das formas concretas dos movimentos sociais que terminaram por abolir a escravidão de uma forma e não de outra.[12]

A crítica que apresentamos não é uma filigrana ou tampouco externa à argumentação. Se, em um olhar retrospectivo, é razoável supor que o desenvolvimento do capitalismo contemporâneo levaria, cedo ou tarde, à extinção da escravidão moderna, essa suposição não deve nos conduzir a elidirmos o processo histórico concreto. O fato de não ter acontecido de forma revolucionária – ainda que essa constatação seja eivada de anacronismo – não significa que se possa prescindir da análise minuciosa da forma concreta que tomou a abolição brasileira para dar sentido ao processo histórico que dela decorreu. Não é possível saber por quanto tempo e de que forma a escravidão perduraria, não fosse ela afetada pelas circunstâncias da década de 1860 e golpeada, mais tarde, pelo movimento abolicionista. Não se pode saber se, nessas novas circunstâncias hipotéticas, ela teria demonstrado vitalidade para sustentar uma nova fase de expansão econômica que redefinisse e prolongasse sua articulação com o mercado mundial capitalista.

Essas suposições não devem levar em conta apenas o ponto de vista de sua expansão geográfica para novas áreas, como o Novo Oeste paulista, mas também aquele das novas circunstâncias econômicas, tecnológicas, sociais e culturais advindas da fase imperialista do capitalismo internacional, da expansão comercial, da urbanização e do uso de novas tecnologias produtivas, bem como de novos meios de transporte que marcaram a chamada segunda Revolução Industrial. Qual seria a sorte de uma tal escravidão no período histórico de expansão da democracia no mundo atlântico? Qual teria sido o comportamento em relação à escravidão dos novos grupos sociais que emergiam na sociedade brasileira dos anos de 1870, tanto dominantes quanto subordinados? Ou ainda, caso não tivesse ocorrido a intervenção incisiva do movimento abolicionista, teria havido algum tipo de compromisso entre os grupos escravistas tradicionais do Vale do Paraíba declinante e os grupos proprietários recém-formados no Novo Oeste paulista, no sentido de gerar formas alternativas de trabalho compulsório?

De qualquer forma, é importante frisar o fato de que o ensaio de Florestan Fernandes problematizou e abriu a discussão sobre a historicidade do momento de superação da escravidão no Brasil, notadamente a discussão sobre as relações entre a expansão da escravidão na primeira metade do século XIX e os processos de construção do Estado nacional e, mais tarde, quando essa mesma escravidão entrou em crise, entre sua superação e o processo de desenvolvimento do capitalismo no país.[13]

No mesmo momento em que Florestan Fernandes procurava dar conta da especificidade histórica da escravidão brasileira nos oitocentos, as reflexões acerca da história política do século XIX deparavam-se com questão semelhante. José Murilo de Carvalho, em sua tese de doutorado em Ciência Política defendida na Universidade de Stanford, em 1975, apresentava uma interpretação sofisticada sobre a natureza do Estado imperial que, no entanto, reproduzia a dicotomia entre escravidão e Estado nacional. Segundo Carvalho, a construção de um Estado nacional centralizado e moderno teria sido encabeçada por uma elite política razoavelmente homogênea por sua formação e por sua organização na burocracia desse mesmo Estado. Esse projeto, ainda que não pudesse prescindir do apoio dos grandes proprietários rurais, acabava contrapondo-se, em tese e em diversos momentos específicos, aos interesses desses proprietários aferrados à escravidão. Essa "dialética da ambiguidade" estaria na raiz da crise do Estado imperial.[14]

Tal interpretação foi questionada na tese de doutorado de Ilmar Rohloff de Mattos, defendida na Universidade de São Paulo, em 1985.

Partindo da centralidade do modo de produção escravista colonial para a vida da colônia, especificamente para a região Centro-Sul estruturada em torno da província fluminense, Mattos via uma articulação entre o processo de construção do Estado nacional, liberal e centralizado, a manutenção e mesmo a expansão da escravidão propiciada pelo desenvolvimento da cafeicultura. Esse processo, que ele chamou de "restauração da moeda colonial", representou a formação de uma classe senhorial, envolvendo grandes proprietários escravistas, comerciantes e alta burocracia estatal, como classe dominante.[15] A interpretação de Ilmar Mattos, em parte devido a seu objeto específico ser o Estado imperial, e apesar de assinalar a estreita articulação entre escravidão, Estado e sociedade imperiais, retificava a continuidade colonial da escravidão.

A menção a essas duas teses de doutorado é importante na medida em que tais trabalhos se constituíram como verdadeiros paradigmas de interpretação do Estado e da sociedade brasileira do século XIX. A tese de Mattos enfatizava a articulação entre a reabertura e a expansão do tráfico internacional de escravos, visando a atender tanto a demanda crescente da produção cafeeira fluminense quanto a construção do Estado imperial. Já em Murilo de Carvalho, a escravidão aparecia como um dado que correspondia a uma necessidade genérica dos grandes proprietários rurais, concebidos indistintamente. Seja como for, o fato é que ambos os autores não tiveram por objeto os aspectos econômicos e sociais específicos da escravidão do século XIX.

Isso foi tarefa para os trabalhos acadêmicos – da lavra de historiadores nacionais e estrangeiros – produzidos em universidades estrangeiras e, em número crescente a partir dos anos 1980, para as teses e dissertações gestadas nos novos programas de pós-graduação constituídos a partir do início da década anterior. Alguns desses novos programas nacionais contaram com a colaboração decisiva de historiadores formados em centros internacionais. Com efeito, importantes pesquisadores brasileiros que haviam defendido suas teses de doutorado em universidades no exterior retornaram ao país na virada da década de 1970 para a de 1980, trazendo um lastro de experiências que, somadas às dos pesquisadores estrangeiros que optaram por se estabelecer definitivamente no Brasil, ajudaram a criar um novo padrão para os estudos sobre a escravidão brasileira. A profissionalização do ofício do historiador, isto é, da investigação promovida em programas de pós-graduação, com financiamento público e duro trabalho de pesquisa em arquivos, tornou-se a regra. Em pouco tempo, a voz da autoridade profissional dos historiadores acabaria por excluir sociólogos e economistas dos debates sobre escravidão negra no Brasil – a exceção coube aos antropólogos, vistos, dos anos 1980 em diante, como interlocutores privilegiados dos historiadores.

A trajetória de Ciro Flamarion Santana Cardoso, um nome central nos debates sobre os modos de produção, é, nesse sentido, bastante expressiva. Em suas pesquisas combinavam-se as interrogações sobre o caráter da sociedade brasileira com a profissionalização do ofício de historiador nos programas de pós-graduação e a articulação com a comunidade internacional de historiadores, em especial com brasilianistas. Depois de doze anos no exterior – formação na França, seguida de atividade docente em universidades da América Central e do México –, Cardoso retornou ao Brasil em fins da década de 1970 para, ao lado de Maria Yedda Linhares (outra historiadora que fora forçada ao exílio por conta das perseguições políticas da ditadura militar), fundar um novo programa de pesquisa na pós-graduação da Universidade Federal Fluminense.[16]

Essa confluência deu origem a uma nova forma de análise da escravidão oitocentista, como um desdobramento dos debates sobre o modo de produção escravista colonial. O Programa de Estudos de História Agrária e de Escravidão da UFF cumpriu um importante papel na crítica ao paradigma "plantacionista" e "externalista" de explicação do passado brasileiro. Com preocupações e matrizes teóricas comuns ou semelhantes, esse movimento convergia com aquele capitaneado por Alice Piffer Canabrava na Faculdade de Economia e Administração da Universidade de São Paulo, em que era forte o impulso da história econômica e demográfica: um dos alvos prioritários desses historiadores econômicos era justamente avaliar as reais dimensões da estrutura de posse escrava no Brasil e, com isso, aquilatar em que medida a grande propriedade de escravos era o elemento definidor ou não do sistema escravista brasileiro.[17]

Os resultados obtidos nesses dois programas (o de História Agrária da UFF e o de História Econômica e Demográfica da USP) provaram ser compatíveis com muito do que estava sendo apresentado, desde fins dos anos 1960, pelas pesquisas sobre escravidão brasileira produzidas em universidades internacionais. Cabe citar aqui apenas alguns desses trabalhos, cujos impactos foram fundamentais para a compreensão do desenho da escravidão brasileira.

No caso de pesquisadores estrangeiros com atuação posterior na universidade brasileira, um exemplo inicial do que estamos afirmando é o de Robert Slenes, cuja tese de doutorado versara sobre a economia e a demografia da escravidão na segunda metade do século XIX.[18] Slenes atuou como professor visitante na UFF entre 1979 e 1983, ou seja, no contexto da estruturação da linha de pesquisa em História Agrária e Escravidão concebida por Linhares e Cardoso, antes de se transferir para a Unicamp como professor efetivo no mesmo ano. O doutorado de Slenes foi desenvolvido em estreito diálogo com o que Pedro Carvalho de Mello escreveu na Universidade de Chicago, sobre a economia do café no mesmo período – um trabalho bastante inovador por aplicar os métodos da cliometria à análise da escravidão brasileira.[19] Peter Eisenberg, precocemente falecido em 1988, defendeu tese sobre a crise da escravidão na economia açucareira de Pernambuco na Universidade de Columbia, em 1969, e, a partir de 1975, radicou-se na Unicamp.[20] No início dos anos 1970, Kátia Mattoso iniciou pesquisa sobre a escravidão urbana e alforrias em Salvador na segunda metade do século XVIII e ao longo do século XIX, em estreita associação com o que Stuart Schwartz realizava sobre a virada do século XVII para o XVIII; ambos contaram com João José Reis como assistente de pesquisa, e suas investigações resultariam em importantes publicações na década seguinte.[21]

Ainda sobre escravidão urbana, Mary Karash escreveu na Universidade de Wisconsin, em 1972, uma tese sobre a cidade do Rio de Janeiro, publicada em livro quinze anos depois.[22] O campo do tráfico negreiro também foi objeto de revisões: Herbert S. Klein, um dos pioneiros da exploração do tema das alforrias no Brasil, avaliou o deslocamento forçado de africanos para o Brasil em um contexto comparativo, enquanto Luiz Felipe de Alencastro, ao realizar seu doutorado na França, explorou de forma bastante original as relações entre o tráfico bilateral e a construção da unidade imperial brasileira no século XIX.[23] O movimento abolicionista e a crise da escravidão no Oeste de São Paulo foram tratados nos livros de Robert Toplin, Robert Conrad e Warren Dean, todos escritos em universidades norte-americanas.[24] Por fim, a tese de Roberto Borges Martins, defendida em 1980, sobre a economia escravista de Minas Gerais, suscitou um produtivo debate sobre a demografia e a economia da escravidão oitocentista brasileira nas páginas da *Hispanic American Historical Review*, do qual participaram vários dos historiadores acima mencionados.[25]

Além das sólidas investigações em arquivo, esses autores e obras tiveram em comum a conjugação de história social, história econômica e história demográfica. O retrato da escravidão brasileira que começava a ser desenhado salientava sua diversidade regional; mostrava uma estrutura de posse de escravos que se afastava do modelo clássico da *plantation*; evidenciava o peso do tráfico negreiro internacional em termos bilaterais entre a América e a África, diminuindo a importância da metrópole nesse circuito; revelava a importância das alforrias, muito mais difundidas do que se supunha, no cotidiano das relações entre senhores e escravos; demonstrava a viabilidade econômica da escravidão até seus últimos momentos. Mas, principalmente, esses estudos revelavam o papel ativo dos escravos no cotidiano da escravidão, as constantes rebeliões, lutas, desobediências, contestações ao cativeiro.

Sobre este último tema, talvez o trabalho que mais se destaque seja o de João José Reis, igualmente elaborado no contexto de profissionalização e internacionalização das pesquisas sobre a escravidão brasileira. Seu livro sobre a Revolta dos Malês, resultado de tese de doutorado defendida nos Estados Unidos em 1982, condensava todas essas modificações institucionais e intelectuais, ao apresentar um amplo panorama da escravidão urbana de Salvador, incluindo a demografia da cidade, nas primeiras décadas do século XIX; ao assinalar o impacto da alforria na conformação de uma rede de relações que envolvia a população afro-brasileira livre, bem como escravos crioulos e africanos; ao traçar o quadro cotidiano de resistências que pautava a vida dessas populações.

Cuidadosamente, *Rebelião escrava no Brasil* inseria o levante de 1835 no contexto de instabilidade política da Bahia nos anos que seguiram à independência e da sucessão de revoltas escravas que sacudiam a província desde o começo do século. De modo conciso, conjugava, com grande habilidade, história demográfica e econômica com história social e política. Finalmente, estabelecia um diálogo direto com o modelo proposto por Eugene Genovese para a passagem das rebeliões "restauracionistas" para as "revolucionárias", evitando, entretanto, qualquer resvalo para o esquematismo.[26] O livro de João José Reis, em resumo, pode ser tomado como um elo entre a herança das formas anteriores de análise estrutural e quantitativa da escravidão e as potencialidades de uma agenda muito promissora, fundada na nova história social.

Essa agenda encontraria grandes desdobramentos a partir de meados da década de 1980, com a consolidação definitiva da pós-graduação em História no Brasil, quando se expandiu quantitativamente, com o incremento no número de mestrandos e doutorandos, e qualitativamente, com o funcionamento a pleno vapor de um sistema de distribuição de bolsas de pesquisa. Simultaneamente, muitos daqueles que haviam se formado no exterior, fossem brasileiros ou estrangeiros, ingressaram no quadro docente dos programas de pós-graduação. Ao tipo de História que se vinha fazendo – no qual convergiam a tradição aberta pela historiografia dos anos 1960, os aportes da história econômica e demográfica e os debates em torno do escravismo e do modo de produção escravista colonial – somou-se a abordagem da história social, que remetia aos historiadores marxistas ingleses, notadamente ao trabalho de E. P. Thompson.

Os resultados desse novo quadro institucional não demoraram a aparecer. O centenário da abolição representou uma boa oportunidade para que uma ótima geração de novos historiadores apresentasse, em diversos eventos e publicações, os resultados de suas teses e dissertações já defendidas ou em processo de finalização. Nesse momento, a produção mais robusta seguia duas vertentes claras de análise: a primeira, a da história social de nomeada inspiração thompsoniana; a segunda, a do programa de História Agrária criado por Maria Yedda Linhares e Ciro Cardoso.[27]

O que nos interessa, aqui, é apreender os denominadores comuns dessas duas abordagens, para podemos aquilatar a direção que a historiografia sobre a escravidão passou a seguir. Cabe, assim, examinar mais detidamente dois dos trabalhos que vincaram profundamente o campo historiográfico, tornando-se marcos obrigatórios no enquadramento histórico-conceitual da escravidão do século XIX brasileiro: *O arcaísmo como projeto*, de João Fragoso e Manolo Florentino, publicado em 1993, e *Visões da liberdade*, de Sidney Chalhoub, publicado em 1990. O primeiro forneceu uma visão da sociedade e da economia da primeira metade do século XIX como um prolongamento da sociedade, da economia e da mentalidade arcaizantes que teriam caracterizado o período colonial tardio. O livro de Chalhoub, debruçando-se diretamente sobre o acontecimento decisivo da aprovação da Lei do Ventre Livre em 1871, tratou do papel da agência escrava no processo de abolição da escravidão. Os dois, por tratarem diretamente das relações entre capitalismo e escravidão e do processo político de abolição da escravidão, respectivamente, merecem destaque em nossas considerações sobre a historiografia da escravidão no século XIX brasileiro.

O arcaísmo como projeto resultou de uma iniciativa conjunta concebida pelos seus dois autores durante a realização de suas pesquisas de doutorado.[28] Esse livro dialogou diretamente com a tradição historiográfica que havia lidado com a questão da formação econômica e das condições de desenvolvimento do capitalismo no Brasil. De certa forma, ele representou o corolário do Programa de História Agrária da UFF. Entre as importantes contribuições da parceria de João Luís Fragoso e Manolo Florentino, destaca-se a compreensão do papel central que os negociantes de grosso trato da praça do Rio de Janeiro – especialmente no que diz respeito ao tráfico internacional de escravos – exerceram na condução das atividades do complexo econômico escravista do Sudeste brasileiro, tanto na face voltada ao mercado interno quanto naquela voltada à exportação. O livro teve e tem grande influência historiográfica com sua ideia de que haveria uma motivação arcaizante no investimento de capitais acumulados internamente, tanto no comércio de grosso trato quanto no tráfico internacional, em empreendimentos escravistas agrícolas de menor rentabilidade, porém de maior prestígio e status social.[29]

Para tanto, essa obra investiga as formas de acumulação presentes na economia colonial na passagem do século XVIII para o XIX, mais especificamente a praça do Rio de Janeiro, bem como os mercados e as zonas produtivas a ela articulados. Fragoso e Florentino utilizam a periodização da economia capitalista consagrada por Nicolau Kondratiev, marcada historicamente por longos ciclos econômicos, de cerca de sessenta anos, cada qual com duas fases distintas. A fase A, de ascensão, seria seguida por uma fase B, de contração, a qual, por sua vez, inaugurando um novo ciclo, daria lugar a uma nova fase A. Nesse sentido, os autores afirmam que, no longo ciclo de 1792-1850, na fase de 1815 a 1850, período de montagem e expansão da economia cafeeira, a economia da região articulada em torno da praça do Rio de Janeiro viveu um período de ascensão a despeito da queda contínua dos preços do produto no mercado internacional, não acompanhando a fase B de contração da economia mundial. Dando seguimento a uma produção historiográfica que vinha ressaltando a importância das atividades voltadas para o mercado interno a partir de meados do século XVIII, Fragoso e Florentino afirmam que esse descompasso entre os ciclos interno e externo deveu-se ao fato de que a economia colonial tardia era mais que uma "*plantation* autossuficiente". Por contar com um "mosaico de formas não capitalistas de produção", articuladas em torno da praça mercantil do Rio de Janeiro e voltadas para o mercado interno, a economia colonial tardia teria demonstrado grande autonomia em relação aos influxos externos. Além da oferta de mantimentos a baixo custo, a mais importante condição de reprodução ampliada dessa economia, mesmo em momentos de crise do mercado mundial, era a oferta de escravos igualmente a baixo custo por meio de um tráfico negreiro transatlântico controlado a partir do Rio de Janeiro.[30]

Nas duas situações, os negociantes de grosso trato do Rio de Janeiro desempenharam um papel central, fosse pelo controle direto (tráfico transatlântico), fosse pelas cadeias mercantis e de endividamento (mercado interno), que teriam facultado a acumulação endógena de capitais de forma independente das flutuações da economia mundial. Após ter explicado por que a economia colonial tardia mantivera seu dinamismo, mesmo em uma fase de descenso da economia internacional, restaria explicar por que os capitais acumulados internamente, não obstante a queda de preços do produto no mercado internacional, foram investidos na atividade cafeeira. Essa iniciativa teria sido impulsionada pelo ideal arcaico que conformava o *ethos* senhorial-escravista, um ideal acentuadamente não capitalista: a posse de terras e homens como sinal decisivo de distinção social. Nesse impulso de reinvestir capitais mercantis em terras e escravos em busca de ganhos sociais, e não de ganhos econômicos, estaria o segredo de funcionamento da economia colonial tardia e, por extensão, do Império do Brasil, ao menos até a metade do século XIX.

Nossa leitura do comportamento e da inserção internacional da economia colonial tardia e, mais ainda, do Império do Brasil, é oposta a essa interpretação de Fragoso e Florentino. Como já tivemos oportunidade de salientar em outras publicações, a queda dos preços do café se deveu ao seu próprio sucesso do Brasil como produtor dessa *commodity* no mercado internacional dinamizado pela expansão capitalista. Se, por um lado, a implantação e a expansão da *plantation* escravista no Sudeste brasileiro, em especial no Médio Vale do Paraíba, responderam ao aumento da demanda do produto no mercado internacional, na outra face da moeda, esse aumento da demanda foi propiciado exatamente pelo crescimento da oferta ocasionado pelo aumento da produção brasileira. Para sintetizar em uma frase: os preços do café caíram no mercado mundial entre 1822 e 1849 justamente por causa da produção brasileira.[31] Depreende-se portanto que as raízes do *ethos* senhorial-escravista não devem ser buscadas em alguma mentalidade arcaica que persistiria, na região de economia colonial tardia, a despeito das novas condições do mercado internacional, crescentemente movido pela racionalidade capitalista. Ao contrário, devem-se buscar suas raízes justamente na reconfiguração e inserção dessa economia – e com ela, como veremos, de uma escravidão renovada – no movimento de expansão do mercado impulsionado pelo desenvolvimento do capitalismo ao longo do século XIX.

Pouco antes, em 1990, inspirado em um quadro teórico bastante apartado das matrizes historiográficas que deram origem ao projeto conjunto que acabamos de avaliar, Sidney Chalhoub publicou *Visões da liberdade*.[32] Tratando pioneiramente das ações de liberdade movidas por escravos – por meio de intermediários livres – em busca de sua liberdade ou da garantia do que consideravam ser seus direitos, o livro demonstrou um protagonismo até então insuspeito dos cativos na condução de seus próprios interesses e nas lutas contra seus senhores. A despeito de se tratar de duas escolas historiográficas distintas, seus desenvolvimentos autônomos acabaram por se reforçar mutuamente na constituição do campo historiográfico nacional relativo à escravidão negra no século XIX, marcado por duas disjunções: por um lado, a agência dos atores sociais envolvidos na relação escravista tem sido examinada sem se prestar atenção ao quadro econômico mais geral; por outro, a economia escravista tem sido abordada olvidando-se o papel volitivo dos sujeitos escravizados e, principalmente, secundarizando-se suas relações internas e constitutivas com o desenvolvimento do capitalismo histórico.

Visões da liberdade insere-se nesse quadro de disjunções. O livro teve e tem grande repercussão no campo acadêmico e é, certamente, um dos marcos mais importantes da recente historiografia brasileira sobre a escravidão e agência escrava no século XIX. A obra parte explicitamente de uma crítica aos paradigmas de interpretação vigentes até os anos 1970, rotulando-os genericamente como a historiografia da "teoria do escravo-coisa". Em contraposição a essa concepção, *Visões da liberdade* propõe outra "teoria explicativa das mudanças históricas", ao tomar por objeto o problema da abolição da escravidão. Valendo-se das críticas de Thompson a Althusser e à "tradição economicista do marxismo", Sidney Chalhoub volta-se contra os trabalhos brasileiros das décadas de 1960 e 1970 que, segundo ele, postularam "uma teoria do reflexo mais ou menos ornamentada pelo político e pelo ideológico", na qual "a decadência e a extinção da escravidão se explicam em última análise a partir da lógica da produção e do mercado".[33] De acordo com essa crítica, tal concepção seria caracterizada pela teoria do escravo--coisa, incapaz de ser sujeito da própria história e, no caso específico, da própria abolição da escravidão:

> A ênfase na chamada "transição" da escravidão (ou do escravismo, ou do modo de produção escravista) ao trabalho livre (ou à ordem burguesa) (...) passa a noção de linearidade e previsibilidade de sentido no movimento histórico (...) como se houvesse um destino histórico fora das intenções e das lutas dos próprios agentes sociais. Prefiro, então, falar em "processo histórico", não em "transição", porque o objetivo do esforço aqui é, pelo menos em parte, recuperar a indeterminação dos acontecimentos, esforço este que é essencial se quisermos compreender adequadamente o sentido que as personagens históricas de outra época atribuíam às suas próprias lutas.[34]

Nesse sentido, haveria uma relação estreita entre as ações dos escravos, lastreadas nas "visões da liberdade" que construíram em sua situação de cativeiro, e os resultados da crise da escravidão. Assim, no que se refere à luta pela alforria, "é possível interpretar a lei de 28 de setembro [de 1871], entre outras coisas, como exemplo de uma lei cujas disposições mais essenciais foram 'arrancadas' pelos escravos às classes proprietárias"; no que se refere ao espaço urbano,

> os escravos, libertos e negros livres pobres do Rio instituíram uma cidade própria, arredia e alternativa, possuidora de suas próprias racionalidades e movimentos, e cujo significado fundamental, independentemente ou não das intenções dos sujeitos históricos, foi de fazer desmanchar a instituição da escravidão na Corte.[35]

Como se acabou de ler, para o autor, as disposições mais importantes da lei de 28 de setembro de 1871, como o reconhecimento do pecúlio escravo e o direito à compra de sua alforria, teriam sido "arrancadas" pelos escravos. O livro, entretanto, não fornece evidências quanto a isso. O máximo a que chega é alinhar duas ordens de eventos, sem demonstrar a relação causal efetiva entre ambas: de um lado, páginas e páginas de alguns casos particulares de violência de escravos contra senhores; de outro, merecendo pouquíssimas páginas, a aprovação de uma lei no parlamento.

Violências e lutas cotidianas e isoladas dos escravos contra seus senhores sempre criaram um clima tenso nas relações escravistas, ao longo de toda a história da escravidão, no Brasil e no mundo. Havia sempre um horizonte de expectativas de ambas as partes em relação a uma série de elementos que constituíam o cotidiano escravista: condições de trabalho e de vida, punições, recompensas, vendas, concessões, alforrias, anulações de alforrias etc. Tudo isso se dava em um quadro de relações coercitivas mantidas pela força, que, entretanto, não excluía, mas era marcado pelos laços de dependência pessoal, de respeito e reconhecimento aos laços familiares e pelas relações de compadrio. Nem por isso, desobediências, fugas, organização de quilombos, perseguições e punições no âmbito privado e mesmo intervenções policiais e punições legais deixavam de estar presentes no cotidiano das relações escravistas. O significado e a intensidade desses conflitos e relações cotidianas não eram sempre os mesmos. Podiam ser alterados devido a circunstâncias locais extraordinárias, tais como a crueldade excessiva ou a incapacidade de um ou mais senhores de manter a ordem, eventos que podiam servir de ignição para situações explosivas, disputas locais abertas, ou armadas, entre grupos rivais da população livre etc. Podiam também ser alterados por eventos internacionais, nacionais e regionais – guerras, revoluções, disputas políticas e eleitorais acirradas – com impacto social generalizado.

Essas circunstâncias e esses eventos, além de sempre filtrados pelo poder senhorial e das autoridades, eram extraordinários. Na maior parte do tempo, os conflitos entre senhores e escravos faziam parte do "normal" cotidiano. Ainda que sempre surpreendentes, não eram completamente fora do comum. Para que, potencial ou efetivamente, adquirissem um caráter cumulativo e disruptivo da ordem política e senhorial, de uma maneira geral foi sempre necessário que circunstâncias extraordinárias incidissem direta e prolongadamente sobre eles. O que não foi comum e não estava em curso na altura de 1866-71, quando a Lei do Ventre Livre foi debatida e aprovada. É fato que o diploma legal reconheceu direitos costumeiros, conquistados e concedidos, que pautavam o dia a dia das relações entre senhores e escravos – e ter evidenciado esse cotidiano de negociações, conflitos, conquistas e concessões, por meio de muita pesquisa documental, é um dos maiores méritos da nova historiografia da escravidão, em particular de Sidney Chalhoub. Mas é fato também que, historicamente, esses mecanismos se mostraram como uma característica da manutenção da ordem escravista e não de sua fragilização ou derrubada. Somente a partir de meados da década de 1880, quando o movimento pela abolição imediata da escravidão estava a pleno vapor, as lutas e violências escravas avolumaram-se a ponto de comprometer a ordem escravista.

Seja como for, nem o direito ao pecúlio e à compra da alforria, nem, muito menos, o ventre livre resultaram da surra que Veludo e seus companheiros aplicaram a seu senhor, ou de outras similares aplicadas por outros escravos em outros senhores.[36] Não há evidências de que episódios como esse ou de que escravos do Norte do país carreados para a cafeicultura do Centro-Sul, ao trazerem consigo "o sentimento de que direitos seus haviam sido ignorados", tenham ajudado "decididamente a cavar a sepultura"[37] da escravidão. Tampouco de que a lei de 28 de setembro de 1871 tenha se devido ao "instinto de sobrevivência da classe senhorial",[38] pressionada pelas crescentes ações escravas. Em trabalho bem anterior, Warren Dean já havia adiantado a argumentação de que a rebeldia escrava protagonizada por crioulos tendia a colocar em questão a própria escravidão, e que os senhores percebiam assim esses eventos. Para sustentar sua avaliação, o autor fez uso de uma documentação isolada em que fazendeiros paulistas, no final da década de 1860, se mostravam preocupados com o que consideravam uma maior propensão dos crioulos à rebelião.[39] Entretanto, não se encontram nos documentos oficiais, nas atas parlamentares, na imprensa e em qualquer outro tipo de documentação da época outras referências similares que respaldem esse tipo de conclusão. Nas atas das sessões do Conselho de Estado que, a partir de 1867, discutiram a proposta do que viria ser a Lei do Ventre Livre, a rebeldia escrava só é mobilizada nas argumentações – tanto a favor quanto contrárias à medida – de forma genérica e especulativa. Quer dizer, os conselheiros discutiam se uma reforma desse tipo açularia ou teria o efeito de evitar futuras e prováveis rebeliões, vistas como possibilidades latentes em qualquer ordem escravista, e não como realidades presentes naquele momento específico. Não é por outro motivo que, quando da aprovação da lei no parlamento, a maioria esmagadora dos representantes políticos das províncias de Minas Gerais, Rio de Janeiro e São Paulo, aquelas que concentravam a maioria da população escrava, votaram contra a proposta, vista como uma precipitação do governo.

A iniciativa do governo em propor e aprovar a Lei do Ventre Livre respondia a uma nova conjuntura internacional de possível isolamento do Império, aberta com a abolição da escravidão nos Estados Unidos e os eventos em Cuba. Respondia também às dificuldades internas da mobilização militar moral, humana e material trazidas pela escravidão para a guerra contra o Paraguai, bem como o perigo potencial representado pela libertação e mobilização de escravos para o serviço na guerra. Como se argumentou, antecipar medidas emancipacionistas seria providencial para a manutenção da ordem social e política no longo prazo. Seria mesmo do melhor interesse dos próprios senhores.

A perspectiva de análise trazida por Chalhoub e compartilhada por muitos outros colegas de geração encontrou grande receptividade, fazendo parte de um movimento mais amplo da historiografia brasileira. É o que podemos notar em um balanço feito em 2004 pela historiadora Angela de Castro Gomes sobre a chamada "nova história social do trabalho". No que diz respeito especificamente à história social do trabalho escravo, essa historiografia teria investido contra dois dos mitos das interpretações anteriores: o caráter não violento da escravidão brasileira, que havia sido objeto central da crítica dos anos 1960, e, principalmente, o mito do escravo-coisa, "de fato, o grande inimigo a ser destruído". Esse mito postularia que o escravo vivera uma situação de dominação de "tal natureza que, embora fosse capaz de ações humanas, ficara destituído de consciência, tornando-se incapaz de ter orientações próprias", transformando-se em "coisa ou peça". Dessa forma, ele não teria "qualquer margem de manobra na sociedade escravista, estando privado de todos os direitos, inclusive o de ter família ou qualquer tipo de bem".[40] A essa condição, a única alternativa seria a rebeldia absoluta, o que não deixaria de ser também uma espécie de mito.

A nova historiografia questionaria todos esses mitos e modelos. Seu objetivo de fundo seria "defender a ideia de que o trabalhador escravo (e também o liberto e o livre) era um sujeito histórico autônomo na sociedade escravista, sendo capaz de representar seu próprio mundo e nele atuar, naturalmente como dominado". As novas abordagens visariam, assim, a "afirmar e privilegiar a ação dos atores históricos, inclusive a dos dominados, sem negar a importância dos constrangimentos sociais mais amplos". O que significaria que toda ação social seria pautada pela liberdade dos atores diante de sistemas normativos limitadores, mas que não eliminaria suas escolhas.[41]

Também em uma avaliação feita no início dos anos 2000, mas em sentido oposto, Diana Berman considerou que a nova historiografia brasileira da escravidão, ao buscar conhecer o escravo, deixou de lado, ou secundarizou, o conhecimento da própria escravidão.[42] A nova historiografia, assim, não teria feito mais do que inverter os polos propostos pela historiografia dos anos 1960: "em lugar da história da sociedade escravista, busca-se reconstruir as histórias do ser escravo; em lugar de uma perspectiva totalizante, valoriza-se o olhar antropológico, cultural; em lugar da objetividade, a subjetividade."[43] Segundo Berman, as interações sociais passaram a ser o objeto dos novos historiadores. Valorizavam-se não mais "as estruturas e os mecanismos que regulam, fora de qualquer controle subjetivo, as relações sociais, e sim as racionalidades e as estratégias acionadas pelas comunidades, as parentelas, as famílias, os indivíduos".[44] A realidade social passou a ser concebida "como o resultado compósito de 'multivariadas manifestações'", que deveria ser acompanhado por uma análise histórica que incorporasse as diferentes perspectivas dos atores:

> O caráter fragmentário da realidade empírica determinaria a fragmentação do conhecimento produzido sobre ela. O conhecimento deve atentar para as diferenças, para a singularidade dos fatos sociais, não sendo possível generalizar, ou seja, teorizar sobre a realidade observada; o trabalho do historiador se limita à reconstituição destes fatos. A partir do momento em que a análise histórica parte do ponto de vista de um ser subjetivo, não se trata mais de explicar as limitações e possibilidades que pesaram sobre as vidas sociais dos escravos, mas de narrar sua própria apreensão deste mundo. A "humanidade" do escravo desmentiria a tentativa de coisificação que sobre ele se faria. Não havendo correlação entre os diversos âmbitos nos quais são formados tais seres, uma explicação abrangente deixa de figurar como relevante para esses historiadores. Recusam as teorias consideradas como "formais" ou "abstratas", assim como recusam os conflitos – tanto sociais quanto intrapsíquicos – e ultrapassam as fronteiras da generalização, tornando geral o que é particular, naturalizando o que é histórico. Negando-se, assim, a possibilidade de apreensão das relações escravistas como um sistema.[45]

As críticas de Diana Berman à nova historiografia brasileira da escravidão, apesar de presas a certa polaridade esquemática, vão ao cerne da questão. Apontam para a desistoricização, isto é, a retirada de cena do contexto político, cultural, nacional e internacional, que marcou a história da escravidão moderna de um modo geral e, em particular, daquela do século XIX, travejado pela emergência dos Estados nacionais, do movimento abolicionista, do liberalismo, da cultura política democrática e socialista, do desenvolvimento do capitalismo industrial e do mercado internacional, ao mesmo tempo que a escravidão, em algumas regiões – o Brasil entre elas – se renovava e se expandia como nunca.

Os textos de avaliação de Angela de Castro Gomes e Diana Berman expressam, em parte, o diálogo de surdos que se estabeleceu desde o início dos anos 1990 entre a "nova" e a "velha" historiografia da escravidão. Para a "nova" historiografia, a perspectiva analítica dos anos 1960-1970 esposava o ponto de vista dos senhores, ao subscrever a "teoria do escravo-coisa"; em resposta a essa acusação, Jacob Gorender, um dos principais expoentes da "velha" historiografia, replicava, simplesmente, que a nova historiografia reabilitava a escravidão.[46]

Entre um extremo e outro, a abordagem abrangente e totalizadora de Emília Viotti da Costa, atualizada por um notável trabalho teórico e empírico realizado durante a década de 1980 e o início dos anos 1990, pouco espaço encontrou para frutificar. Em muitos sentidos, seu livro *Da senzala à colônia*, publicado originalmente em 1966, pode ser considerado a melhor obra de história sobre a escravidão brasileira do século XIX redigida sob a perspectiva de análise estrutural corrente na década de 1960.[47] Diante das novas interpretações, dos novos quadros teóricos e dos novos métodos que começaram a aparecer a partir do decênio seguinte, em 1982 Viotti da Costa se viu motivada a escrever um longo prefácio à segunda edição de seu livro.

É certo que, em relação ao que consideramos a parte mais datada de *Da senzala à colônia*, e que diz respeito à questão central do lugar da escravidão negra e africana no quadro mais geral de desenvolvimento do mercado capitalista em escala atlântica, Viotti da Costa reafirmava a tese central do livro de 1966, segundo a qual a escravidão era uma "instituição do sistema colonial, característico da fase de acumulação primitiva e mercantil do capital e da formação do Estado moderno na Europa (séculos XV e XIX)", que entrara em crise "quando, com o desenvolvimento do capitalismo, o Estado absolutista e o mercantilismo foram repudiados".[48] Como veremos na segunda parte de nosso capítulo, consideramos essa perspectiva – que subsume a escravidão do século XIX e sua crise a um modelo mais geral de crise do sistema colonial e de ascensão do capitalismo industrial – profundamente equivocada. É importante esclarecer que nossa crítica não decorre do fato de Viotti da Costa supostamente conceder demasiada importância aos aspectos estruturais, como a inserção da escravidão no quadro mais geral do sistema capitalista mundial, em detrimento de uma história vista a partir da agência humana, em particular da agência escrava – noutras palavras, a principal crítica da nova historiografia à obra *Da senzala à colônia*.[49] Ao contrário, nossa crítica se dá no sentido de que essa inserção foi um dos fatores propulsores da escravidão renovada do século XIX, a qual, por sua vez, impulsionou o desenvolvimento do mercado mundial capitalista. Nesta perspectiva, a escravidão brasileira do século XIX, assim como a cubana e a norte-americana, esteve longe de ser um prolongamento ou uma sobrevivência do regime colonial.

Quanto à questão da agência escrava, em que pese o limbo a que o trabalho de Emília Viotti foi relegado pelas principais correntes da historiografia da escravidão dos anos 1990, aquilatamos que essa foi e é sua principal contribuição ao debate. Seguindo o velho preceito marxista de que "são os homens (e não as estruturas) que fazem a história, se bem que a façam dentro de condições determinadas",[50] Emília Viotti propunha uma abordagem histórica que deveria combinar os processos de longa duração, envolvendo mudanças estruturais, situações conjunturais e uma sucessão de episódios. Nesse tipo de abordagem, os episódios apareceriam como ponto de convergência de tais movimentos de longa e média duração, estruturais e conjunturais. No caso concreto da abolição da escravidão no Brasil, ponto central de seu estudo de 1966, isso significava inserir esse acontecimento no processo mais amplo de transição do trabalho escravo ao trabalho livre, tanto em suas dimensões nacionais quanto internacionais. Esse processo incluía as mudanças estruturais na economia, a diminuição relativa da população escrava e o crescimento da população livre, as tentativas de substituir o escravo pelo imigrante, a legislação emancipadora que pairava como ameaça sobre os senhores de escravos desde 1871, a retórica abolicionista. Contudo, todas essas condições somadas não foram suficientes para explicar o Treze de Maio. Nas palavras da autora, "o fator decisivo na mudança de atitude dos fazendeiros das regiões cafeeiras, principal reduto do escravismo, foi a rebelião das senzalas". No entanto, fazer da rebelião a causa fundamental da abolição seria interpretar esse fato exclusivamente no âmbito dos fenômenos de curta duração.[51]

Essas questões foram retomadas e aprofundadas em dois artigos de balanço historiográfico e teórico do começo da década de 1990, nos quais Viotti da Costa defendia a necessidade de os historiadores combinarem a análise estrutural e processual com as ações dos agentes históricos.[52] A autora não se limitaria às considerações teóricas e à proposição de uma agenda positiva de investigações: nesse momento, preparava seu livro sobre a rebelião escrava de Demerara.[53] Nele, a autora venceria magistralmente o desafio de combinar uma visão geral das estruturas e dos processos econômicos, sociais, políticos e culturais em curso nas primeiras décadas do século XIX com as ações de escravos e missionários britânicos. O livro, apesar dos elogios que recebeu,[54] teve pouca repercussão no Brasil. O mesmo aconteceu com seus dois artigos de natureza teórica ou com o prefácio de 1982.

A geração de historiadores que então se formava ou que ingressava nos cursos de História e nos programas de pós-graduação ignorou ou fez uma crítica extremamente dura, ligeira e parcial de *Da senzala à colônia*. Tampouco, aparentemente, levou em conta as colocações e a agenda de pesquisa esboçada na edição de 1982. Parece improvável que os pesquisadores da época não conhecessem a obra: a publicação de uma terceira edição do livro em 1989 – em tudo igual à segunda edição, de 1982 – indica isso. E, no entanto, é exatamente isso que parece ter acontecido. Com efeito, nas obras da nova historiografia da escravidão publicadas dos anos 1990 em diante, que estavam sendo produzidas na segunda metade dos anos 1980, o livro quase não é mencionado, muito menos discutido. Quando há alguma referência, é para associá-lo, superficialmente, à escola sociológica paulista e descartá-lo. Quanto à agenda proposta no prefácio à segunda edição, que toca diretamente em temas que seriam caros à nova historiografia, nenhuma palavra. Estava em curso um movimento, que aqui seguia o que já ocorria na Europa e nos Estados Unidos desde a segunda metade da década de 1970, de produção e seleção de uma tradição intelectual que descartava as correntes estruturalistas, cientificistas e totalizantes que haviam ganho espaço nos anos 1960 – entre elas, o marxismo.

O que iremos propor doravante não reivindica foros de completa novidade. A segunda parte de nosso capítulo buscará resgatar criticamente a agenda teórica proposta por Emília Viotti da Costa, mas também por Florestan Fernandes, Antônio Barros de Castro, Maria Sylvia Carvalho Franco e muitos outros grandes historiadores e cientistas sociais de gerações até pouco tempo vistas como superadas, mas cujos trabalhos são ainda capazes, em nossa avaliação, de nos ajudar na apreensão de conjunto dos movimentos do sistema escravista brasileiro no longo século XIX dentro dos quadros da economia mundial. Mas, para tanto, é necessário fazer uma breve apreciação de um trabalho recente de síntese sobre a escravidão brasileira, de Herbert Klein e Francisco Vidal Luna.[55]

História

Esses dois historiadores, que muito contribuíram para a renovação historiográfica ocorrida nos anos 1970, publicaram sua síntese em 2009. Trata-se de um esforço altamente elogiável, dada a ausência de trabalhos dessa natureza em nossos tempos de hiperespecialização. O livro em questão é uma tentativa de oferecer uma interpretação coerente que unifique várias das descobertas empíricas obtidas pela pujante historiografia dos últimos trinta ou quarenta anos sobre a escravidão brasileira.

Após sumariarem a trajetória da escravidão colonial, em especial o espraiamento geográfico, econômico e social da instituição durante o século do ouro, e que se fez acompanhar de um notável crescimento da população afrodescendente livre, Herbert Klein e Francisco Vidal Luna constatam que, ao findar os setecentos, havia nos territórios portugueses na América "quase um milhão de escravos. Portanto, encontrava-se no Brasil a maior concentração de cativos de origem africana de todas as colônias americanas e, provavelmente, também a maior diversificação no uso econômico da mão de obra escrava do hemisfério ocidental".[56]

Segundo tais autores, enquanto o tráfico transatlântico permaneceu aberto, esse perfil do escravismo brasileiro pouco se modificou, a despeito das novidades trazidas pelo século XIX, como a montagem e o deslanche da atividade cafeeira ou a grande expansão da produção açucareira.⁵⁷ A marca essencial desse perfil seria a vasta diversidade de funções exercidas pelo trabalhador cativo, por sua vez propriedade majoritária de pequenos e médios senhores de escravos. Se, até 1850, a escravidão era bem distribuída geográfica e economicamente pelo tecido social brasileiro, o fim do comércio negreiro, além de contribuir para a queda total da população escrava, promoveu ampla concentração da propriedade de cativos nas províncias cafeeiras do Rio de Janeiro, de Minas Gerais e São Paulo. Dos cerca de 750 mil escravos ainda existentes no Brasil às vésperas do Treze de Maio, três quartos deles residiam nessas três províncias; no entanto, quinze anos antes, quando se realizou o primeiro censo nacional e foram contados cerca de 1,2 milhão de trabalhadores escravizados economicamente ativos no Império, "escravos trabalhando no café representavam apenas um quinto do total de cativos". Noutras palavras,

> apesar da crescente concentração da escravaria na cafeicultura, [em 1872] a maioria dos cativos do Brasil não trabalhava em fazendas de açúcar ou café nem mesmo no centro-sul. Mesmo com sua posição dominante no valor total das exportações, o café absorvia apenas uma pequena fração dos escravos rurais da região.⁵⁸

Esta teria sido outra característica definidora da escravidão no Brasil: não obstante o peso econômico da exploração do açúcar, do ouro, do café, "pelo menos de 1700 em diante, em nenhum momento da história da escravidão brasileira os cativos dos engenhos, minas e cafezais compuseram a maioria dos escravos residentes no Brasil". Para compreender a grande complexidade e diversidade da sociedade escravista brasileira, completamente apartada da forma canônica de uma sociedade de *plantation*, Klein e Luna lançam mão do modelo de Stefano Fenoaltea sobre a combinação, em sociedades escravistas antigas e modernas, de incentivos negativos (o emprego de força bruta para a supervisão de trabalho coletivo feitorizado) e positivos (a valorização ocupacional do escravo, a remuneração monetária, a alforria como recompensa para trabalhos que exigiriam destreza e qualificação). Para os dois casos, o trabalho de Fenoaltea fornece uma chave que explica a diversidade de empregos e usos dos escravos no Brasil e, em especial, a prática generalizada das manumissões, que produziram uma enorme população egressa do cativeiro. "O importante no modelo", afirmam,

> é que ele reconhece, alicerçado no estudo de numerosos sistemas escravistas, que diferentes tipos de trabalho escravo podem diferir acentuadamente em produtividade com base nos incentivos positivos e negativos. Claramente, reconhecer tais diferenças contribui para explicar as surpreendentes variedades de situações encontradas na escravidão brasileira, e ainda mais a expansão rápida e precoce das pessoas livres de cor ocorrida muito antes da abolição da escravidão em 1888.[59]

O modelo de Fenoaltea – bem ao gosto da concepção abstrata das relações sociais e da apreensão profundamente anistórica do tempo esposada pelos economistas neoclássicos – pode ser útil para *classificar* as diferentes modalidades de "incentivos" mobilizados para o comando de escravos, mas é incapaz de *explicar* a dinâmica da escravidão no Brasil. Por que sua prática se expandiu? Como se difundiu pelo território? Por que o sistema entrou em crise na segunda metade do século XIX? As respostas a essas questões exigem uma integração substantiva da análise das forças econômicas, sociais e políticas. No livro em questão, os autores se prendem apenas à determinação econômica, a despeito de a primeira parte do volume ser intitulada "Economia política da escravidão". Para compreender a diversidade de usos dos escravos no Brasil (que tornavam a *plantation* a exceção, e não a regra), há que se observar a variável central do baixo custo relativo do trabalho escravo. Apesar de, em certa passagem, reconhecerem que o tráfico transatlântico bilateral – isto é, comandado a partir dos portos da América – foi uma das marcas distintivas da escravidão no Brasil, Klein e Luna não o articulam à difusão generalizada da propriedade de escravos no tecido social brasileiro, deixando de explorar, assim, as potencialidades das sugestões contidas nos trabalhos de Manolo Florentino e Luiz Felipe de Alencastro.[60]

Permanece, contudo, o dado básico de que o sistema brasileiro de fato não teve o caráter de um escravismo de *plantation*, como se deu, por exemplo, com as colônias inglesas e francesas no Caribe. A partir desse aparente consenso historiográfico, como conceituar o que ocorreu com a escravidão brasileira no século XIX: teria se tratado de um simples prolongamento do perfil da sociedade escravista já existente no século XVIII tardio, quando as atividades agroexportadoras refloresceram ao lado da consolidação da escravidão urbana, na pecuária, nas atividades marítimas e assim por diante? Ou estaríamos diante de um novo padrão?

O argumento que gostaríamos de desenvolver no restante do nosso capítulo é o de que devemos considerar a escravidão oitocentista brasileira uma *nova escravidão*. Essa nova escravidão – a segunda escravidão – teve seu polo dinâmico e estruturador na grande propriedade rural produtora de *commodities* para o mercado mundial capitalista em expansão. Portanto, tratou-se de um sistema travejado pela *plantation*. A maioria das atividades voltadas para o mercado interno, realizadas em grandes, pequenas ou médias posses de escravos, girara em torno de núcleos exportadores, isto é, visavam a atender às necessidades de um mercado interno definido pela dinâmica dos setores exportadores. Esse foi o caso clássico da região cafeicultora da bacia do rio Paraíba do Sul. Mesmo a escravidão doméstica, praticada por indivíduos não raro libertos ou descendentes de libertos, possuidores de um ou dois cativos, amplamente disseminada espacial e socialmente no Brasil dos oitocentos, só foi possível e se desenvolveu por conta do significado simbólico, social e econômico que a escravidão mercantil conferia à posse de cativos. O tráfico internacional de escravos foi o grande mecanismo que permitiu essa difusão da escravidão brasileira. A *plantation* escravista do século XIX não foi um enclave que se sobrepôs a um tecido social e escravista disperso herdado do século XVIII: foi sua espinha dorsal.

A ideia de uma escravidão nova ou renovada no século XIX não é propriamente inédita: nos anos 1970, já havia informado o trabalho de Florestan Fernandes e João Manuel Cardoso de Mello. Porém, em vista dos limites teóricos dessas obras e de tudo o que se descobriu nas décadas seguintes, precisamos ir além, sem, no entanto, descartar as sólidas perspectivas de análise estrutural da escravidão brasileira construídas no período anterior.

A categoria segunda escravidão, originalmente elaborada por Dale Tomich e com a qual os autores deste texto trabalham há um bom tempo, fornece o caminho mais adequado para tanto. Em outros momentos, inventariamos os interlocutores internacionais de Tomich quando da formulação original da proposta.[61] Aqui, gostaríamos de destacar em poucas palavras o momento "brasileiro" do conceito. Entre 1982 e 1983, alguns anos depois de defender sua tese de doutorado na Universidade de Wisconsin sobre a crise da escravidão nas Antilhas francesas, Tomich foi professor visitante Fullbright em diversas universidades brasileiras (Unicamp, UFF, UFBA, UFPR), ocasião que lhe possibilitou travar contato próximo com todas as discussões promovidas durante a década de 1970 sobre a escravidão brasileira, sumariadas na primeira parte deste texto. Nos congressos internacionais realizados no Brasil que, em 1988, celebraram o centenário da abolição, Tomich foi figura assídua. Nessas oportunidades, apresentou alguns dos resultados de um trabalho que então finalizava sobre a Martinica na economia mundial do século XIX, notadamente a discussão sobre o papel da roça escrava na crise do escravismo naquele espaço. O livro a esse respeito, publicado dois anos depois, continha forte diálogo com cientistas sociais e historiadores brasileiros, com um uso bastante imaginativo dos trabalhos de Antônio Barros de Castro e Maria Sylvia de Carvalho Franco – justamente os dois autores "esquecidos" nos debates sobre modos de produção da década de 1970.[62] Também em 1988 se deu a publicação original do ensaio sobre a segunda escravidão, no qual Tomich propunha a análise integrada da escravidão brasileira, cubana e norte-americana nos quadros da economia-mundo capitalista do século XIX.[63]

Naqueles tempos, auge da voga da micro-história, da virada linguística, do individualismo metodológico, o ensaio de Tomich passou completamente despercebido. O interesse pelo conceito e seu uso crescente por historiadores, brasileiros e estrangeiros, parecem indicar que agora as coisas estão se dando de forma diferente.⁶⁴ As descrições densas do particular, do cotidiano e do miúdo, precedidas de rápidas pinceladas de contexto, baseadas em generalizações que eludem a necessidade da análise mais abrangente, aprofundada e concreta dos objetos históricos, cedem espaço. Se ajudaram, decididamente, a superar a antiga abordagem dos sistemas, de matriz sociológica, abstrata e lógica, isso já não parece suficiente. Trata-se, neste momento, de buscar análises que se voltem para as conexões, os nexos, e as contradições que compõem esses objetos enquanto totalidades estruturadas, ou parte delas, produzidas pelas ações humanas ao mesmo tempo que as condicionam.

Vejamos, então, algumas das potencialidades do conceito para interpretar a história do sistema escravista brasileiro no século XIX. Iremos fazê-lo a partir de dois eixos: 1) a cisão entre escravidão colonial e escravidão nacional; 2) as relações entre o Vale do Paraíba – o centro da escravidão negra oitocentista – e a ampla diversidade regional de periferias escravistas, do Rio Grande do Sul ao Maranhão. A estratégia para discuti-los se baseará na descrição breve dos três momentos, que se sobrepõem, da segunda escravidão no Brasil do longo século XIX, em uma periodização que parte do ensaio de Florestan Fernandes sobre a sociedade escravista no Brasil.⁶⁵ O movimento básico a ser descrito procurará demonstrar como, em seu apogeu, a economia cafeeira do Vale do Paraíba deu suporte à escravidão nacional, e como, na crise, a economia cafeeira do oeste de São Paulo a vampirizou, cindindo o consenso nacional em torno da instituição.

Primeiro momento: formação, c. 1790-1830

A retomada das atividades agroexportadoras da América portuguesa (açúcar, algodão, arroz, couros) marcou o terço final do século XVIII, depois de um longo período de crise em razão tanto da competição antilhana inglesa e francesa nos mercados açucareiros europeus quanto da drenagem de recursos humanos e de capitais para a exploração aurífera no interior de seu território. Essa recuperação resultou dos estímulos da política metropolitana (isto é, do reformismo ilustrado pombalino e pós-pombalino) e do incremento da demanda nos centros consumidores do noroeste europeu que se seguiu à Guerra dos Sete Anos (1755-1763), bem como, em especial, à Revolução Americana (1776-1783). Na década de 1780, capitanias até então marginais, como Maranhão e São Paulo, e antigas zonas açucareiras, como Bahia, Pernambuco e Rio de Janeiro, experimentaram grande dinamismo em suas economias. O reformismo ilustrado, pombalino e pós-pombalino, respondia aos desafios colocados à monarquia portuguesa pela redefinição e pelo acirramento dos conflitos político-militares e da competição material e econômica que marcaram as relações entre os Estados territoriais europeus na segunda metade do século XVIII. Nesse quadro, a atenção de uma parte da elite dirigente portuguesa voltou-se para suas possessões americanas, que, por sua vez, ganhavam maior estatura comercial e econômica em relação à metrópole.

Todavia, o verdadeiro empuxo para o crescimento da agroexportação da América portuguesa, com o concomitante arranque do tráfico negreiro transatlântico, decorreu tanto do início da revolução escrava na colônia francesa de São Domingos, até então a maior produtora mundial de açúcar e café, quanto da Revolução Industrial inglesa, com uma demanda insaciável por algodão e, em menor escala, couros. A posição de neutralidade de Portugal nos conflitos revolucionários europeus lhe permitiu, entre 1790 e 1807, a obtenção de ganhos substanciais com a exploração de seu sistema colonial nas duas margens do Atlântico Sul, fosse pelos estímulos ao desenvolvimento manufatureiro metropolitano, fosse, sobretudo, pelo lucrativo comércio de reexportação dos artigos coloniais americanos, tudo isso impulsionado por um pujante tráfico negreiro (naquela conjuntura, inferior apenas ao das colônias britânicas). No início do século XIX, o epicentro do sistema luso-atlântico se deslocara de forma definitiva para o Centro-Sul da América portuguesa, a despeito da recuperação das capitanias ao Norte.

O ano de 1808 foi um divisor de águas para o sistema escravista brasileiro. A consolidação do complexo histórico-geográfico do Centro-

-Sul do Brasil, tendo por centro o Rio de Janeiro, levou a família real portuguesa a escolher a praça carioca, e não Salvador, como a sede do Império após fugir das tropas napoleônicas. A abertura dos portos às nações amigas, naquele ano, conectou diretamente os produtores escravistas da América portuguesa ao mercado mundial de artigos tropicais, em uma quadra na qual este último passava por ajustes de fundo. A composição da oferta global de açúcar, algodão e café teve um padrão indefinido entre 1790 e 1830. Durante esse período, várias zonas nos espaços do Atlântico e do Índico disputaram entre si o controle da produção. No caso dos dois primeiros artigos, a inscrição do Brasil no rescaldo da chamada "dupla revolução" foi rápida e positiva, mas, para o café, essa inserção demorou um pouco a ocorrer. Após a volta da paz à Europa, em 1815, a conjuntura continuou favorável ao açúcar brasileiro por um bom tempo. O mesmo não se deu com o algodão: a competição norte-americana logo travou as perspectivas de expansão algodoeira em Pernambuco e no Maranhão, que iniciariam, já na década de 1820, o longo caminho de marginalização econômica em relação ao conjunto das demais regiões agroexportadoras do Brasil.

Contudo, no plano imediato, a abertura dos portos acirrou em todos os quadrantes do Brasil a demanda por escravos – para os serviços urbanos, a produção de mantimentos, a pecuária, a agroexportação. Os números do tráfico saltaram de 341.149 desembarques de escravos, entre 1801-1810, para 451.078, entre 1811-1820. Ao mesmo tempo, o ano de 1808 assinalou o início do internacionalismo da pressão antiescravista britânica, após o sucesso do movimento abolicionista em proibir o tráfico para as Antilhas. Um abolicionismo genérico seria uma variável perene por quase todo o século XIX e um traço distintivo da segunda escravidão, em todos os seus três espaços (Brasil, Cuba e Estados Unidos). Noutras palavras, a expansão do escravismo oitocentista ocorreu em um quadro mundial político e ideológico profundamente hostil à instituição.

Enquanto esteve sediada no Rio de Janeiro, a Coroa bragantina respondeu ao desafio britânico com uma política diplomática concertada, que tinha por eixo garantir a autonomia e independência do complexo escravista português nas duas margens do Atlântico. Assim, se em ocasiões como na assinatura do Tratado de Aliança e Amizade de 1810 e no Congresso de Viena (1815) d. João VI teve que assentir com declarações formais nas quais se comprometia, perante os britânicos, a adotar medidas para coibir ou abdicar inteiramente do tráfico fora de seus domínios, o imperador foi bastante cioso em defender a inviolabilidade do espaço negreiro português, obtendo a grande vitória diplomática de 1817, na qual assegurou que o tráfico entre Angola/Moçambique e Brasil estaria indefinidamente a salvo de quaisquer investidas britânicas, por se tratar de um negócio interno às fronteiras do império português.

A ruptura dos laços entre Brasil e Portugal, em 1822, alterou por completo as condições da reprodução do escravismo na antiga América portuguesa, abrindo um flanco por onde os britânicos exerceriam fortíssima ação diplomática. Esta, aliás, foi uma marca de nascença da construção do Estado nacional brasileiro: a pressão constante da Grã-Bretanha, ininterrupta por quase meio século, contra um dos fundamentos da riqueza nacional, o tráfico de africanos escravizados, e mesmo, ainda que de forma mais indireta, contra a própria escravidão. O primeiro e decisivo movimento da diplomacia britânica foi o impedimento, em 1823, à incorporação de Angola como província ao novo Império do Brasil, preservando-a como colônia portuguesa. A unidade política negreira do antigo império português no Atlântico Sul, construída no contexto das guerras seiscentistas contra os holandeses, nunca mais seria reatada. Manter o funcionamento do fluxo negreiro transatlântico, na contracorrente do poder militar e diplomático britânico e na informalidade do tráfico ilegal, exigiria a construção de um forte consenso dentro dos marcos do Estado nacional brasileiro sobre sua imperiosidade para o novo país. Daí pode-se dizer que, com a independência do Brasil, houve uma cisão de fundo entre o que fora a política da escravidão no período colonial e o que ela seria no período nacional – e, consequentemente, uma cisão de fundo entre a escravidão colonial e a escravidão nacional. De 1822 em diante, a reiteração das relações escravistas brasileiras dependeria, a cada passo, da atuação do aparato estatal (por vias legais ou ilegais).

Em seu curto reinado, d. Pedro I optou por obter o reconhecimento externo de sua nova coroa dentro do sistema internacional pós-napoleônico mediado pela Inglaterra, ao invés de dar guarida aos interesses negreiros locais. Ao fazê-lo, perdeu o país, divorciando-se de suas poderosas bases sociais escravistas. A leitura dos agentes econômicos coevos sobre o que estava em jogo foi imediata e sensível: na década de 1820 (1821-1830), desembarcaram cerca de 524 mil africanos escravizados nos portos brasileiros. Somente entre 1827 (ou seja, após a divulgação do reconhecimento britânico da independência do Brasil, em troca do encerramento do tráfico) e 1830 (quando passaria a valer o que fora acordado três anos antes com os britânicos), foram mais de 242 mil desembarques, dos quais 67,5% realizaram-se nos portos do Centro-Sul. Em 1830, como uma clara herança colonial, a escravidão encontrava-se espalhada pelo tecido social e econômico de todo o Brasil, de norte a sul, de leste a oeste.

Data dos anos 1820 o deslanche definitivo da cafeicultura escravista do Vale do Paraíba. A bem da verdade, os primeiros passos de sua montagem remetem ao período do reformismo ilustrado pombalino, mas a atividade só ganhou impulso após a fuga da família real portuguesa para o Brasil. A presença da corte joanina na cidade do Rio de Janeiro demandou a articulação de redes de abastecimento alimentar mais seguras, o que ajudou a desembaraçar as travas fundiárias que, durante o século do ouro, haviam impedido a ocupação agrária das serras. O Vale do Paraíba, do status de zona proibida e ocupada por populações indígenas esparsas e não reduzidas ao domínio branco, tornou-se fronteira aberta à expansão agrícola. Capitais envolvidos com o complexo exportador em plena operação no Centro-Sul, com o tráfico negreiro transatlântico, e com as rotas internas de transporte e de produção de mantimentos em Minas Gerais puderam ser rapidamente mobilizados para a formação de grandes unidades rurais. Entre 1815 e 1822, a reabertura dos portos continentais europeus e a volta à normalidade no transporte atlântico acarretou uma rápida e aguda alta nos preços das *commodities* tropicais, entre as quais o café, o que estimulou a entrada de novos produtores na arena do mercado mundial. Mas, a partir de

1822, houve uma equalização no jogo de oferta e demanda, e os preços caíram rapidamente. Nos anos de 1820, o volume inaudito de escravos desembarcados no Rio de Janeiro garantiu provimento farto e barato de trabalho, permitindo aos fazendeiros do Vale do Paraíba (cuja produtividade do solo era elevadíssima) enfrentar com sucesso a queda nas cotações externas do café. Como foi mencionado, eles se converteram em formadores de preços no mercado mundial justamente nessa quadra. Entre 1815 e 1830, as exportações brasileiras de café saltaram de 1.500 para 30 mil toneladas.

A aceleração das atividades agroexportadoras (açúcar e café) e a intensificação do tráfico negreiro aconteceram em meio a um contexto político bastante conturbado, marcado, no plano local, pelos conflitos em torno da independência e, no plano global, pelas amplas repercussões tanto da Revolução Francesa quanto das guerras napoleônicas, ou ainda pelo sucesso explosivo da Revolução Haitiana. Este último evento, além de ser historicamente significativo no mundo atlântico, teve especial impacto nas sociedades escravistas. Isso ocorreu nas sociedades em que a escravidão colonial encontrava-se contestada e em declínio, mas também naquelas em que sua prática se recompunha e se expandia em novas bases, como no caso do Brasil, dos Estados Unidos e de Cuba. Desde a Revolução Haitiana, qualquer levante escravo evocava – aos olhos dos poderes repressores – o perigo da revolução escrava. O perigo tornou-se ainda mais iminente em uma época de revoltas e revoluções em geral nas sociedades escravistas ou com escravos do Novo Mundo. Escravos foram libertados, ou libertaram-se por conta própria, para participar das guerras de independência e dos conflitos armados que se seguiram a essas guerras em diversas regiões da América espanhola; escravos revoltaram-se, nessa mesma conjuntura, com objetivos e demandas próprias. Negros e mestiços livres tiveram participação ativa em tais conflitos. A escravidão encontrava-se em xeque, seja pela ameaça ativa dos próprios escravos, seja pelo perigo e pela contradição que representava nos novos países que buscavam construir uma ordem liberal. Não é por acaso que até a década de 1840, salvo uma ou outra exceção, como o Paraguai, sua prática se encontrava abolida nestes países.

No Brasil, que nesse mesmo momento experimentava o deslanche da segunda escravidão, o quadro não foi diferente. A conjuntura política conturbada de 1808 a 1830 foi um componente importante no sério ciclo de revoltas dos africanos escravizados na Bahia. Mesmo em outras províncias, como no Maranhão, foi possível notar um novo tipo de protagonismo escravo, que procurava se valer das divisões entre os setores livres para ganhar terreno constituindo suas próprias demandas. Todas essas revoltas, inclusive a mais importante delas, a rebelião dos escravos e negros livres muçulmanos em Salvador, em 1835 – aquela que claramente se colocou com objetivo derrubar a ordem estabelecida –, foram derrotadas. Dada a correlação social de forças no momento da independência, as ações de resistência escrava coletiva pouco ameaçaram a ordem escravista nacional em gestação, ainda que, certamente, tenham imprimido uma marca sobre sua organização.

Segundo momento: o apogeu, c. 1830-1870

O fracasso e a contenção das revoltas dos cativos não significaram que a instituição da escravidão, mesmo em expansão, estivesse plenamente segura. Sua prática nasceu contestada no novo país independente, e por um bom tempo não houve consenso sobre o papel que deveria desempenhar para a construção da ordem nacional. A Assembleia Nacional reunida no Rio de Janeiro em 1823, por exemplo, deu claros indicativos de que pretendia inscrever, na carta constitucional em elaboração, dispositivos para dar início à transição gradual para uma ordem de trabalho livre. A dissolução da Assembleia por d. Pedro I barrou essa potencialidade antiescravista, e a constituição outorgada pelo imperador no ano seguinte continha um claro sentido pró-escravista – tanto é assim que, ao longo do século XIX, a carta de 1824 foi utilizada para defender a escravidão, jamais para criticá-la. Todavia, vimos há pouco que d. Pedro I não demorou a encampar uma medida antiescravista como política de Estado, ao assinar, em 1826, o tratado pelo qual a Inglaterra reconhecia o Brasil como país independente. Esse fato mostra que, diante das pressões britânicas e em um quadro interno em que as bases sociais do novo Estado nacional ainda não se encontravam plenamente estabilizadas, o futuro da escravidão estava longe de estar assegurado.

Entretanto, as forças de expansão do sistema escravista brasileiro nos quadros da economia-mundo capitalista industrial, conjugadas com a formação de um grupo social poderoso, que patrocinava e se alimentava dessa expansão – aquele formado pelos grandes proprietários de terras e escravos do Sudeste em sua composição com grupos escravistas de outras regiões –, criaram as condições econômicas e sociais necessárias para a construção de uma nova política da escravidão, bem mais articulada do que as anteriores. Uma manifestação da montagem inicial dessa nova política foi a própria queda de d. Pedro I em 1831. Nesse momento, além dos desgastes políticos acumulados com a implantação de um governo de forte corte despótico, o imperador enfrentou diretamente os interesses desse grupo social nascente ao aprovar a extinção do tráfico internacional e tentar assegurar o controle fundiário direto do governo sobre a principal área de expansão da cafeicultura escravista no Vale do Paraíba. Depois de um período de indefinições e turbulências políticas, entre 1831 e 1838, com a vitória do Regresso, bem como de sua política de centralização monárquica, defesa da escravidão e da reabertura do tráfico internacional de escravos, os agentes sociais que, desde a década de 1810, vinham convertendo a região do Vale do Paraíba na nova fronteira mundial da cafeicultura tornaram-se construtores da escravidão em escala nacional. Com efeito, foram as pressões dos cafeicultores fluminenses, paulistas e mineiros do Vale que forçaram a reabertura, na ilegalidade, do tráfico negreiro transatlântico a partir de 1835, demanda essa que encontrou solo ideal na plataforma política do Regresso Conservador.

Uma rápida comparação da geografia secular dos desembarques do tráfico negreiro legal com a geografia de mais curta duração do tráfico ilegal demonstra as novas feições da escravidão brasileira nos oitocentos. De meados do século XVI à declaração de independência, chegaram ao Brasil cerca de 3.640.000 de africanos. O Rio de Janeiro recebeu 38% desse total, a Bahia, 37,5%, e Pernambuco, 20%. No século XVIII, uma parte considerável dos escravos que aportaram em Salvador foi encaminhada para Minas Gerais, mas, mesmo assim, nota-se o domínio do Norte agrário na distribuição do tráfico. Durante o chamado "renascimento agrícola" (*c.* 1780-1820), houve uma tendência de equilíbrio Norte/Sul, com 45% de desembarques na zona comandada pelo Rio de Janeiro, contra 46% de Bahia e Pernambuco somados. Na primeira década do Brasil independente, ainda com tráfico legal, a balança pendeu de vez para o Rio de Janeiro: 64% de desembarques, contra 19% na Bahia e 13% em Pernambuco. Porém, nada equivalente aos quinze anos da era da ilegalidade (1835-1850) e seus mais de 690 mil escravos desembarcados no Brasil: destes, quase 80% chegaram ao Sudeste cafeeiro, e apenas pouco mais de 20% destinavam-se ao norte açucareiro.

Por esses números, é possível entender as relações entre as forças históricas da segunda escravidão, a construção da escravidão nacional e a natureza da subordinação das demais regiões escravistas brasileiras ao Centro-Sul, articulado em torno do Vale do Paraíba cafeeiro. A reabertura ilegal do tráfico transatlântico de escravos, contando com o suporte decisivo da atuação dos políticos conservadores no Parlamento brasileiro e em outras instâncias de poder, garantiu a consolidação definitiva da cafeicultura como a principal atividade econômica do Império do Brasil. As exportações de café saltaram de 32 mil toneladas, em 1831, para 118 mil toneladas, em 1850, o que garantiu ao Brasil o posto de maior produtor mundial do artigo, com cerca de 50% do montante granjeado. Ao mesmo tempo, esses recursos equivaliam a 41,4% do valor total da pauta de exportações brasileiras. Com os recursos fiscais obtidos por meio do café, fundados por sua vez na importação ilegal de africanos escravizados, o poder central – vale dizer, o Rio de Janeiro – dispôs de meios materiais para sufocar os questionamentos regionais que explodiram em diversos cantos do Império entre 1835 e 1845.

Assim, se é fato que, em 1850, os cativos empregados no café não constituíam a maioria entre a população escrava do Brasil, é fato também, e muito significativo, que o que seus senhores obtiveram com a exploração de seu trabalho contribuiu decisivamente para que o Vale do Paraíba se impusesse política e economicamente sobre o restante do Império.

À guisa de comparação, vale retomar os dados a respeito do desempenho da economia açucareira. Como se pôde ler na nota 57, o açúcar brasileiro passou por enorme crescimento na esteira da Revolução de São Domingos: de 20 mil toneladas em 1790, a produção brasileira subiu para cerca de 100 mil toneladas em 1850. Porém, não tão agudo como em Cuba: em 1791, a colônia espanhola produziu cerca de 17 mil toneladas; em 1850, quase 300 mil. O hiato se aprofundou nos quinze anos seguintes: 130 mil toneladas no Brasil, 550 mil em Cuba. Ademais, enquanto o crescimento açucareiro do Brasil foi apenas quantitativo, sem modificações de relevo nos padrões técnicos, os engenhos cubanos passaram por uma profunda transformação tecnológica, o que lhes permitiu enfrentar com sucesso a queda dos preços no mercado internacional. O crescimento da produção brasileira de açúcar só ocorreu enquanto o tráfico transatlântico de escravos esteve aberto. Os ganhos decrescentes da atividade açucareira para o Brasil são evidentes na composição dos valores relativos de bens exportáveis (30% do total, nos anos 20; 24%, nos anos 30; 26%, anos 40; 21%, nos anos 50; 12%, nos anos 60).

Mais importante, no entanto, é quanto esses movimentos são capazes de revelar a mútua determinação de Brasil e Cuba (e, também, de Brasil e Estados Unidos, no caso do algodão), via mercado mundial: o deslanche da cafeicultura brasileira foi um vetor decisivo para a hiperespecialização de Cuba na produção açucareira e, reversivamente, para a própria crise do açúcar no Brasil. Noutras palavras, a crescente subordinação do açúcar ao café *dentro* do Império brasileiro não pode ser abordada como usualmente se faz, isto é, tendo-se em vista apenas a constelação de forças econômicas, sociais e políticas "internas" ao espaço do Estado nacional brasileiro; pelo contrário, exige que miremos a constelação de forças do capitalismo global. Esse é, certamente, um dos pontos em que se revela a grande potencialidade heurística da categoria segunda escravidão para explicar as trajetórias específicas dos distintos complexos histórico-geográficos brasileiros e, portanto, as origens de nossas desigualdades regionais.

O fim do tráfico negreiro transatlântico reforçou a posição econômica dominante das zonas cafeeiras sobre as demais regiões escravistas brasileiras. A rápida consolidação de um mercado nacional de escravos, com preços convergentes em diversos quadrantes do Império, funcionou como uma correia de transmissão pela qual as forças globais da segunda escravidão ajudaram a moldar os destinos da instituição no Brasil. Pela lógica de funcionamento desse mercado, os escravos tenderiam a ser concentrados nas zonas de maior dinamismo econômico. Cabe o raciocínio contrafactual: se as regiões açucareiras/pecuaristas do Norte e do extremo sul do Brasil fossem capazes de manter a competitividade econômica, o encerramento do tráfico transatlântico em 1850 poderia ter dado origem a uma situação de relativo equilíbrio demográfico da escravidão em escala nacional. Contudo, foi justamente a perda de dinamismo dessas regiões no mercado mundial, somada ao notável desempenho do café, que produziu o tráfico interno, com os desequilíbrios consequentes. Novamente, registre-se o caminho de mão dupla do impacto das forças históricas da segunda escravidão sobre o Brasil, e do Brasil como uma dessas forças históricas.

Essas tendências ainda não eram de todo claras na década de 1850. No entanto, algo muito semelhante ao que apenas se desenhava no Brasil ocorria havia bastante tempo nos Estados Unidos, com a contínua drenagem de cativos do Upper South para os estados do Golfo do México. A potencialidade da aproximação das trajetórias do Brasil e do Sul dos Estados Unidos era de pleno conhecimento dos coevos: sem o tráfico transatlântico, a única forma de expansão em novas áreas seria dada pelo crescimento vegetativo da população escrava e pela mecânica de funcionamento de um mercado nacional de escravos. Afora isso, no plano do sistema interestatal internacional, o fim do tráfico transatlântico para o Brasil em 1850 demonstraria em pouco tempo a crescente dependência dos espaços escravistas das Américas em relação ao poderio dos Estados Unidos. Se o Brasil fora derrotado pela pressão antiescravista britânica na matéria do tráfico transatlântico, por outro lado a

Grã-Bretanha jamais conseguiu impor igual medida a Cuba, devido justamente ao contrapeso geopolítico dos Estados Unidos no Caribe. Logo no início do funcionamento do tráfico interprovincial brasileiro via navegação de cabotagem, os representantes brasileiros fizeram ver à Grã-Bretanha – não obstante gestões em contrário antepostas – que o Império do Brasil não hesitaria em recorrer ao poder naval norte-americano para garantir sua continuidade.

No reverso da medalha, Cuba e Estados Unidos tinham uma ordem interna muito mais tensa e explosiva. O fim do tráfico transatlântico para o Brasil muito pouco devera à resistência escrava, e, malgrado alguns episódios e algumas vozes isoladas em pontos dispersos do Império, o grupo político conservador que controlava o poder nacional conseguiu silenciar a escalada antiescravista que poderia decorrer da proibição do tráfico. Pela dinâmica histórica da incorporação segregada de setores egressos do cativeiro à ordem social, econômica e política brasileira, pela natureza dos espaços de discussão pública favoráveis à manutenção do dissenso dentro da ordem, e pela própria configuração institucional da política parlamentar no Brasil, as vozes antiescravistas internas presentes desde a independência não conseguiram se cristalizar em um movimento político organizado antes da década de 1870. Cuba, no entanto, viveu, desde a década de 1820, uma situação de tensão contínua pela exclusão dos setores racialmente subalternos e dos colonos brancos dos canais da política formal, pela interdição dos espaços de discussão pública, e pela própria posição geopolítica que a ilha ocupava no Caribe, friccionada entre potências rivais bem mais poderosas que sua metrópole espanhola. Nos Estados Unidos, os anos 1850 testemunharam a marcha dos expansionismos rivais do Norte livre e do Sul escravista, impulsionados por um conjunto de forças que compreendiam desde abolicionistas radicais aos mais ferrenhos defensores da escravidão negra, e que reduziam a cada passo as possibilidades de compromisso de parte a parte.

As tendências econômicas da crise da segunda escravidão, se não eram de todo evidentes para os coevos, estavam em plena operação na década de 1850. A alta simultânea dos preços dos escravos no Brasil, em Cuba e nos Estados Unidos levou a uma concentração cada vez maior de sua propriedade nas fazendas de café, nos engenhos de açúcar e nas *plantations* de algodão. As consequências negativas potenciais dessa concentração para a estabilidade e o comprometimento social e político com a instituição da escravidão se fizeram sentir de forma mais imediata em alguns lugares, menos em outros. O primeiro dique a se romper foi o do Sul dos Estados Unidos, justamente o epicentro da escravidão oitocentista atlântica.

Terceiro momento: grandeza e crise, c. 1860-1888

Assim como a Revolução do Haiti representou o marco crucial do início do processo de construção da estrutura histórica da segunda escravidão, a eclosão da Guerra Civil norte-americana inaugurou a cadeia de eventos de sua crise. Entre as múltiplas causas que explicam as origens do conflito bélico norte-americano, a prosperidade algodoeira dos anos 1850 ocupa papel importante. Verificando uma forte curva ascendente em seus preços internacionais desde 1847, o sucesso econômico do algodão aguçou a pressão sulista por terras e trabalho. Diante da crescente animosidade ao que se denominava, nos estados do Norte, de Slave Power Conspiracy, os senhores de escravos do Sul e seus representantes políticos se fiaram na crença do poder do "King Cotton" para contrabalançar o avanço da plataforma antiescravista no Norte ou, no limite, para afiançar o movimento de independência dos estados do Sul. Em 1860, nove décimos do algodão bruto importado pela Grã-Bretanha foram produzidos nos estados escravistas do Sul dos Estados Unidos. Ao se lançar à Guerra Civil, o campo escravista confederado foi impulsionado pelo prognóstico de que o conflito seria rapidamente resolvido, por sua superior disposição bélica, em termos de melhor comando e adesão social para a mobilização, e pelo reconhecimento do estado de guerra – se não o apoio ou a boa vontade à causa confederada – pelos centros industriais europeus, notadamente a Grã-Bretanha, dada a sua dependência em relação à oferta sulista de matéria-prima.

Nessa mesma década de 1850, o boom global das *commodities* também gerou grande prosperidade no Brasil. Resolvido o desafio britânico à segurança e soberania nacionais com o encerramento definitivo do tráfico negreiro transatlântico, o Império entrou em um período de relativa estabilidade institucional em torno da questão da escravidão negra. As principais áreas escravistas do Vale do Paraíba cafeeiro estavam em seu apogeu, com seus cafezais estabelecidos e com estoque de mão de obra suficiente para tocar seus negócios; o tráfico interno foi logo acionado; a alta nos preços dos escravos valorizou os ativos dos que haviam comprado trabalhadores cativos no pico do tráfico ilegal; o Estado brasileiro dava mostras explícitas de que não questionaria a legalidade dessa propriedade ilegal; a alta nos preços do açúcar amorteceu a perda de competitividade dos engenhos do Norte. A própria Conciliação fez parte desse novo quadro, apaziguando muitos dos conflitos políticos internos surgidos no período regencial.

Noutras palavras, não havia, no Brasil de 1860, qualquer prognóstico de que a escravidão viria em breve a ser colocada em xeque. O resultado da Guerra Civil nos Estados Unidos – com a concomitante aprovação da emenda constitucional que abolia a escravidão sem indenizar os senhores (mais de 4 milhões de escravos libertados, cujo valor em 1860 era próximo a 3,5 bilhões de dólares, ou 20% do produto interno bruto norte-americano estimado de então) – alterou por completo, e de forma brusca, as expectativas em relação ao futuro da instituição em escala hemisférica. Em menos de cinco anos, o maior e mais poderoso baluarte do escravismo no mundo ocidental fora derrotado pela força das armas, em um conflito cuja violência sobrepujou todas as experiências anteriores de guerra moderna, e cujas notícias foram amplamente divulgadas pela imprensa brasileira do período.

É no conflito norte-americano, e na confluência temporal de seu encerramento com os profundos impactos da Guerra do Paraguai sobre o Brasil, que devem ser localizadas as origens da Lei do Ventre Livre. A iniciativa para a aprovação parlamentar da medida foi quase toda de um setor do partido conservador, estimulado pelo imperador, que compreendeu o perigo potencial de uma abolição violenta no futuro imediato. Na segunda metade da década de 1860, após quase um século do abolicionismo internacionalista, era possível a uma parcela dos estadistas imperiais, principalmente aqueles não comprometidos diretamente com a região da Bacia do Paraíba, ter uma leitura clara do que estava envolvido em cada experiência de saída da escravidão, nas condições abertas pelo desfecho da Guerra de Secessão. A experiência histórica mostrava as possibilidades de desenvolvimento futuro: profundo radicalismo da abolição sem indenização aos senhores, sempre atrelada a processos revolucionários, como nos casos da Revolução do Haiti, da segunda abolição francesa de 1848 e da Guerra Civil norte-americana; a abolição com pagamento de indenização aos ex-senhores, testada no Império Britânico na década de 1830, com um custo fiscal assombroso; a libertação do ventre escravo precedida pelo encerramento do tráfico negreiro transatlântico, testada em algumas unidades federativas do Norte dos Estados Unidos e em diversas repúblicas da antiga América espanhola, em processos que se estenderam por um tempo bastante dilatado. Para a Espanha e o Império do Brasil, era evidente que apenas a última solução oferecia uma alternativa viável para administrar política e economicamente todos os problemas do isolamento internacional de seus respectivos sistemas escravistas.

Por outro lado, a Guerra do Paraguai, inclusive com a experiência de libertação e convocação de escravos, expôs toda a fragilidade da base social de sustentação do Estado imperial no âmbito internacional. Finalmente, no final da década de 1860, o quadro de disseminação geográfica (por todas as províncias) e social (em quase todas as parcelas livres da sociedade) da escravidão, que havia criado condições favoráveis para certo consenso escravista, havia mudado. A escravidão tendia cada vez mais a se concentrar entre os grandes proprietários das regiões economicamente mais dinâmicas. A escravidão urbana diminuía a olhos vistos, ainda mais porque a imigração acelerava o aumento da população livre. As zonas periféricas das províncias do Norte exportavam, em escala crescente, seus escravos para o Sul. Mesmo nas áreas de produção açucareira, que tendiam a perder menos cativos para o Centro-Sul, os escravos já não constituíam a maioria da mão de obra empregada. Tudo isso facilitou a formação de uma nova maioria conservadora, capitaneada pelo visconde do Rio Branco, que conseguiu aprovar a lei de 28 de setembro de 1871, a despeito da forte e quase unânime resistência do núcleo saquarema do partido, escorado no Rio de Janeiro e em Minas Gerais e, em menor grau, em São Paulo.

O temor da rebelião escrava, como quer a nova historiografia da escravidão, não foi um fator de peso para a proposição e aprovação da lei (a não ser enquanto perigo hipotético de desdobramento do quadro histórico e, assim mesmo, não enquanto ameaça principal). Não há evidências que esse fosse um temor imediato dos estadistas que batalharam pela aprovação da lei. Pelo contrário, seus opositores é que denunciavam a possível instabilidade e agitação que esta poderia acarretar no seio da população cativa. Tampouco há evidências de que a década de 1860 tenha conhecido um incremento significativo das ações de resistência e, muito menos, de rebeliões escravas.

Mas, se a aprovação da Lei do Ventre Livre no âmbito parlamentar não decorreu da resistência escrava, sua instituição alterou profundamente as condições em que passou a se dar a luta entre trabalhadores escravizados e proprietários escravistas nas duas décadas seguintes. A lei foi aprovada em setembro de 1871 contra o voto de todas as bancadas das províncias cafeeiras do Centro-Sul do Império do Brasil. Frente a essa clara derrota política, os fazendeiros do Rio de Janeiro, de Minas Gerais e de São Paulo procuraram nos anos seguintes se recompor do revés, silenciando quaisquer possibilidades de avanço na plataforma antiescravista que se arriscou desenhar em 1869-1871. No curto prazo, a estratégia foi bem-sucedida. Tal como ocorrera após a abolição do tráfico transatlântico em 1850, sufocou-se em 1871 a potência abolicionista contida nos debates sobre a libertação do ventre escravo como caminho para o fim gradual da escravidão. Não surpreende, assim, que a medida legislativa não tenha sido capaz de quebrar a alta dos preços dos escravos, notavelmente estimulada pela tendência positiva dos preços do café que vinha de 1848, com novo impulso após 1868, e pelo rebaixamento do custo do frete. Este último fator foi propiciado pelo aumento da capacidade de transporte de grandes volumes de café através da montagem da malha ferroviária brasileira. As estradas de ferro adentraram, nos anos 1870, nas novas áreas do Oeste de São Paulo e da Zona da Mata mineira, bem mais produtivas do que as zonas mais antigas do Vale do Paraíba, que, entretanto, também foram contempladas por essa expansão.

A década compreendida entre 1872-1881 representou o pico do tráfico interno de escravos no Brasil, com quase 100 mil escravos deslocados para as zonas cafeeiras do Centro-Sul, com claro predomínio das transferências interprovinciais sobre as intraprovinciais. A distribuição regional desses cativos não foi uniforme. Ainda que fazendeiros de todo o Centro-Sul tenham adquirido escravos no mercado interno, os principais polos compradores estavam nas zonas de fronteira recém-atendidas pelas ferrovias. O novo meio de transporte, ao promover a exploração máxima das zonas decadentes do Vale do Paraíba e, ao mesmo tempo, estimular a valorização fundiária nas zonas de fronteira do Oeste paulista e da Zona da Mata mineira, abriu uma cunha entre esses locais. A demanda por trabalho desempenhou papel central nessa discrepância crescente. Para a realização do capital invertido em fazendas formadas nas zonas de fronteira, a pressão por mais trabalhadores acentuou-se. Nas zonas mais antigas, por sua vez, o apego a seu estoque de trabalhadores cativos representava, praticamente, a única possibilidade de prolongamento de sua viabilidade econômica e de seu estilo de vida.

Na década de 1870, a demanda por mão de obra das áreas em expansão foi atendida pelo tráfico interprovincial. Na década seguinte, isso já não era possível, muito em razão dos próprios efeitos das ferrovias sobre a economia cafeeira e, por conseguinte, sobre os fluxos negreiros internos ao Império do Brasil. As compras de cativos no circuito interprovincial pós-1871 tiveram perfil distinto do que vigorara nos Estados Unidos antes da Guerra Civil. No Brasil, o tráfico interno não procurou resguardar a capacidade reprodutiva dos escravos com compras equilibradas de jovens cativos de ambos os sexos, mas sim explorar, até os limites colocados pela Lei do Ventre Livre, o estoque da população escrava brasileira. As províncias que, entre 1872-1881, mais perderam escravos para o café foram as que prosperaram com o algodão durante a Guerra Civil norte-americana. Com a recuperação da economia do Sul norte-americano, ainda durante a Reconstrução, os pequenos produtores de algodão e de mantimentos do Norte e Nordeste brasileiro (Maranhão, Pernambuco, Ceará, Paraíba, Bahia) se viram compelidos a vender seus cativos para o Centro-Sul (e não para os engenhos de açúcar da região, acuados pela competição cubana), movimento agravado pela grande seca que os afligiu entre 1877-1880. Processo correlato ocorreu no Rio Grande do Sul: em face da maior competitividade dos criadores de gado do rio da Prata, servidos por uma crescente malha ferroviária, os pecuaristas e charqueadores rio-grandenses em crise também passaram a remeter escravos para as províncias cafeeiras.

Encerrada a perspectiva de manutenção da escravidão com base na reprodução vegetativa, o tráfico interprovincial da década de 1870 incidiu sobre jovens do sexo masculino nascidos no Brasil, apartados de redes familiares consolidadas e afastados de regiões cujos padrões de trabalho eram muito diferentes das realidades das fazendas de café do Centro-Sul. Ao chegarem a essa região, viram-se forçados a residir em senzalas em quadra, obedecer a rígidos protocolos disciplinares e cumprir uma enorme carga de trabalho. Não por acaso, as áreas que mais adquiriram escravos no tráfico interprovincial estiveram entre as que verificaram maior aumento nas tensões escravistas. O novo padrão de resistência escrava do Oeste de São Paulo nas décadas de 1870-1880 representou uma mudança em relação à experiência histórica do Vale do Paraíba nas décadas de 1830-1840, cujos fazendeiros controlaram as tentativas de ação coletiva, impulsionadas, naquela ocasião, por uma escravaria majoritariamente africana e que caminhava sozinha. Na virada da década de 1870, a estratégia de contenção da plataforma antiescravista posterior à aprovação da Lei do Ventre Livre começou a sucumbir diante da articulação do movimento abolicionista brasileiro em bases nacionais. Esse movimento apresentava-se como uma novidade em relação às sociedades emancipadoras que surgiram com a aprovação da lei de 1871, a criação do Fundo de Emancipação e da disseminação de um sentimento emancipacionista no seio da opinião pública.

Em fins da década, era cada vez mais evidente que a Lei do Ventre Livre e o ritmo das emancipações dela decorrentes apenas protelavam o fim do cativeiro e protegiam o poder senhorial. Esse sentimento de frustração, em meio a uma nova cultura política de massas que se formava nas novas condições de expansão urbana e das atividades econômicas, foi um meio propício à ascensão do abolicionismo que pregava, entre outras bandeiras, a abolição imediata e sem indenizações. Em meados da década de 1880, com a radicalização do movimento que se seguiu ao simulacro da aprovação da Lei dos Sexagenários, em 1885, e as novas modalidades de resistência coletiva de uma escravaria que, agora, era esmagadoramente crioula e contava com suporte fora das senzalas, a escravidão naufragou de vez.

Já em 1881, a ordem escravista foi abalada com as leis aprovadas em São Paulo, Minas Gerais e Rio de Janeiro em 1881, interditando o tráfico interprovincial por meio da imposição de taxas que o tornavam proibitivo. Os proponentes dessas leis esgrimiram três conjuntos de argumentos para fundamentar sua urgência: 1) a Lei do Ventre Livre causara efeitos profundamente danosos sobre a disciplina escrava, diante da percepção geral de erosão da legitimidade da instituição com a impossibilidade de sua reprodução no tempo; 2) o tráfico interprovincial vinha acirrando de modo perigoso as relações escravistas, com a introdução constante, nas fazendas do Centro-Sul, de escravos desenraizados do Norte do Brasil; 3) a polarização entre um Norte sem escravos e um Sul escravista prefigurava a experiência pregressa da Guerra Civil norte-americana, sendo necessário manter o comprometimento nacional com a instituição para evitar que um resultado daquela natureza se repetisse no Brasil. A essas variáveis somaram-se, em 1881, os receios dos efeitos que a agitação abolicionista teria para a disciplina dentro das fazendas.

Esses temores não eram infundados. As discussões sobre a taxação do tráfico interprovincial nessas províncias coincidem com a eclosão do movimento abolicionista de massas no Ceará, uma das províncias exportadoras de escravos para o Centro-Sul e porto de embarque para muitos dos cativos que eram remetidos do Maranhão e do Piauí. Em fins de 1879, fundou-se a Sociedade Cearense Libertadora, que tinha por objetivo extinguir a escravidão na província. Em fins de 1880 e início de 1881, sua ala mais radical assumiu o comando da entidade e passou a propor ações diretas para impedir embarques de escravos para o Centro-Sul. Em 27 de janeiro de 1881, comandada por um liberto que comprara sua própria liberdade, José Luís Napoleão, a Sociedade promoveu uma "greve" dos jangadeiros que realizavam o transporte dos cativos para os navios ancorados ao largo do porto, recusando-se a transportar escravos. A essa primeira greve seguiram-se imediatamente outras. O movimento abolicionista do Ceará teve grande repercussão na corte e estimulou a organização do movimento abolicionista em escala nacional.

Nessa conjuntura, os atores políticos que promoveram as leis contra o tráfico interprovincial entre 1878 e 1881 apresentaram uma leitura muito clara de todas as pressões sociais e políticas produzidas pela expansão cafeeira do Centro-Sul durante a década de 1870. Contrariando as expectativas dos que deram suporte à suspensão do tráfico interprovincial, as tensões escravistas não arrefeceram. Pelo contrário, só aumentaram. Sinais disso começaram a surgir em 1882, com rumores de articulação entre agitadores abolicionistas e escravos das fazendas de café, mas que adquiram maior concretude após 1885, com o cruzamento real entre o movimento antiescravista e a ação coletiva dos escravos na luta pela abolição imediata.

É importante sublinhar as relações entre as forças do mercado mundial capitalista e a eclosão do movimento abolicionista brasileiro. O surgimento, após 1850, de um mercado nacional de escravos relativamente unificado, com curvas de preços bastante congruentes, colocou todos os produtores escravistas brasileiros sob a pressão do sistema de preços internacionais. As regiões e atividades menos dinâmicas viram seus cativos drenados para as fazendas de café mais dinâmicas do Centro-Sul, o que acarretou uma profunda reorganização espacial da instituição no Brasil. Com o alto preço dos escravos, a propriedade de seres humanos passou de elástica – isto é, aberta aos mais diversos grupos socioeconômicos, inclusive ex-escravos – a inelástica. O sentido sistêmico das alforrias para a manutenção da escravidão brasileira também se modificou: após 1850, as manumissões, de estruturadoras dos mecanismos de segurança da sociedade escravista brasileira, tornaram-se crescentemente desestruturadoras. Em outros termos, para o egresso do cativeiro, a possibilidade de vir a ser senhor de escravos era cada vez mais distante. A própria conquista da alforria ficara mais difícil. Por outro lado, a escravidão, como parâmetro das relações de trabalho, passou a ser vista como um fator de achatamento das condições de trabalho dos trabalhadores livres, brancos, negros e mulatos.

Nesse novo quadro das relações sociais de força, a luta dos negros e mulatos livres, assim como a dos trabalhadores brancos, se associou à luta dos escravos, reatando laços historicamente rompidos durante a vigência da escravidão elástica. Se a emergência do movimento abolicionista brasileiro muito dependeu da reorganização econômica do Império, de sua crescente urbanização, do novo quadro dos espaços de opinião pública, do esgarçamento das formas políticas institucionais construídas ainda na primeira metade do século XIX, do novo liberalismo e do "bando de ideias novas" pós-1870, seu desenvolvimento foi igualmente marcado pelo papel de liderança ocupado por descendentes livres de africanos que positivaram a resistência escrava. A ação direta dos cativos, ao contrário do que ocorrera com o fim do tráfico transatlântico de escravos, em 1850, e com a aprovação da Lei do Ventre Livre, em 1871, foi decisiva para o resultado obtido em 1888.

Ao final desse percurso, esperamos ter assentado alguns elementos para a constituição de uma agenda renovada de pesquisas sobre a escravidão brasileira, seu papel na formação do Estado e da nação no século XIX e suas articulações com a economia mundial capitalista. Uma agenda que parta dos avanços realizados nos últimos trinta anos e, ao mesmo tempo, retome alguns temas de discussão da historiografia dos anos 1960 e 1970, especialmente os referentes às relações entre a nova escravidão, a formação do Estado nacional, as transformações da sociedade imperial e o desenvolvimento do capitalismo global. Esses temas foram praticamente eliminados do debate histórico devido ao fortalecimento do consenso neoliberal no âmbito da sociedade brasileira nos anos 1990 e, principalmente, ao teor acachapante e simplificador da crítica realizada pela nova historiografia da escravidão dos anos 1990 à historiografia anterior. Por outro lado, a retomada não pode e não deve se limitar a esses temas e, menos ainda, meramente recolocá-los no debate. Isso seria equivalente, em primeiro lugar, a ignorar a ampla e rica gama de trabalhos que, nesse ínterim, mesmo contra a corrente, aprofundaram, reviram e propuseram novos debates. Em segundo lugar, porque não se trata de colocar entre parênteses ou fazer tábula rasa das últimas décadas da nova historiografia da escravidão. Ao contrário, trata-se de, a partir delas, incorporar os inúmeros e importantes temas, objetos e abordagens – principalmente sobre a multiplicidade e a complexidade da agência e do ser escravo – que essa historiografia trouxe para o centro das atenções.

Notas

1. Afora os participantes do Seminário Internacional que deu origem ao presente volume, os autores agradecem a Mariana Muaze sua leitura cuidadosa da primeira versão do manuscrito e as sugestões apresentadas, muitas das quais foram incorporadas. Rafael Marquese agradece, ainda, ao CNPq o financiamento de uma pesquisa à qual se relaciona este texto.
2. Ver, entre vários outros, os seguintes balanços: Ciro Flamarion Cardoso (Org.), *Escravidão e abolição no Brasil: novas perspectivas*. Rio de Janeiro: Jorge Zahar, 1988; João José Reis, "Um balanço dos estudos sobre as revoltas escravas baianas", *in:* J. J. Reis (Org.), *Escravidão e invenção da liberdade*. São Paulo: Brasiliense, 1988, pp. 87-140; Robert Slenes, "Lares negros, olhares brancos: histórias da família escrava no século XIX", *Revista Brasileira de História,* vol. 8, n. 16, pp. 189-203; Jacob Gorender, *A escravidão reabilitada*. São Paulo: Ática, 1990; Silvia Hunold Lara, "'Blowin 'in the wind': Thompson e a experiência negra no Brasil", *Projeto História*, n. 12, outubro de 1995, pp. 43-56; Flávio dos Santos Gomes, "Em torno da herança: escravidão, historiografia e relações raciais no Brasil", *Experiências Atlântica: ensaios e pesquisas sobre a escravidão e a pós--emancipação no Brasil"*. Passo Fundo: Editora UPF, 2003, pp. 11-40; Stuart Schwartz, "A historiografia recente da escravidão brasileira", *Escravos, roceiros*

e rebeldes. Bauru: Edusc, 2001, pp. 21-82; Sueli Robles Reis de Queiróz, "Escravidão negra em debate", *in:* Marcos Cezar Freitas (Org.), *Historiografia brasileira em debate*. São Paulo: Contexto, 2000, pp. 103-117; Diana Berman, *A produção do novo e do velho na historiografia brasileira: debates sobre a escravidão*. Dissertação de mestrado em História, PUC-Rio, 2003; Angela de Castro Gomes, "Questão social e historiografia no Brasil do pós-1980: notas para um debate", *Estudos Históricos*, n. 34, julho-dezembro de 2004, pp. 157--186; Sheila de Castro Faria, "Identidade e comunidade escrava: um ensaio", *Tempo*, n. 22, 2007, pp. 122-146; José Flávio Motta, "Agonia ou robustez? Reflexões acerca da historiografia econômica brasileira", *Revista de Economia da PUC-SP*, vol. 1, n° 1, 2009, pp. 117-138; Sidney Chalhoub e Fernando Teixeira da Silva, "Sujeitos no imaginário acadêmico: escravos e trabalhadores na historiografia brasileira desde os anos 1980", *Cadernos AEL*, v. 14, n. 26, 2009, pp. 13-46; Julio Manuel Pires e Iraci del Nero da Costa (Orgs.), *O capital escravista-mercantil e a escravidão nas Américas*. São Paulo: Educ, 2010; Robert W. Slenes, "Brazil", *in:* R. Paquette e M. Smith (Orgs.), *The Oxford Handbook of Slavery in the Americas*, Oxford: Oxford University Press, 2010; pp. 111-133; Herbert S. Klein, "A experiência afro-americana numa perspectiva comparada: a situação do debate sobre a escravidão nas Américas", *Afro-Ásia*, 45, 2012, pp. 95-121; Herbert S. Klein e João José Reis, "Slavery in Brazil", *in:* José Moya (Org.), The *Oxford Handbook of Latin American History*, Oxford: Oxford University Press, 2011, pp. 181-211; Jean Hébrard, "L'esclavage au Brésil: le débat historiographique et ses racines", *in:* Jean Hébrard (Org.), *Brésil: quatre siècles d'esclavage. Nouvelles questions, nouvelles recherches,* Paris: Karthala & CIRESC, 2012, pp. 7-61; Rafael de Bivar Marquese, "As desventuras de um conceito: capitalismo histórico e a historiografia sobre a escravidão brasileira", *Revista de História*, v. 169, julho/dezembro de 2013, pp. 223-253.
3. Sobre uma apreciação de conjunto desse movimento, ver William Sewell Jr., *Logics of History. Social Theory and Social Transformation*. Chicago: Chicago University Press, 2005; Geoff Eley, *A Crooked Line. From Cultural History to the History of Society*. Ann Arbor: The University of Michigan Press, 2005. Sobre a micro-história italiana, ver Henrique Espada Lima, *A micro-história italiana: escala, indícios e singularidades*. Rio de Janeiro: Civilização Brasileira, 2006.
4. Ciro Flamarion Cardoso, "Sobre os modos de produção coloniais na América" e "O modo de produção escravista colonial na América", *in:* Théo Araújo Santiago (Org.), *América Colonial*. Rio de Janeiro: Pallas, 1975; Jacob Gorender, *O escravismo colonial*. São Paulo: Ática, 1978.

5. Fernando Novais, "Estrutura e dinâmica do antigo sistema colonial (séculos XVI–XVIII)", *in: Caderno Cebrap*, n° 17, 1973; *Portugal e Brasil na Crise do Antigo Sistema Colonial (1777-1808)*. São Paulo: Hucitec, 1979.
6. Para uma síntese desse debate, ver Eduardo Barros Mariutti, *Balanço do debate: a transição do feudalismo ao capitalismo*. São Paulo: Hucitec, 2004.
7. Antônio Barros de Castro, "'As mãos e os pés do senhor de engenho: dinâmica do escravismo colonial", *in:* Paulo Sérgio Pinheiro (Org.), *Trabalho escravo, economia e sociedade*. Rio de Janeiro: Paz e Terra, 1984, p. 47. Este livro reuniu trabalhos apresentados a uma Conferência sobre História e Ciências Sociais, realizada na Unicamp em maio de 1975. A nomenclatura alternativa das zonas "pioneiras" e "decadentes" encontra-se em outro texto de Barros de Castro, *Sete ensaios sobre a economia brasileira*. Rio de Janeiro: Forense, 1971, 2 v., v. II, pp. 60-61.
8. Antônio Barros de Castro, "A economia política, o capitalismo e a escravidão", *in:* José Roberto do Amaral Lapa (Org.), *Modos de produção e realidade brasileira*. Petrópolis: Vozes, 1980 – livro que resultou de evento realizado também na Unicamp, em outubro de 1978.
9. Maria Sylvia de Carvalho Franco, "Organização social do trabalho no período colonial", *in:* Paulo Sérgio Pinheiro (Org.), *Trabalho escravo, economia e sociedade*. Rio de Janeiro: Paz e Terra, 1984, pp. 173-4, 180.
10. *Idem*.
11. Florestan Fernandes, "A sociedade escravista no Brasil", *in: Circuito fechado: quatro ensaios sobre o "poder institucional"*. São Paulo: Hucitec, 1977, pp. 15-23.
12. Fernandes, "A sociedade escravista no Brasil", pp. 13-14.
13. O livro de João Manuel Cardoso de Mello, *O capitalismo tardio* (11ª ed.). Campinas: Faccamp, 2009 (a tese acadêmica que lhe deu origem é de 1975), ao discutir o novo caráter da escravidão brasileira no século XIX e suas relações com a formação do capitalismo em nosso país, aproximava-se notavelmente do enquadramento de Florestan Fernandes.
14. Cf. José Murilo de Carvalho, *A construção da ordem/Teatro de Sombras*. Rio de Janeiro: Civilização Brasileira, 2006.
15. Cf. Ilmar Rohloff de Mattos, *O Tempo Saquarema. A formação do Estado imperial*. São Paulo: Hucitec, 1987.
16. Ver, a esse respeito, as entrevistas desses dois historiadores inseridas em José Geraldo Vinci de Moraes e José Marcio Rego, *Conversas com Historiadores Brasileiros*. São Paulo: Editora 34, 2002.
17. Algumas das principais publicações desse grupo podem ser acompanhadas em Alice Piffer Canabrava, *História econômica: estudos e pesquisas*. São Paulo: Hucitec-Ed.Unesp, 2005; Francisco Vidal Luna, Iraci del Nero da Costa e Herbert

Klein, *Escravismo em São Paulo e Minas Gerais*. São Paulo: Edusp, 2009. Outro bom balanço está em José Flávio Motta, *Corpos escravos, vontades livres: posse de cativos e família escrava em Bananal (1801-1829)*. São Paulo: Annablume, 1999, pp. 67-108.

18. Robert W. Slenes, *The Demography and Economics of Brazilian Slavery: 1850--1888*. Ph.D. Dissertation. Stanford: Stanford University, 1976.
19. Pedro Carvalho de Mello, *The Economics of Labor in Brazilian Coffee Plantations, 1850-1888*. Ph.D. Dissertation. Chicago: The University of Chicago, 1977.
20. Tese publicada em livro em 1974, traduzida para o português sob o título *Modernização sem Mudança. A indústria açucareira em Pernambuco, 1840-1910*. Rio de Janeiro: Paz e Terra, 1977.
21. De Kátia de Queirós Mattoso, ver *Ser escravo no Brasil* (1ª ed., 1979; trad. port.). São Paulo: Brasiliense, 1981, e *Bahia, século XIX: uma província no Império*. Rio de Janeiro: Nova Fronteira, 1992 (Tese de doutorado de estado defendida na Sorbonne, em 1986); ver, também, seus artigos da década de 1970 reunidos em *Da Revolução dos Alfaiates à Riqueza dos Baianos no século XIX: Itinerário de uma historiadora*. Salvador: Corrupio, 2004; De Stuart B. Schwartz, *Segredos internos: engenhos e escravos na sociedade colonial, 1550-1835* (1ª ed., 1985; trad. port.). São Paulo: Companhia das Letras, 1988. Sobre a atuação de João José Reis como assistente de pesquisa, ver sua entrevista em José Geraldo Vinci de Moraes e José Marcio Rego, *Conversas com historiadores brasileiros*. São Paulo: Editora 34, 2002.
22. Mary C. Karasch, *A vida dos escravos no Rio de Janeiro, 1808-1850* (1ª ed., 1987; trad. port.). São Paulo: Companhia das Letras, 2000.
23. Herbert S. Klein, "The Colonial Freedman in Brazilian Slave Society", *in: Journal of Social History*, vol. 3, n. 1, pp. 33-53, outono de 1969; *The Middle Passage: Comparative Studies in the Atlantic Slave Trade*. Princeton: Princeton University Press, 1978; Luiz Felipe de Alencastro, "La traite négrière et l'unité national brésilienne", *in: Revue Française d'Histoire d'Outre-Mer*. 244-245, pp. 395-419, 1979; *Le commerce des vivants: traite d'esclaves et "pax lusitana" dans l'Atlantique sud*. 3 v. Tese de doutorado. Paris: Universidade Paris X, 1986. Sobre o tráfico bilateral, é importante lembrar o trabalho pioneiro de Pierre Verger, também defendido originalmente como tese de doutorado na França, em 1968, *Fluxo e refluxo do tráfico de escravos entre o Golfo de Benin e a Bahia de Todos os Santos, dos séculos XVII a XIX* (trad. port.). São Paulo: Corrupio, 1987.
24. Robert Toplin, *The Abolition of Slavery in Brazil*. Nova York: Atheneum, 1972; Robert Conrad, *Os últimos anos da escravatura no Brasil, 1850-1888* (1ª ed: 1973; trad. port). Rio de Janeiro: Civilização Brasileira, 1976; Warren Dean, *Rio Claro. Um sistema brasileiro de grande lavoura, 1820-1920* (1ª ed., 1976; trad. port.). Rio de Janeiro: Paz e Terra, 1977.

25. Roberto Borges Martins, *Growing in Silence: The Slave Economy of Nineteenth--Century Minas Gerais*. Ph.D. Dissertation. Nashville: Vanderbilt University, 1980; Amilcar Martins Filho e Roberto Borges Martins, "Slavery in a Nonexport Economy: Nineteenth-Century Minas Gerais Revisited", in: *The Hispanic American Historical Review*, v. 63, Number 3, August 1983, pp. 535-68; Robert W. Slenes, "Comments on 'Slavery in a Nonexport Economy.' I", in: *The Hispanic American Historical Review*, v. 63, n. 3, pp. 569-51, Aug., 1983; Warren Dean, "Comments on 'Slavery in a Nonexport Economy.' II", in: *The Hispanic American Historical Review*, v. 63, n. 3, pp. 582-584, Aug., 1983; Stanley L. Engerman; Eugene D. Genovese, "Comments on 'Slavery in a Nonexport Economy.' III", in: *The Hispanic American Historical Review*, v. 63, n. 3, pp. 585-590, Aug., 1983; Roberto B. Martins; Amilcar Martins Filho, "Comments on 'Slavery in a Nonexport Economy': A Reply", in: *The Hispanic American Historical Review*, v. 64, n. 1., pp. 135-146, Feb., 1984. Ver, ainda, o comentário de Wilson Cano e Francisco Vidal Luna. "A reprodução natural de escravos em Minas Gerais (século XIX): uma hipótese", in: *Cadernos* IFCH-Unicamp. Campinas, São Paulo, (10): 1-14, out. 1983.
26. João José Reis, *Rebelião escrava no Brasil. A história do levante dos Malês em 1835* (edição revista e ampliada). São Paulo: Companhia das Letras, 2003. A referência do livro de Genovese é *Da Rebelião à Revolução* (1ª ed., 1979; trad. port.). São Paulo: Global, 1983.
27. Duas publicações bem o provam: a primeira é o número especial da *Revista Brasileira de História* (vol. 8, n. 16. março de 1988/agosto de 1988), organizado por Silvia Hunold Lara e com artigos de Kátia de Queirós Mattoso, João José Reis, Sidney Chalhoub, Luiz Carlos Soares, Maria Helena P. T. Machado, Horacio Gutiérrez e Robert Slenes; a segunda é o livro editado por Ciro Flamarion Santana Cardoso, *Escravidão e abolição no Brasil. Novas perspectivas*. Rio de Janeiro: Jorge Zahar Editor, 1988, que reunia os resultados de pesquisas que descendiam diretamente da linha de pesquisa em História Agrária da UFF, com artigos de Ronaldo Vainfas, Hebe Mattos e João Fragoso.
28. João Fragoso e Manolo Florentino, *O arcaísmo como projeto: mercado atlântico, sociedade agrária e elite mercantil em uma economia colonial tardia. Rio de Janeiro, c. 1790-1840* (1ª ed., 1993; ed. rev.). Rio de Janeiro: Civilização Brasileira, 2001. Os doutorados individuais foram publicados em livro um pouco antes e um pouco depois do lançamento do livro: *Homens de grossa aventura: acumulação e hierarquia na praça mercantil do Rio de Janeiro (1790-1830)*. Rio de Janeiro: Arquivo Nacional, 1992, de João Luís Fragoso, e *Em Costas Negras. Uma história do tráfico atlântico de escravos entre a África e o Rio de Janeiro (séculos XVIII-XIX)*. Rio de Janeiro: Arquivo Nacional, 1995, de Manolo Fiorentino.

29. Para uma crítica mais extensa e aprofundada do trabalho de Fragoso e Florentino, remetemos o leitor a Rafael de Bivar Marquese, "As desventuras de um conceito", em larga medida, base para esta passagem.
30. A formação de uma complexa economia escravista no Centro-Sul do Brasil, voltada para o abastecimento interno e relacionada à formação da cafeicultura, foi enfatizada pioneiramente por Alcir Lenharo, *As tropas da moderação: o abastecimento da Corte na formação política do Brasil, 1808-1842* (1ª ed. 1979). Rio de Janeiro: Secretaria Municipal de Cultura, 1993. A importância dos comerciantes do Rio de Janeiro, em fins do século XVIII e início do XIX, mereceu a atenção de Riva Gorenstein e Lenira Menezes Martinho, em duas dissertações de mestrado elaboradas no mesmo contexto do trabalho de Lenharo, isto é, em fins dos anos 1970, sob a orientação de Maria Odila Leite da Silva Dias no Programa de Pós-Graduação em História Social da Universidade de São Paulo, *Negociantes e caixeiros na sociedade da Independência*. Rio de Janeiro: Secretaria Municipal de Cultura, 1992.
31. Sobre a grande lucratividade de uma fazenda de café no período formativo da atividade no Brasil, ver Ricardo Salles e Magno Fonseca Borges, "A morte do barão de Guaribu. Ou o fio da meada", *in: Heera*, vol. 7, n. 13. Juiz de Fora, UFJF, jul.-dez. 2012, pp. 57-94, esp. pp. 75-77. Sobre o processo mais amplo de formação da cafeicultura brasileira nos quadros da economia global, ver Rafael Marquese e Dale Tomich, "O Vale do Paraíba escravista e a formação do mercado mundial do café no século XIX", *in:* Keila Grinberg e Ricardo Salles (Orgs.), *O Brasil Imperial. Volume II – 1831-1870*. Rio de Janeiro: Civilização Brasileira, 2009, pp. 354-359. Vale lembrar ainda que esse movimento da cafeicultura escravista brasileira, típico do mercado capitalista, de indução do consumo pela oferta, já havia sido assinalado por João Manuel Cardoso de Mello, em livro da década de 1970, citado por Fragoso e Florentino como exemplo de um passado historiográfico a ser superado. Ver Cardoso de Mello, *O capitalismo tardio*, p. 48.
32. Sidney Chalhoub, *Visões da liberdade: uma história das últimas décadas da escravidão na Corte*. São Paulo: Companhia das Letras, 1990.
33. Sidney Chalhoub, *Visões da liberdade*, pp. 18-23.
34. Chalhoub, *Visões da liberdade*, pp. 19-20.
35. *Ibidem*, p. 28.
36. O episódio em que o escravo Veludo e demais companheiros do Norte do país surram o comerciante que os havia levado para a corte com o objetivo de vendê-los é o principal fio condutor da narrativa de *Visões da liberdade*.
37. Chalhoub, *Visões da liberdade*, p. 59.
38. *Idem*, p. 160.

39. Dean, *Rio Claro*, p. 126 *passim*.
40. Angela de Castro Gomes, "Questão social e historiografia no Brasil do pós-1980", p. 163. O artigo trata também da questão no período republicano, que, entretanto, não será objeto de nossas considerações.
41. Gomes, "Questão social", pp. 164-5. Como exemplares da nova historiografia da escravidão, Angela de Castro Gomes cita e analisa brevemente os seguintes trabalhos: de João José Reis, "A greve negra de 1857 na Bahia", *in: Revista da USP*, São Paulo, n. 18, 1993, e "De olho no canto: trabalho de rua na Bahia na véspera da Abolição", *in: Afro-Ásia*, Salvador, n. 24, 2000; Sidney Chalhoub, *Visões da liberdade*, op. cit., e *Machado de Assis historiador*. São Paulo: Companhia das Letras, 2003; Hebe Mattos, *Das cores do silêncio: os significados da liberdade no sudeste escravista (Brasil, século XIX)*. 2ª ed. Rio de Janeiro: Nova Fronteira, 1998.
42. Diana Berman, "Da sociedade escravista ao ser escravo", *Trabajos y Comunicaciones – 2002-2003*, n. 28-29, Dossier: Temas sobre la historia de Brasil, s.d., disponível em: <www.memoria.fahce.unlp.edu.ar>. Acesso em 8 jul. 2013. O artigo adianta elementos de sua dissertação de mestrado, citada na nota 2 de nosso capítulo.
43. *Idem*.
44. *Ibidem*.
45. Berman, *Da sociedade escravista ao ser escravo*, aspas e grifos no original.
46. Jacob Gorender, *A escravidão reabilitada*, op. cit. Em certas paragens, o diálogo de surdos continua: o balanço recente de Jean M. Hébrard, por exemplo, reitera a oposição entre o foco nos escravizados como sujeitos históricos autônomos e o foco na "escravidão" como relação social como caminhos necessariamente antagônicos de compreensão do passado escravista brasileiro. No fim das contas, Hébrard simplesmente propõe um aprofundamento da agenda de pesquisas majoritária, que, segundo sua interpretação, visa conhecer o escravo, enquanto sujeito dotado de livre vontade, em contraposição à historiografia anterior, mais preocupada em conhecer a escravidão. Esse aprofundamento seria realizado por meio de uma "virada biográfica", que possivelmente estaria em curso nos dias de hoje. Cf. Jean M. Hébrard, "L'esclavage au Brésil", *op. cit.*
47. Emília Viotti da Costa, *Da senzala à colônia* (4ª ed.). São Paulo: Unesp, 1998.
48. Viotti da Costa, *Da senzala à colônia*, p. 29.
49. Essas críticas foram dirigidas com mais virulência à chamada escola paulista de sociologia, à qual Emília Viotti da Costa foi identificada, com acento nos trabalhos de Fernando Henrique Cardoso, Octavio Ianni e Florestan Fernandes. Nove em cada dez monografias, dissertações ou teses sobre a escravidão brasileira, dos anos 1990 para cá, começam com uma litania de crítica à escola sociológica paulista, um procedimento inaugurado justamente por Chalhoub em *Visões da*

liberdade, pp. 37-42. Em entrevista publicada em 2002, João José Reis, sem citar diretamente este último livro, lembra que nos estudos da "escola paulista", "*o escravo não figura como agente ativo, como sujeito da História. A exceção é exatamente o trabalho da historiadora do 'grupo', se podemos considerá-lo como tal. Emília Viotti da Costa, em seu clássico* Da senzala à colônia, *introduz a luta escrava como um fator decisivo, embora não suficiente, na derrocada da escravidão. Eu, aliás, acho que a historiografia recente tem a dívida de reconhecer essa dimensão de seu trabalho*". Vinci de Moraes e Rego (Orgs.), *Conversas*, p. 324. A importante ressalva de Reis, contudo, caiu no vazio.

50. Viotti da Costa, *Da senzala à colônia*, p. 31.
51. *Idem*, p. 42.
52. Emília Viotti da Costa, "Estrutura versus experiência. Novas tendências da historiografia do movimento operário e das classes trabalhadoras na América Latina: o que se perde e o que se ganha", *in: Boletim Informativo e Bibliográfico de Ciências Sociais (BIB)*. Rio de Janeiro, n. 29, p. 3-16, 1º sem. 1990 (originalmente publicado em *Labor and Working Class History Review*, outono de 1989); "A dialética invertida: 1960–1990", *in: Revista Brasileira de História*, v. 14, n. 27, 1994, pp. 9-26.
53. Emília Viotti da Costa, *Coroas de glória, lágrimas de sangue. A rebelião dos escravos de Demerara de 1823* (1ª ed., 1994; trad. port.). São Paulo: Companhia das Letras, 1998.
54. Veja-se, por exemplo, a avaliação de João José Reis em resenha publicada na *Afro-Ásia*, n. 21-22, pp. 382-388, 1998-1999. Reis, procurando demonstrar que não haveria incompatibilidade entre a agenda teórica que passou a informar a historiografia sobre a escravidão brasileira a partir dos anos 1980 e o que Viotti da Costa apresentava em *Coroas de glória*, afirmou que "*seu modo* [i.e., de Viotti da Costa] *de fazer história converge, em grande medida, para o que aqui se faz*" (p. 387). Para uma leitura distinta, que aponta as divergências desse livro em relação às práticas da historiografia brasileira posteriores aos anos 1980, ver Rafael de Bivar Marquese, "Estrutura e agência na historiografia da escravidão: a obra de Emília Viotti da Costa", *in*: Ferreira, A. C.; Bezerra, H. G.; de Luca, T. R. (Orgs.). *O historiador e seu tempo*. São Paulo: Editora da Unesp, 2008.
55. Francisco Vidal Luna e Herbert Klein. *Escravismo no Brasil* (1ª ed., 2009; trad. port.). São Paulo: Edusp, 2010.
56. Francisco Vidal Luna e Herbert Klein. *Escravismo no Brasil*, p. 81.
57. Entre 1790 e 1850, a produção açucareira do Brasil quintuplicou (de 20 mil para 100 mil toneladas anuais); nas duas décadas seguintes, ela estacionou, para voltar a crescer somente nos anos 1870 e 1880, quando saltou para 200 mil

toneladas anuais. Portanto, no intervalo de um século (c. 1790-1890), a produção açucareira do Brasil decuplicou. Klein e Luna, *Escravismo*, pp. 94-97.

58. Klein e Luna, *Escravismo*, pp. 112-113.
59. *Idem*, pp. 130-136. O trabalho de Stefano Fenoaltea ao qual se referem Klein e Luna é o artigo "Slavery and Supervision in Comparative Perspective: a Model", *in: The Journal of Economic History*, v. 44, n.3, pp. 635-668, Sept. 1984.
60. A passagem a que nos referimos está na p. 175. Quanto aos livros mencionados, ver, respectivamente, de Manolo Florentino, *Em Costas Negras* (op. cit.) e, de Luiz Felipe de Alencastro, *O Trato dos Viventes: a formação do Brasil no Atlântico Sul*. São Paulo: Companhia das Letras, 2000.
61. Rafael de Bivar Marquese, "Estados Unidos, segunda escravidão e a economia cafeeira do Império do Brasil", *in: Almanack*, v. 5, pp. 51-60, maio de 2013; Ricardo Salles, "A segunda escravidão", *in: Tempo*, v. 17, n. 35, julho-dezembro de 2013, pp. 249-254.
62. Dale Tomich, *Slavery in the Circuit of Sugar. Martinique and the World Economy, 1830-1848*. Baltimore: The Johns Hopkins University Press, 1990. Emília Viotti da Costa, em *Coroas de glória* (n. 15, p. 357), considera esse livro um exemplo modelar de como *"conciliar a tendência local e mundial, assim como a instância humana, no estudo de uma sociedade escravista"*.
63. Dale Tomich, "The 'Second Slavery': Bonded Labor and the Transformation of the Nineteenth-Century World Economy", *in:* Francisco O. Ramirez (Org.), *Rethinking the Nineteenth Century: Movements and Contradictions*. Westport: Greenwood Press, 1988. A edição que estamos usando é a que está inserida em *Pelo prisma da escravidão. Trabalho, capital e economia mundial* (1ª ed., 2004; trad. port.). São Paulo: Edusp, 2011, pp. 81-97.
64. Ver, a respeito, a nota 2 da Apresentação deste livro. Mesmo Sidney Chalhoub, um dos expoentes da história sem sistema ou estrutura, parece ter se convencido a respeito da necessidade de se retomarem abordagens sistêmicas na análise histórica: é o caso de seu último livro, que emprega o conceito da segunda escravidão – por ele traduzido como "segundo escravismo" – para compreender o Brasil do século XIX. Ver *A força da escravidão: ilegalidade e costume no Brasil oitocentista*. São Paulo: Companhia das Letras, 2012.
65. A literatura historiográfica, nacional e internacional, disponível sobre os temas abordados a seguir é vastíssima. Dado o caráter ensaístico dessa parte do capítulo, que propõe uma agenda de investigação, optamos por não apresentar todas as referências bibliográficas cabíveis. Os dados referentes ao tráfico transatlântico de escravos foram retirados do Trans-Atlantic Slave Trade Database, disponível em: <www.slavevoyages.org>.

4. Escravidão histórica e capitalismo
na historiografia cubana[1]

José Antonio Piqueras
Tradução de Angélica Freitas

Um tema como a escravidão parecia feito sob medida para a historiografia cubana posterior a 1959. O mundo da exploração levado a seu grau máximo num passado não muito distante, a luta secular dos oprimidos contra a sua subjugação, as sequelas de um colonialismo ávido por riquezas sem reparar no sofrimento, as raízes profundas da discriminação racial que consagravam a pobreza, a humilhação e as desigualdades e levantavam barreiras para o desenvolvimento eram bons motivos para estabelecer a nova historiografia de uma nação que se propunha a começar uma nova era e que estava em condições de examinar seu passado despojando-o do véu que a cultura e as visões afins à percepção das classes dominantes haviam imposto. A história da humanidade havia sido a história da luta de classes, segundo um dos axiomas menos discutidos do pensamento do qual os revolucionários no poder se apropriaram depois da declaração do caráter socialista da Revolução em 1961. E que melhor fonte para alimentar o discurso da nova sociedade do que a indagação das causas históricas da diversidade racial, que situava em 27% o número oficial de afrodescendentes e ocultava em uma porcentagem indeterminada, sob a etiqueta de "brancos", aqueles que, por seu fenótipo, preferiam fugir de preconceitos muito difundidos?

Ainda que a questão racial não tivesse feito parte da recente luta revolucionária, era natural pensar que sua discussão seria abordada com a implementação da liberdade e de um regime social justo por meio da supressão legal de toda segregação e a reprovação do racismo, denunciado em 22 de março de 1959 num contundente discurso de Fidel Castro, imediatamente depois que o tema começou a ser introduzido no debate político, de baixo para cima. Era suficiente? Assim acreditavam as novas autoridades, que "já em 1962 começaram a afirmar que Cuba havia eliminado a discriminação racial".[2] Os preconceitos contra o "descendente de escravo" eram uma herança da colônia e da república inaugurada em 1902. Não era preciso fundamentar numa história de longa duração o nascimento de atitudes que deveriam desaparecer com a supressão do regime social que as fomentara e com uma educação igualitária.

No Informe de Fidel Castro ao Primeiro Congresso do Partido Comunista de Cuba (PCC), em 1975, a escravidão se converte no *leitmotiv* das páginas iniciais, dedicadas à análise histórica da Revolução. O primeiro-secretário do Comitê Central declarou que uma sociedade escravista – segundo suas palavras, em 1810, "Cuba era um país de *plantations* tropicais exploradas com mão de obra escrava" – convertia os donos dos engenhos em reféns da força militar que a metrópole empregava para conseguir a subjugação dos escravos, ou os tornava partidários da anexação aos Estados Unidos com a finalidade de assegurar seus interesses. Diante dessa atitude antipatriota dos exploradores, os explorados, os escravos, prosseguiu ele, deram exemplo de luta "social e revolucionária" por meio de "revoltas históricas", reprimidas de forma brutal.[3] Prosseguia mencionando categorias sociais e situações de miséria, analfabetismo, doenças etc., ao mesmo tempo que omitia qualquer referência a categorias raciais, até chegar à influência exercida pelos Estados Unidos desde os primeiros anos da república, quando se fomenta e se estende a discriminação por causa de cor. A noção de "afro-cubano" está ausente – Fernando Ortiz a cunhara em 1906 –, a favor da unidade do povo. Em 1986, deu-se o reconhecimento do fracasso da estratégia de ignorar a especificidade da questão racial adotada um quarto de século antes. No encerramento do III Congresso do PCC, Fidel Castro anunciou que os resultados esperados não haviam sido alcançados, e tinham início as políticas setoriais.[4] Até então, se o problema racial não existia e sua discussão havia se convertido em tabu, não se deve esperar que a historiografia se ocupasse de suas implicações históricas, a começar pela escravidão.

O problema das raças e a história dos escravos.
O negro, o escravo e a Revolução: como o ensaio escreveu a História

A historiografia sobre a escravidão teve início, na maioria dos países, com uma indagação em torno da "questão do negro", do escravo e do cidadão, para empregar as palavras do conhecido texto de Frank Tannembaum. Em algumas ocasiões, como ocorreu em Cuba, a questão do negro foi definida e precedida pela preocupação com a formação nacional e a natureza de uma sociedade multirracial num mundo colonial, seguida pelas consequências da exclusão da população negra do espaço público na nova república. A história da escravidão contou com uma variedade de abordagens: a primitiva e fria história institucional, sobre a legislação e as regulamentações locais, a quantificação do tráfico; em segundo lugar, a reconstrução das atividades de trabalho, as circunstâncias familiares, as formas de sociabilidade e organização, as crenças afrodescendentes, até chegar às histórias de vida e ao "mundo dos escravos feito por escravos", na prolífica dimensão traçada desde a década de 1970. Uma terceira linha conduz aos estudos sobre a escravidão a partir das estruturas sociais e produtivas que se encontram na origem e na reprodução do modelo escravista, e examina o desenvolvimento dessa economia no Novo Mundo, em seus ritmos diferentes, em relação à demanda dos mercados externos aos quais fornece produtos agrícolas e semielaborados que formam uma parte essencial da construção das novas economias, que vieram a ser conhecidas como economias capitalistas.

ESCRAVIDÃO E CAPITALISMO HISTÓRICO NO SÉCULO XIX

Em Cuba, existe uma longa tradição de estudos sobre a escravidão, sobre o regime econômico e social e sobre os descendentes de africanos. Os estudos remontam ao século XIX em torno do "problema das raças". Com essa expressão se aludia à existência de duas populações cuja convivência não podia ser confiada à ordem das relações espontâneas, pois tais grupos eram produto e portadores de duas civilizações, ou, para expressá-lo nos termos originais, de uma civilização e da ausência de civilização dos africanos e dos afrodescendentes devido à sua inferioridade intelectual, moral e cultural, pretexto principal para sua subjugação e, consequentemente, para sua prolongada escravidão. Posteriormente, foi ainda mais difícil estabelecer a convivência devido ao ressentimento que o cativeiro imprimira de forma duradoura na consciência dos negros em forma de ódio racial. O "problema das raças" está presente na discussão originária da formação nacional e ganha atualidade a cada vez que se pensa a ordem social[5] e se abordam questões da convivência comum, fosse no mundo urbano colonial, em que coexistia um número elevado de escravos e de pessoas livres, brancos e de cor, bem como quando irromperam os debates sobre a abolição e, finalmente, quando tomaram corpo as correntes pela integração e pela igualdade.[6]

O original e polêmico *Como surgiu a cultura nacional*, livro de Walterio Carbonell publicado em meados de 1961, ocupava-se da formação da consciência nacional e discutia a existência de uma origem comum da cultura cubana: até pelo menos 1830, segundo a obra, havia na ilha duas populações com suas respectivas culturas, a espanhola e a africana. A segunda era forjada por uma mesma condição social, escrava, e, de forma secundária, pela população livre de cor, enquanto a primeira, reivindicada pela historiografia como alta cultura, representava na realidade parte da cultura da metrópole. Quando a cultura *criolla* surgiu, entre meados do século XIV e o ano de 1900, só os negros *criollos* enfrentaram as contradições da sociedade da época por recusarem, a cada passo, a condição colonial, uma vez que: (a) negavam a dominação espanhola em todos os seus aspectos, pois a metrópole arrancara essa população da África e lhe impusera sua condição de vida à força;

(b) negavam a dominação dos produtores de açúcar, que desde 1800 controlavam a terra e possuíam os escravos, e até mesmo se apoderaram das decisões do poder colonial. Depois da independência de Cuba, prossegue Carbonell, "a África se converteu numa palavra inoportuna para toda a chamada gente culta. (...) Seu nome evocava as origens abomináveis da riqueza burguesa, e, portanto, deveria ser apagada da vida política e cultural". Qualquer visão retrospectiva demonstrava que a burguesia local havia acumulado suas riquezas no século XIX com o tráfico de africanos e o trabalho escravo. Devia-se a isso o fato de a república burguesa só ter "memória para recordar seus 'sofrimentos' do passado, mas não para recordar os sofrimentos dos escravos". A historiografia e o ensaio político apagavam essas experiências, falsificavam o passado e glorificavam os "forjadores da nacionalidade" ao prescindir de suas implicações escravistas e da cumplicidade dos próceres com o colonialismo espanhol, numa clara tentativa de limpar um panteão de que a elite crioula, descendente desses homens, se considerava herdeira. A ideologia das classes dominantes, continuava Carbonell, sobrevivia mesmo depois de essas classes terem sido retiradas do poder, em 1959. A maior prova dessa afirmação estava na aceitação, pelos autores revolucionários, das normas interpretativas impostas por um dos expoentes mais importantes da história nacional burguesa, Ramiro Guerra.[7]

Carbonell se filiou ao partido comunista em sua época de estudante. Nos anos 1950 se exilou em Paris e em 1956 assistiu ao primeiro Congrès International des Écrivains et Artistes Noirs.[8] Organizado pela editora Présence Africaine, de Alioune Diop, o congresso causou uma grande reviravolta na cultura pan-africana. Com o pano de fundo das reivindicações da descolonização, os participantes se mostraram muito ativos na denúncia do racismo. O racismo manifesto, oculto ou atenuado que se percebia nas sociedades americanas, segundo Franz Fanon, causava a hierarquização da cultura e a destruição de seus valores, a desvalorização do povo e sua redução simplista ao exotismo.[9] Na reunião de Paris nasceu a Société Africaine de Culture, cujos primeiros presidentes foram o haitiano Jean Price-Mars e o trinitino Eric Williams. O programa mostra Carbonell como um dos participantes, sem, porém, ter apresentado trabalho. Lá ele conheceu o senegalês Léopold Senghor e o martinicano Aimée Césaire, e subscreveu as teses da negritude e do antilhanismo, resistentes à assimilação branca e aos valores coloniais ("sou da raça dos oprimidos", proclama Césaire em *Retorno ao país natal*[10]).

Em seu livro *Como surgiu a cultura nacional*, Carbonell punha em prática a segunda resolução aprovada em Paris: a de examinar as culturas nacionais em si mesmas e em função das condições sociais que as afetam: o racismo e o colonialismo. Como consequência, rechaçava a pretensa nacionalização da cultura africana em Cuba que o prestigioso antropólogo Fernando Ortiz defendia, mediante a metáfora da cubanidade entendida como um *ajiaco*, o caldo grosso em que se cozinham os mais diversos condimentos para oferecer uma textura e um sabor novo, e que teria fundido as diversas tradições. Também discutia a *criollidad* afro-cubana praticada pelos "versos mulatos" do poeta nacional Nicolás Guilén. Sua posição consistia em afirmar que quase tudo ainda estava por ser feito, que as duas culturas opostas tinham se degradado em relação à sua origem e estavam em condições de se fundir, mas era a raiz africana, resistente por natureza e adaptada à ilha em condições antagônicas à tradição de exploração e submissão ao exterior, que proporcionava maior autenticidade à identidade cubana.

Uma curta missão como embaixador na Tunísia colocou Carbonell em contato com o ativo pan-africanismo do começo dos anos 1960, e causou-lhe um grande impacto, assim como a outros afro-cubanos, tanto ao considerar as prioridades exteriores de Cuba, que, em sua opinião, deveria estreitar laços com o continente e com seus movimentos de libertação, quanto ao defender a necessidade de um black power cubano, questão que era duplamente tabu, em sua estrutura política étnica e também enquanto atividade fracionária ao partido da revolução.[11] A acusação de dissidência foi sancionada mediante a sua internação por dois anos nas Unidades Militares de Ajuda à Produção, e sua figura caiu no ostracismo. Seu livro, de curta tiragem, deixou de ser acessível. Logo após a publicação, foi chamado de revisionista e radical em relação à cultura cubana, produzida por escritores e intelectuais *criollos* brancos. Algumas de suas ideias, contudo, haviam sido expostas por Raúl Cepero Bonilla, e outras inspiraram Moreno Fraginals, ao menos em três planos: a natureza burguesa dos "sacarocratas", na terminologia do historiador, o imenso poder que os levou a dirigir a política da metrópole de acordo com seus interesses e a necessidade de uma ruptura epistemológica, da construção de uma nova história que rompesse com o modelo patriótico e o método positivista herdado do nacionalismo liberal, que havia tomado a *plantation* escravista como ponto de partida.

Em "A história como arma", artigo publicado pela primeira vez na revista *Casa de las Américas* em 1967, Moreno Fraginals apontou como um dos principais mitos da história burguesa a escamoteação do negro, que deixava para a burguesia a criação da nacionalidade cubana, ao mesmo tempo que escondia "as contradições inerentes à produção de mercadorias para o mercado capitalista empregando parcialmente um regime de trabalho escravo". A história burguesa, afirmava o autor, criava mitos sujeitos ao cumprimento de uma função, e era difícil desmascará-los por se apoiarem numa pretensão científica pelo simples fato de se assentarem em bases documentais. A brevidade do texto não impede que "A história como arma", por seu alcance e significado, seja inscrito no pequeno número de textos-manifesto constitutivos de uma forma de pensar a história no século XX. Em "A história como arma" encontramos uma declaração de princípios sobre o lugar do novo historiador numa sociedade que se diz nova e precisa superar as velhas concepções da história, e uma defesa apaixonada do novo historiador que se propõe como intelectual orgânico na construção do socialismo: "A história escrita é um dos elementos fundamentais da superestrutura criada por um determinado regime de produção", defende Moreno. Para apreender essas contradições seria preciso voltar às fontes, ou, melhor ainda, buscar novas fontes não contaminadas pelas classes dominantes para descobrir as leis dialéticas da história nacional. Seria preciso analisar o passado com critérios do presente, entre estes as relações de produção atuais, condição para uma compreensão cabal das relações do passado.¹² Que história escrita, enquanto fator fundamental da superestrutura, acabaria criando em Cuba o sistema socialista de produção?

Moreno Fraginals acabara de dedicar seu livro, *El ingenio*, cujo primeiro volume aparece em 1964, ao estudo das relações sociais do passado.¹³ Tratava-se de uma obra excepcional por sua concepção, pela documentação que organizava e interpretava, por sua densidade analítica.¹⁴ O açúcar se convertia no fio condutor da estrutura econômica cubana de dois séculos e no eixo em que se teciam os fenômenos que moldavam a sociedade, a mentalidade, as crenças, a cultura, a política. Daí o subtítulo da obra: *Complexo econômico-social cubano do açúcar*. O desenvolvimento açucareiro, contudo, não poderia ser entendido sem situá-lo "dentro do complexo produtor mundial".¹⁵ A história das estruturas adquire significado no contexto do mercado mundial. No período em que concentrava seu estudo, a escravidão emergia como questão central que tornava possível o empreendimento econômico e assinalava suas limitações, o nó organizador da sociedade e de suas contradições.

Na história daquilo que Moreno classifica como "economia de semiplantação", encontrava-se o duplo fundamento da agenda explicitada no artigo citado anteriormente. Por um lado, a tensão que percorre o passado da ilha desde o momento em que esta se especializa na produção de mercadorias para o mercado capitalista mundial, a partir da segunda metade do século XVIII, e a utilização parcial, para isso, do trabalho escravo. Por outro, o problema da formação da nacionalidade cubana, tema central dos debates que se sucedem na cultura nacional desde os anos 1920. Esses debates buscam resolver duas questões: a identidade cultural – ou sociocultural, suas raízes, sua herança e projeção – e a cristalização tardia da consciência que retarda os movimentos de independência e apresenta-os atravessados por contradições – a dependência exterior e o anexionismo são algumas delas – que a república reproduz. Não nos parece possível separar essa preocupação do conjunto da obra de Moreno a que fizemos referência. "Nação ou plantação", enquanto dilema político, é o título original do estudo que Moreno dedica à figura de José Antonio Saco, em 1953, e que reedita de forma ampliada imediatamente após a Revolução, enquanto trabalha na preparação do livro sobre o açúcar.¹⁶ Para Moreno, assim como para outros autores marxistas, a *plantation* impediu ou dificultou a consciência nacional e anticolonial da classe *hacendada* devido à sua dependência da escravidão para prosperar. Naquela época, Saco era apresentado como um autor contraditório – de ideias anacrônicas, uma maneira suave de qualificar seu racismo –, que era salvo por sua concepção nacional e "sua enorme luta por fazer uma nação daquilo que outros estavam dispostos a converter em plantação", como se ambos os termos fossem antagônicos e o segundo, precisamente, não tivesse acabado de moldar tanto o imaginário coletivo quanto os laços de identidade transversais, como assinala o porto-riquenho Gervasio García, que nos ofereceu uma análise exemplar desse texto e da evolução das opiniões do historiador.¹⁷

O debate sobre a formação nacional condiciona os estudos históricos em Cuba, o lugar de seus intelectuais e, naturalmente, da sociedade do passado, com sua prosperidade durante o colonialismo e seus escravos. A Revolução, longe de avançar em direção a uma nova história, aprofundou novos postulados nos eixos da História e do ensaio tradicionais; o interesse de classe, a luta de classes, superpostos a velhos postulados, como o esforço denodado da *intelligentsia*, dos patrícios e do "povo" no século XIX por definir e assentar a cubanidade e travar a batalha pela independência nacional. A escravidão havia se mostrado persistente até uma data muito avançada na sequência histórica dos sistemas de produção, com a sequela de um regime econômico distorcido e uma submissão política à metrópole tradicional que, além de configurar uma determinada mentalidade pragmática e dependente, atrasou a formação de uma burguesia quantitativa e qualitativamente autônoma. A escravidão, assumida na história tradicional como uma sequela do grau inferior de civilização dos africanos, havia sido uma realidade de que emanava a segregação racial e que fragmentava a identidade popular ao promover uma discriminação fortemente enraizada nos hábitos sociais.

A convergência dos postulados da tradição historiográfica do nacionalismo liberal e do marxismo criou um consenso em que era útil a recuperação crítica – muito escassamente crítica – das figuras reformistas anteriores a 1868 e das façanhas patrióticas dos patrícios *criollos* desde a sublevação contra o colonialismo espanhol. Esse consenso era alcançado à custa do resgate "patriótico" de exímios escravistas, de pensadores e dos líderes de 1868, cujo temor racial e social era superior a suas inclinações abolicionistas. Tudo isso havia sido minuciosamente demonstrado por Raúl Cepero Bonilla em *Azúcar y abolición*, "o ensaio histórico mais brilhante escrito em Cuba neste século", na opinião de Moreno, um livro sobre o qual havia se estendido "uma execrável cortina de silêncio" ao ser publicado em 1948.[18] *El ingenio* é dedicado à memória de Cepero.

Escravidão e sociedade: os ensaios fundadores a partir do marxismo

Cepero Bonilla era um especialista em temas econômicos e financeiros, autor de vários ensaios históricos orientados pelo marxismo. Depois do triunfo da Revolução, foi convidado para presidir o Banco Nacional e designado ministro da Agricultura, vindo a falecer num acidente aéreo em 1962. Em *Azúcar y abolición*, ele defende que as formas ideológicas predominantes enquanto a escravidão foi mantida em Cuba responderam em maior ou menor grau ao interesse escravista. Quando começa a explicar o sistema produtivo, a informação de que se serve é escassa e parcial, e depois se mostraria em boa parte errônea. O mesmo não ocorre com suas análises ideológicas, nem quando estabelece a contradição de interesses entre os comerciantes espanhóis que monopolizavam o capital-dinheiro sobre o qual se podia apoiar a emergência da organização econômica capitalista, e a classe dos senhores escravistas, donos dos meios de produção, mas, em termos gerais, desprovidos do capital efetivo e, portanto, incapazes de se converter em classe burguesa propriamente dita. Não obstante, depois de afirmar a incapacidade do senhor de engenho tradicional para realizar a industrialização do setor, Bonilla admite que uma minoria dos senhores possuía capitais suficientes, extraídos de suas funções comerciais e financeiras, já que os maiores proprietários rurais também desempenhavam essas facetas. Os senhores com capitais temiam o processo de industrialização e não deram o passo de fundar novos engenhos mecanizados, para o que seria preciso fazer um investimento de capital fixo considerável. Seriam os comerciantes-financiadores, em sua maioria espanhóis, que na metade do século dominariam o senhor de engenho através de empréstimos e por meio de hipotecas, que à altura de 1863 compreendiam 95% das propriedades açucareiras. Nessa altura, eles começam a transferir a propriedade da terra a seu favor, uma tendência que se intensifica durante a Guerra de 1868-1878. Por volta de 1880, dois terços da indústria estão em poder dos comerciantes espanhóis.[19]

Cepero omite ou não consegue explicar que o movimento renovador da metade do século e a transformação dos engenhos em centrais açucareiras nos últimos 25 anos do século XIX foram parcialmente protagonizados por velhos nomes do açúcar. Ao menos por muitos dos mais bem estabelecidos por volta de 1830 e 1850, proprietários cujos engenhos Justo Cantero descreveu e Eduardo Laplante ilustrou.[20] Nos anos 1870 e 1880, na região de Matanzas, ingressam nomes novos, procedentes do comércio e de fora da ilha, mas são as famílias *criollas* que conservam majoritariamente suas propriedades e dão lugar ao revezamento geracional à frente dos engenhos e das novas centrais. O "golpe mortal" às velhas famílias, de que fala Bergad, é antes uma substituição de nomes com os mesmos sobrenomes e uma renovação da mentalidade econômica,[21] o que nos leva a afirmar que o processo de crise geral do sistema escravista, que data da década de 1860, foi mais seletivo do que se poderia deduzir a partir das conclusões de Cepero (e, mais tarde, de Moreno). Os grandes engenhos mecanizados e uma parte dos semimecanizados não padeceram dos efeitos mais negativos da crise, mantiveram-se nas mãos de seus proprietários e se beneficiaram das dificuldades e da quebra de seus competidores, conseguindo da ruína de muitos os suprimentos de escravos de que precisavam para compensar a interrupção do tráfico depois de 1867. Com isso, escalonaram a transição, beneficiaram-se do aumento dos preços do açúcar dos anos 1870 e regularam, até onde lhes foi possível – num longo intervalo de duas décadas –, a nova revolução açucareira que daria lugar às usinas centrais industriais e às colônias de cana-de-açúcar.[22]

Cepero destaca que o regime escravista se converteu no principal obstáculo à criação de uma indústria açucareira moderna, mas isso não se devia à concorrência da mão de obra escrava, que expulsava o trabalho livre e impedia a criação de um mercado de mão de obra assalariada, mas ao escasso rendimento do escravo, que, segundo ele, impossibilitava a acumulação necessária de capitais. Os efeitos antieconômicos da escravidão eram corrigidos pelos benefícios do comércio de africanos de que os fazendeiros importantes participavam, e pela relativa facilidade que encontravam na reposição de trabalho em idade produtiva, em vez de arcar com os custos do tempo de espera até que alcançassem a idade adulta. A alta mundial do preço do açúcar absorvia o aumento dos custos do escravo, enquanto a queda do preço, desde meados dos anos 1870, juntamente com as consequências sociais da primeira guerra de independência, tornou impossível o custeio da continuidade do sistema. O financiamento e o pagamento de juros parasitavam o senhor de engenho, que por fim passava a propriedade agrária para os comerciantes espanhóis.[23]

O quadro exposto por Cepero exerceria uma notável influência nos autores que se interessavam pela escravidão sob a perspectiva socioeconômica. Parece-nos, contudo, que o ensaísta confunde reprodução ampliada de capital e acumulação (original) de capital, pois é evidente que em termos gerais os engenhos anteriores a 1850 proporcionavam uma crescente acumulação de capitais mediante a apropriação da terra, meios de produção e uma expropriação enorme de trabalho. Essa acumulação serviu tanto para atender a reposição de mão de obra quanto para modernizar parte do aparato produtivo ou para adquirir novas terras voltadas à fundação de novos engenhos. Por outro lado, tudo indica que os lucros, rigorosamente contabilizados, mas não revertidos na produção, eram consumidos em notáveis proporções, com gastos familiares suntuosos e capital social (moradia, educação, viagens, empregados, carruagens, uma vida luxuosa),[24] ou se diversificaram em investimentos no exterior completamente alheios ao mundo do açúcar.[25]

Um ponto sobre o qual não resta qualquer dúvida é a contradição que, segundo Cepero, existe entre capitalismo e regime escravista de produção: "Compreende-se, comumente, na denominação de classe burguesa, os senhores de engenho escravistas. O erro salta aos olhos."[26] Quando o autor escreveu essas linhas, existiam duas correntes que tendiam a identificar o senhor de engenho escravista com a burguesia. Uma delas o fazia por assimilação: Ramiro Guerra, como bom positivista, denomina *hacendado* o proprietário agrícola dono de engenhos com mão de obra escrava, pois era esse o nome que eles davam a si mesmos, que figura em representações e na documentação oficial. Alheio à terminologia de classes, o autor não encontra inconvenientes em considerá-los burgueses enquanto donos de capitais, embora se refira ao capital-dinheiro.[27] A segunda corrente que identifica o senhor de engenho escravista como burguês – com as implicações que isso exerce na categorização do sistema econômico e da sociedade – pertence ao ensaio de corte marxista dos anos 1940, que Cepero devia ter por perto quando escrevia. Seu autor foi Jorge Castellanos, que depois foi hostil à Revolução e exilado. Em 1944, Castellanos publicou um estudo, "Raízes da ideologia burguesa em Cuba", que alcançou uma difusão notável nos círculos da esquerda, entre outras razões porque aparecia num volume editado pelo partido comunista (PSP) em conjunto com dois escritores considerados fundadores da historiografia marxista em Cuba: Carlos Rafael Rodríguez (*O marxismo e a história de Cuba*) e Sergio Aguirre (*Seis atitudes da burguesia cubana no século XIX*).

Segundo Castellanos, com o engenho açucareiro "surge e se desenvolve uma nova classe social, que logo vai desempenhar no país um papel preponderante. (...) Trata-se da burguesia *criolla*". Essa burguesia agrária e proprietária de terras, nascida da transformação do latifúndio pecuarista, constitui um "agregado social" cada vez mais diferenciado do comerciante peninsular: "Possuem propriedades dedicadas à produção de cana-de-açúcar que processam em engenhos próprios. Grandes grupos de escravos lhes fornecem a mão de obra. São, portanto, escravistas." O híbrido está servido. Ascendente na segunda metade do século XVIII e começo do XIX, essa classe "toma rapidamente o papel de 'personagem principal em ação' na cena social e política", apesar de constituir uma minoria no país em relação ao elevado número de escravos, camponeses e artesãos. "Porém, é essa burguesia, cujo núcleo decisivo está constituído pelos proprietários açucareiros, por seu ímpeto vital, por suas possibilidades econômicas e culturais, por sua consciência de classe cada dia mais clara, por sua posição-chave no panorama social da época, que dá o tom à realidade do momento." É a classe que, entre 1761 e 1811, faz da Ilustração um saber útil ao serviço das transformações das forças produtivas. "São os anos da infância da cubanidade, repletos de ânsias e realizações que, não por serem burguesas, deixam de influir na integração [da] nacionalidade." Nesse meio século, ocorreu a rebelião ideológica da burguesia contra o escolasticismo e o pensamento herdado, e se produziu uma aceleração "no ritmo de crescimento da nacionalidade cubana". Em Castellanos, contudo, o pano de fundo cultural do desenvolvimento da economia açucareira proporciona o ingrediente essencial da nacionalidade, o que representa a assimilação, pela primeira vez em Cuba, das teses de Stalin sobre a nação.[28]

A conceituação do sistema escravista e dos atores sociais que desempenham um papel de protagonismo é inseparável, como temos visto, do problema da formação nacional. Daí advém uma deformação metodológica, pois o tipo de economia e de sociedade a que alude Castellanos é sempre pressuposto: não é descrito nem analisado, não é submetido a verificação empírica em seu funcionamento interno; o tipo de sociedade existente se reduz a um conjunto de premissas que funcionam para chegar a outras conjecturas, a uma conclusão em grande medida estabelecida de antemão.

Podemos reconhecer o método e os argumentos de Castellanos em algumas obras importantes da historiografia cubana, de uma época na qual as prioridades se voltaram em direção ao reforço da identidade nacional consagrada pelo passado, restituída e defendida pela Revolução. O próprio Castellanos, em uma obra baseada em fontes secundárias, se deteve na ideia do capitalismo escravista que teria se desenvolvido em Cuba a partir da transição do engenho tradicional ao moderno, no final do século XVIII.[29] Levi Marrero segue numa linha similar em seu monumental trabalho *Cuba: Economia y Sociedad*, rico em documentação, mas pouco atento a questões teóricas e conceituais.[30] A tese que Fernando Ortiz defendia nos anos 1940, por fazer parte de um estado de opinião que não precisa definir o que é o capitalismo, era de que o açúcar e o café eram filhos do capital mercantil e de empresas capitalistas desde seu nascimento, diferentemente do tabaco, de cultivo familiar. Ortiz não ignorava, contudo, que açúcar e café requisitavam capitais suficientes para começar a produzir e para comprar escravos, trazer técnicos, adquirir máquinas e equipamentos: "Embora prescindindo da terra, a produção açucareira era um negócio necessariamente capitalista."[31] Ortiz desconhecia que no século XVIII e no começo do século XIX o tabaco era também trabalho de escravos.[32]

Cepero Bonilla, coerente com sua concepção conflituosa do senhor de engenho e do comerciante – que reduz mecanicamente sua relação a um conflito *criollo*/espanhol, omitindo que entre os primeiros encontramos uma sucessão de peninsulares estabelecidos em momentos diferentes na ilha, desde o século XVIII –, atribui a cada ator social uma lógica econômica e um papel histórico. Aponta também para uma sucessão de modelos e de camadas sociais predominantes ao longo de um processo que conduz, a partir de 1860, à contradição entre o modo de produção escravista e as forças produtivas. O autor avalia que, na década de 1870, das entranhas desse modo de produção, surgiam os fundamentos do capitalismo, desde o momento em que alguns senhores alugavam a outros seus escravos para suprir a dificuldade de reposição de mão de obra devida à queda do tráfico, ou nos momentos em que a renovação das unidades produtoras entrava em conflito com a escassez de braços. Segundo ele, esta última situação causava um problema adicional, pois a mecanização exigia trabalhadores especializados e o escravo "estava incapacitado para manejar essas máquinas em condições favoráveis a seu maior rendimento", não por critérios raciais, mas por critérios especificamente sociais derivados de sua condição. Nada levava o escravo a obter o maior rendimento de suas ações, apenas mais esforço e penalidades.[33] A mesma observação havia, em 1835, levado o galego Ramón de la Sagra a assinalar a crescente falta de rentabilidade do trabalho escravo à medida que os processos produtivos se mecanizavam: "(...) Todos os testes feitos com máquinas delicadas, que supõem a inteligência, o zelo e a destreza dos operários que as manejam, sempre se chocam com a torpeza dos negros, que neles será habitual enquanto permaneçam em escravidão."[34] Todo o avanço destinado a aprimorar suas tarefas e a aumentar a capacidade de processamento das manufaturas era recebido com indiferença, e também com essa forma de resistência que era a indolência – conclusões de La Sagra e Cepero, que Moreno Fraginals transladou integralmente a sua concepção do engenho.

A interpretação de Cepero ficou à margem das direções privilegiadas pela historiografia. Isso não se deveu somente à sua morte prematura. Em razão da função político-ideológica que foi conferida à História, a historiografia acadêmica estabeleceu para si alguns objetivos que a distanciavam de quanto ele se aprofundara na questão da fratura da sociedade. Sua interpretação aprofundava, de uma só vez, a fratura racial, e despojava do imaginário nacional a classe média, em sua maioria branca, parte da qual, em processo de mudança de identidade de classe, estava comprometida com a Revolução. Assim, depois de 1962, bem como em 1948, *Azúcar y abolición* foi novamente classificado como um expoente do radicalismo iconoclasta, um revisionismo pouco equilibrado que julgava o passado com critérios do presente sem levar em conta os fatores que condicionaram as atitudes de Caballero, Arango, Luz, Saco ou Céspedes, e as desculpas que preservavam para a posteridade ilustres apoiadores da escravidão.

Uma história a serviço da consciência política das massas

Depois da Revolução de 1959, a História em processo de institucionalização foi concebida como uma poderosa ferramenta auxiliar na construção da consciência nacional e do movimento revolucionário. Nas palavras de Carlos Funtanellas:

A urgência ideológica da interpretação marxista de nossa história e sua divulgação como instrumento educativo, para tornar mais profunda a consciência política das massas, não podia se canalizar por vias de erudição historiográfica, já que o aprovisionamento de novos materiais históricos é trabalho louvável, penoso e, sobretudo, necessariamente vasto.[35]

Assim, a principal tarefa da nova Escola de História, fundada em Havana sob a direção de Sergio Aguirre, consistiu em "tornar mais profunda a consciência política das massas", prescindindo de qualquer trabalho de investigação, sacrificado em prol da reinterpretação da informação proporcionada pela história positivista – basicamente, uma história política – para oferecer as grandes linhas da evolução insular ajustadas à visão marxista, na realidade adaptadas aos manuais de economia política. Tampouco se pode dizer que a Escola tenha deixado um grande trabalho, sequer nesse campo. Pelo contrário, reeditava-se profusamente para as massas *Os fundamentos do socialismo em Cuba* (1942), um trabalho herdeiro do esquematismo stalinista cujo autor era o histórico dirigente comunista Blas Roca.[36] Foi um momento de produção de obras "francamente inapresentáveis" – nas palavras de Oscar Zanetti – "em que os processos da história nacional mal se compreendiam e já eram colocados no mesmo pacote das categorias e as leis do materialismo histórico, (...) reduzido a uma simples terminologia".[37]

A ideia de que a Revolução não era apenas uma reação contra a ditadura recente, nem se limitava a encontrar nas façanhas patrióticas do século XIX um antecedente e um exemplo, foi ganhando peso. A Revolução dava continuidade àquelas façanhas cujos resultados se viram frustrados, como afirmou Fidel Castro em 1968: as lutas que se sucediam nos últimos cem anos eram uma mesma revolução e culminavam na que triunfou em 1959. "(...) Que diferença havia entre o barracão do escravo em 1868 e o barracão do trabalhador assalariado em 1958? Que diferença – não fora o homem supostamente livre – entre os donos dos engenhos do século XIX e dos *centrales* em 1958, se não se preocupavam se aquele trabalhador estava morrendo de fome, porque se ele morria, havia outros dez trabalhadores esperando para realizar o trabalho?", completava Fidel. Assim como a escravidão – prosseguia, em sua comparação histórica –, o capitalismo era uma instituição "selvagem e repugnante" que deveria ser abolida. O comandante traçou, em seguida, a função que aguardava a História nova que ainda não havia acabado de nascer: "Se as raízes e a história deste país não forem conhecidas, a cultura política de nossas massas não estará suficientemente desenvolvida." A necessidade de investigação na história do país, "nas raízes deste país", se apresentava como uma urgência nacional, concluía.[38] As raízes que o líder da Revolução convocava a descobrir e a mostrar às novas gerações não se encontravam na ordem econômica e social da colônia, sobre a qual se fundamentavam a acumulação de capitais e a composição socioétnica da ilha, mas nas lutas patrióticas pela soberania no século XIX e no combate contra o imperialismo no século XX, na inautenticidade da república e no falseamento da vontade popular, questões que naquele momento reclamavam um tipo de "união sagrada" dos cubanos em defesa da Revolução, à luz dos esforços realizados e dos erros cometidos no passado. Essa tarefa foi entregue, na ordem institucional, ao novo diretor da Escola de História da Universidade de Havana, José Antonio Tabares del Real, que durante os anos da insurreição havia sido chefe de ação e sabotagem da Província de Havana e, depois de 1959, responsável provincial pelo doutrinamento do M-26-7 e embaixador na Bolívia. A revolução de 1933 e a memória da insurreição ocuparam um lugar de destaque nos estudos da Escola.

Iniciativas destinadas a integrar o social e político-patriótico cumpriram um objetivo didático. Em 1967, foi publicada uma obra que, por sua finalidade educativa, teve ampla difusão, com 140 mil exemplares nas primeiras edições: a *História de Cuba*, de Jorge Ibarra Cuesta para a Dirección Política de las Fuerzas Armadas Revolucionarias. Ibarra, formado em Direito e com estudos de Economia nos Estados Unidos, tivera uma participação direta na luta contra a ditadura. A *História de Cuba* oferecia um quadro do passado cubano a partir de uma perspectiva marxista em que se defendia a tese da continuidade da luta pela soberania e a realização de ideais justos. Em relação ao sistema econômico e social, afirmava-se que o processo de produção mercantil destinado a atender o mercado mundial constituía a primeira fase do desenvolvimento capitalista. Era com o mercado mundial que os proprietários de terra se vinculavam para transformar o produto excedente em mais-valia e para introduzir maquinário importado, sendo as relações de produção escravistas um resultado do estatuto colonial na ausência de trabalho livre, relações sociais que o desenvolvimento do sistema acaba convertendo num obstáculo; por isso, o setor mais radical da classe proprietária de terras, o menos vinculado aos interesses açucareiros, teve de proclamar em 1868 o caráter plenamente burguês e antiescravista da revolução.[39]

A questão do processo de formação nacional em Cuba e, consequentemente, a chamada "contradição fundamental do século XIX cubano", que não compreendia o aberto antagonismo social livre/escravo nem a contradição de produzir para o mercado capitalista com a utilização de escravos, situou-se no centro das discussões, pois da resposta que fosse dada se deduzia o desenho de uma estratégia político-ideológica determinada.[40] Os estudos sociais – da escravidão, entre eles – não faziam parte da estratégia político-ideológica senão em suas estritas consequências ideológicas e políticas. E isso apesar do fato de o passado socioeconômico da ilha poder ilustrar com perfeição o crescimento dependente do mercado mundial. O crescimento econômico sem desenvolvimento, paradigma das consequências do colonialismo subdesenvolvimentista, estava evidente justamente quando Cuba se dispunha a abraçar a causa do Movimento dos Países Não Alinhados e das lutas nacionais de libertação, das quais se apresentou como uma moderna precursora numa longa batalha empreendida desde 1868.

A condição escrava

A indagação sobre o mundo do tráfico de africanos, a escravidão e as atividades econômicas baseadas em trabalho escravo mereceu pouca atenção da metodologia moderna de um pequeno número de especialistas que levaram a cabo um trabalho descontínuo, cujo interesse quase nunca foi considerado preferencial, o que muitas vezes se traduziu num adiamento da publicação de seus resultados.

A Academia de Ciência de Cuba foi criada em 1962, sob a presidência de Antonio Núñez Jiménez, geógrafo e capitão do Exército Rebelde, ex-diretor do Instituto Nacional de Reforma Agrária (INRA). A Academia contava com um Instituto de História, dirigido por Julio Le Riverend, e outro de Etnologia, entre outros 28 órgãos.[41] Os investigadores designados deviam responder a um planejamento das linhas de trabalho de acordo com certas prioridades que nem sempre foram cumpridas. Dos sete projetos aprovados no Instituto de História no Plano de 1965, dois faziam referência à escravidão: "O comércio clandestino de escravos durante o século XIX" e "Los palenques". Por trás do primeiro estava José Luciano Franco, que publicaria seus resultados em 1980.[42] No Instituto de Etnologia e Folclore não haviam sido determinadas linhas com relação a essa temática, mas em 1966 dois resultados foram oferecidos: *El barracón de patio* e *Biografía de un cimarrón*, que podem ser atribuídos tanto ao grupo que Juan Pérez de la Riva coordenou em 1961 – o trabalho, concluído nesse ano, não seria publicado até 1975 –, quanto à investigação realizada por Miguel Barnet com Esteban Montejo, a meio caminho entre as confissões de um antigo escravo e o que depois se denominou literatura de não ficção. É possível que Perez de la Riva tivesse pensado em dar continuidade aos estudos sobre a escravidão; o esquema de sua evolução em Cuba, publicado em 1961, pode ter o objetivo de servir de guia diacrônico.[43]

No fim da década de 1930, a etnologia e a antropologia haviam assentado as bases de estudos cada vez mais sólidos sobre o negro.[44] A história não estava à mesma altura: a área desfrutou de uma etapa criativa nos anos 1960 e, ao chegar aos 1970, passou por um certo bloqueio temático e metodológico.[45] Posteriormente a 1959, depois de *El ingenio*, a escravidão não era contemplada entre as estruturas sociais e produtivas, e não se conduziam estudos quantitativos sistemáticos sobre o tráfico ou a população. No entanto, notava-se um interesse pelas figuras sociais, em sua maioria, urbanas, por escravos – não tanto a escravidão como sistema – e a população livre de cor. O interesse vinha de fora dos meios acadêmicos, por historiadores que reuniam duas características: eram autodidatas e afro-cubanos. O mais destacado foi José Luciano Franco Ferrán, um prolífico historiador autodidata cuja vida fora de trabalhos muito variados, desde vendedor de fumo a empregado de limpeza municipal, antes de ser empregado em postos administrativos e de se interessar pelos documentos do Arquivo Nacional.

José Luciano Franco era neto de escrava e filho de espanhol. Quando a Revolução triunfou, Franco estava chegando aos 70 anos de idade, mas vinha prestando uma atenção especial aos temas afro-cubanos desde a década de 1930. Em 1961 publicou *Afroamérica*, conjunto de textos programáticos que incitam a buscar na escravidão as raízes do racismo como condição para erradicá-lo, ao que seguiriam outros ensaios de caráter geral, alinhados com os trabalhos de Aguirre Beltrán e Rodolfo Mellafe, além de investigações sobre a conspiração do Aponte ou o comércio clandestino de negros, bem como algumas rebeliões.[46]

O segundo historiador autodidata a se dedicar a esses temas, também afro-cubano, foi Pedro Deschamps Chapeaux, cuja obtenção do prêmio da UNEAC em 1970 por seu trabalho *El negro en la economia habanera del siglo XIX* abriu-lhe as portas para um cargo de investigador na área de etnologia da Academia de Ciências.[47] As investigações de Deschamps se concentraram na escravidão urbana anterior a *La escalera* (1844) e privilegiavam a descrição de condições sociais, as situações e os ofícios, frequentemente a propósito dos livres de cor, sem que se percebesse um enquadramento teórico particular que permitisse compreender as relações sociais estudadas num contexto amplo, mais além do mundo colonial genérico e da instituição escravista. Seus escritos, assim como os de outros autores numa linha semelhante, atentos à exumação da informação, tarefa em que obtiveram conquistas importantes, eram dotados de uma sensibilidade para com casos e situações que depois se mostraram inspiradores para especialistas posteriores.[48] Por fim, as sociedades com escravos, selo distintivo de uma determinada época, são ricas em figuras sociais. A meio caminho entre o costumbrismo e as histórias de vida, desprovidas das vertentes teórico-metodológicas que viriam a caracterizar a micro-história, as ocupações e formas de vida, o acesso dos servos à emancipação, as modalidades e circunstâncias da manumissão, a cultura negra em sua diversidade e sincretismo, sua contribuição à cultura coletiva, os desvios sociais atribuídos a heranças ancestrais ou a mecanismos de autoproteção etc., Chapeaux proporcionava uma história "da gente sem história", título de uma seção da *Revista da Biblioteca José Martí* e de um livro que em 1974 reuniu trabalhos de Pedro Deschamps e Juan Pérez de la Riva.[49]

Escravidão e outras modalidades de trabalho coercitivo

Um dos autores mais sistemáticos e inovadores nos estudos do trabalho coercitivo foi Juan Pérez de la Riva. Formado na França, na escola de geografia e demografia históricas, tinha uma sólida base em estudos quantitativos devido a seus estudos prévios em engenharia elétrica. Sua trajetória, de qualquer ponto de vista, é atípica. Nascido no seio de uma família de proprietários açucareiros estabelecida na década de 1880, pelo lado paterno, e, pelo lado materno, de prestamistas e proprietários rurais – um espanhol que adquiriu a nacionalidade norte-americana –, nos anos 1930 Juan foi membro da Liga Juvenil Comunista e colaborou na Defensa Obrera Internacional e na Ala Izquierda Estudiantil. Em 1932, uniu-se à corrente trotskista que criou a Oposição Comunista, expulsa um ano depois do PCC, cisão que daria lugar ao partido Bolchevique-Leninista. A aversão do futuro historiador à burguesia cubana, diante da qual mais tarde declarou uma intransigência violenta, pode ser rastreada em sua experiência familiar.

Em 1932, Pérez de la Riva foi detido pela ditadura machadista e, depois de passar um ano na prisão, foi enviado à França, onde permaneceu por uma década. Estudou em Grenoble e Paris, mas sua formação não está vinculada à Escola de Annales, como se costuma repetir nas notas biográficas; pelo menos não mais que a de qualquer leitor da revista. De la Riva leu Marc Bloch e pôde se familiarizar com os postulados da geração seguinte de Annales durante suas visitas docentes à

França, nos anos 1960. Quando acabava de concluir seus estudos e iniciava sua tese de doutorado sobre a escravidão nas Antilhas francesas, o início da Segunda Guerra Mundial obrigou-o a suspender seus projetos e se refugiar no Sul da França com a esposa, judia de origem polonesa. Ao regressar a Cuba, em 1943, manteve-se à margem do mundo acadêmico e assumiu a administração da fazenda da família em Pinar del Rio até a Revolução, quando entregou as terras ao INRA e começou a trabalhar na Biblioteca Nacional. Depois ingressou na Escola de Geografia da universidade como professor de Geografia Econômica e Demografia.[50] Entre 1961 e 1967 publicou um extenso número de artigos, em sua maioria na *Revista de la Biblioteca Nacional*, por ele dirigida, dedicados à imigração contratada de asiáticos. Todos eles integraram um projeto único, *Los culíes chinos en Cuba*.

Os trabalhos de *Los culíes chinos en Cuba* estão inseridos numa dupla perspectiva. Em primeiro lugar, a imigração de cor, integrada por uma diversidade de grupos nacionais que deviam ser levados em consideração ao se explicar a formação do povo cubano, e cujo aporte demográfico – africanos e asiáticos – representou 80% da imigração total durante o século XIX, além de praticamente a totalidade da força de trabalho empregada na indústria açucareira. Em segundo lugar, o estudo concentrava-se na coerção como fator constitutivo do sistema clássico de *plantation*, bem como nos esforços para atender o déficit de trabalho da crise do sistema escravista e o nascimento do imperialismo. O trabalho continha uma interpretação ambiciosa e erudita da imigração asiática, além de algumas páginas de reconsideração teórica sobre a escravidão e sua crise, que o autor acreditava ter chegado na década de 1840, quando o sistema não conseguiu garantir o tráfico nos níveis exigidos, começando assim a forçar mecanismos de substituição e a sondar a perspectiva da industrialização que era empregada nas colônias francesas no fim dessa década.

O livro foi entregue em 1957 à Editorial de Ciências Sociais e, por mais surpreendente que possa parecer, sua publicação foi adiada de maneira indefinida. A causa, ao que parece, não foi outra que as diferenças políticas que se suscitaram naquela época com a direção política da República Popular da China (!).⁵¹ Algumas subseções e variantes foram incluídas na compilação *Para la historia de la gente sin historia*, editada na Espanha em 1976. Algum outro texto foi incluído, juntamente com seus estudos demográficos sobre escravos, em *El barracón* e outros ensaios. O livro original foi editado em 1980, quatorze anos depois da morte de seu autor.⁵² Não podemos deixar de mencionar a disfunção que provocou, para o decorrer da historiografia, o adiamento da publicação de trabalhos inovadores e tão importantes quanto o citado.

Da armadilha que arde à Operação Carlota

Se a história da escravidão e do negro não fazia parte das prioridades historiográficas da Revolução, as opiniões influentes, por sua vez, procuravam se afastar desses temas. Em 1974, Sergio Aguirre publicava na revista do Conselho Nacional de Cultura, órgão que assumia as competências de um ministério, o artigo "La trampa que arde". O historiador veterano lançava-se contra a história *événementielle* e o trabalho empírico com o pretexto de que ambos reproduziam o positivismo, quando o que se exigia era a interpretação – para isso, era essencial um bom conhecimento dos princípios fundamentais do marxismo-leninismo e a informação que a bibliografia disponível proporcionava. Com relação aos estudos sobre etnicidade e escravidão, Aguirre reprovava a dedicação do historiador a "destacar os valores de seus compatriotas negros e mulatos", um procedimento legítimo, dizia, quando a negrofilia devia fazer frente à negrofobia dominante no passado, mas em 1973 – data em que assina o texto – "resta, entre nós, essa tentação historiográfica. Vem para matar cadáveres. É hora, portanto, de abandoná-la".⁵³ Na opinião de Jorge Ibarra, o artigo "La trampa que arde" não se limitou a uma opinião pessoal, e com ele a historiografia também ingressava no "quinquênio cinza",⁵⁴ ao que vamos nos referir em seguida.

Enquanto isso, é possível encontrar mais escravos e mais escravidão no filme *La última cena*, dirigido em 1976 por Tomás Gutiérrez Alea, do que na maior parte da historiografia nacional dos três primeiros quinquênios do período revolucionário. O filme contava com Moreno Fraginals entre seus assessores e recriava a insurreição no engenho do conde de Casa Bayona, que o historiador mencionara em seu livro. Enquanto o filme era rodado, no mês de dezembro, a equipe teve notícia da presença de tropas cubanas na guerra de Angola. A "Operación Carlota", que levaria várias dezenas de milhares de cubanos àquele país, onde manteria presença até 1991, foi aprovada em 5 de novembro numa reunião do Comitê Central do PCC, e sua denominação se deveu ao fato de que, num dia como aquele, em 1843, "uma escrava do engenho Triunvirato da região de Matanzas, a quem chamavam de Negra Carlota, havia se insurgido, de facão em punho, diante de um grupo de escravos, e morrera na rebelião. Em sua homenagem, a ação solidária em Angola levou seu nome", conforme o relato de Gabriel García Márquez.[55]

Na conjuntura recém-inaugurada, foi por causa de Moreno Fraginals que se chamou a atenção, pela primeira vez, para a raiz africana de Cuba e a importância da escravidão para explicar a estrutura histórica do país. Em março de 1976, esse autor publicava, no *Granma*, jornal oficial do PCC, o artigo "Manuel de Angola". Com formato jornalístico, a partir de um registro de 1685 em que se dava o nome de Manuel a um escravo trazido da costa africana, Moreno recriava a história de um símbolo da imigração forçada, explicava a diversidade de etnias e assinalava a contribuição humana daquela região à população e à identidade de Cuba, ecoando a rebeldia natural desses angolanos transplantados, ao recorrer ao exemplo da insurreição do engenho Casa Bayona, no século XVIII, em que se baseava o filme que naquela altura seria apresentado. Manuel de Angola fazia parte dos ancestrais culturais dos cubanos, de sua história e das fontes matrizes da nacionalidade, e somente uma distorção político-ideológica havia separado os cubanos daqueles povos com os quais compartilhavam uma mesma história de exploração.[56] O fato de que foi preciso misturar dados corretos com outros sem fundamento para que o relato funcionasse não arruinava uma boa e oportuna história. O sacrifício do rigor histórico em partes da história narrada joga sombras desnecessárias sobre o autor, mas não pode apagar a habilidade de converter um episódio distante num exemplo de atualidade histórica e de resgatar o papel reservado às leituras sociais na compreensão da formação dos povos.[57]

Com a missão internacionalista, ou por razões geoestratégicas, a África regressava a Cuba como uma de suas raízes no contexto do regresso cubano ao continente africano. Fidel Castro expressou isso pouco depois, num discurso comemorativo:

> Em Girón [Playa Girón, 1961] derramou-se sangue africano, dos abnegados descendentes de um povo que foi escravo antes de ser trabalhador, e foi trabalhador explorado antes de ser dono de sua pátria. E na África, junto ao dos heroicos combatentes de Angola, derramou-se também sangue cubano, dos filhos de Martí, Maceo e Agramonte, dos que herdaram o sangue internacionalista de Gómez e Che Guevara (longos aplausos). Os que um dia escravizaram o homem e o enviaram à América talvez jamais imaginassem que um desses povos que recebeu os escravos enviaria seus combatentes para lutar pela liberdade na África.[58]

Alguns anos depois começamos a encontrar os resultados das novas investigações para a compreensão do mundo escravo e dos ancestrais africanos do povo cubano.[59] Houve, sem dúvida, uma inflexão progressiva a partir de duas circunstâncias: o intenso envolvimento cubano, militar e político, durante três quinquênios, no continente africano, e o horizonte da comemoração em 1986 do centenário da abolição da escravatura. No entanto, à altura de 1980, por motivo do centenário da lei que instituía o patronato, Moreno Fraginals ainda podia escrever no jornal *Granma*: "Infelizmente, se escreveu muito pouco sobre a história da escravidão em Cuba."[60]

A ilha isolada: à margem do que se escreve do lado de fora

A Revolução Cubana e os movimentos sociais dos anos 1960 na América Latina exerceram uma influência considerável na renovação e no impulso do latino-americanismo na Europa, nos Estados Unidos e em outras regiões. A escravidão cubana mereceu a atenção, desde muito cedo, de um acadêmico norte-americano, historiador com formação em antropologia, Hubert Aimes, o qual, em 1907, na onda dos novos territórios de interesse para seu país, escreveu uma história da instituição cujo principal valor é a utilização dos documentos do parlamento britânico – nem sempre precisos – para ilustrar a história do tráfico de africanos, a que dá atenção preferencial.[61] O mundo do açúcar mereceu também a atenção de um autor interessado na perspectiva da gestão empresarial dos engenhos, Roland T. Ely, que durante os anos 1950 teve acesso a uma documentação particular que desapareceu em seguida, e foi recebido por inúmeros descendentes de senhores de engenhos. Seu livro *Quando reinava o açúcar*, publicado em 1963 em Buenos Aires, é dominado pela perspectiva sociológica – o empresário como motor do capitalismo – e da comercialização do produto por meio dos agentes estabelecidos nos Estados Unidos. Ely não se aprofunda na *plantation* enquanto estrutura produtiva nem como estrutura social. Quanto à escravidão, a inspiração no modelo de Gilberto Freyre leva-o a oferecer uma visão paternalista, de extensão ridícula, ocupando menos de trinta páginas num livro de oitocentas: o trato oferecido pelos amos e capatazes procurava ser bom e humano, por constituir a parte mais valiosa de seu patrimônio, mas o trabalho em si era muito duro e exigente na época da safra, e, se a situação era levada ao limite da resistência humana, não seria conveniente para qualquer uma das partes acabar com a fonte de benefícios. Quase todas as fontes utilizadas procedem de proprietários, viajantes, capatazes etc.[62]

Em 1967, eram publicadas duas teses sobre a escravidão cubana: o estudo de Arthur F. Corwin sobre o abolicionismo e o estudo comparativo de Herbert S. Klein sobre a instituição na ilha e na Virgínia. O primeiro oferecia um guia útil para acompanhar os debates e as regulamentações legais destinados a encerrar o tráfico de escravos e finalmente proibir a escravidão.⁶³ O livro de Klein pretendia demonstrar empiricamente a tese de Frank Tannembaum e Stanley Elkins sobre a natureza desigual das escravidões inglesa e espanhola nas Américas.⁶⁴ Entretanto, contribuiu para que os acadêmicos de língua inglesa acabassem por se convencer da relativa benignidade da escravidão hispânica em comparação com aquela doméstica em seu país. Isso se dava, segundo o autor, devido, em primeiro lugar, a duas concepções legais contrapostas: a que procedia do direito romano e, mediante o Código de Justiniano, se integrou ao direito de Castilla por meio do Libro de las Siete Partidas, que alcançou as Leyes de Indias ou agiu como direito supletório na América; e a prática da *common law* de tradição inglesa, supostamente desconhecedora das relações escravistas. Conforme a primeira tradução, a escravidão é uma instituição contrária à razão natural, excepcional, e por isso é acompanhada pelo reconhecimento da personalidade legal do escravo, objeto e sujeito de direito, incluindo o direito à segurança e à propriedade (o pecúlio), a trocar de dono por ato de sevícia, à manumissão legal etc. A postura do catolicismo teria favorecido o doutrinamento e a integração. A proibição de trabalhar aos domingos e dias festivos reduziu os dias de trabalho oficialmente a cerca de 290, deixando o restante à disposição dos escravos. Essa atitude possibilitou que cuidassem de pequenos pedaços de terra cultivada e de gado de curral, para melhorar sua alimentação e até para a venda. Dessa forma, dispunham de ingressos monetários que podiam empregar para adquirir bens ou para a sua manumissão. Para o autor, as relações inter-raciais, resultado de um conjunto de valores culturais, foram muito mais frequentes em Cuba do que na Virgínia, e formaram um grupo de população livre mulata, diferenciada do negro, a quem as portas da mobilidade racial e social estavam abertas. Ao mesmo tempo que dava lugar a um amplo setor de pessoas de cor livres, a escravidão se renovava com o tráfico, de forma que a participação da parcela livre na sociedade reduzia a brecha entre corpos fechados e opostos, branco/negro. Klein apontava que a economia cubana era diversificada num nível superior ao de economias típicas de *plantation*, e parte importante dos escravos não era rural. Segundo ele, a comunidade livre de cor era essencial para o funcionamento da economia insular tanto nos ofícios e serviços quanto no mundo urbano em geral. Esse setor também se encontrava incorporado a tarefas militares e através das milícias de pardos ou morenos.[65] O melhor exemplo do reconhecimento do direito e da função da lei se encontrava na instituição da coartação, que Klein compreende em termos estritamente contratuais a partir de um artigo sobre o tema de autoria de Hubert Aimes, em 1909, o qual contém sérios erros.[66]

Em suma, Klein concluía que, se a escravidão podia ser tão cruel em Cuba quanto na Virgínia, "nunca houve uma tentativa séria de destruir a independência da personalidade do negro ou de convertê-lo num ser sem cultura". Seu adestramento capacitava "os avantajados e os afortunados", criando as condições de seu acesso à liberdade, em que formavam uma comunidade ativa no conjunto da sociedade. As tentativas de encerrá-los em castas e de impedir sua mobilidade se chocaram com a realidade e em poucas gerações o sistema aberto cubano evoluiu para um sistema de classes.[67]

Muitas dessas afirmações concordavam com os estudos etnológicos de Fernando Ortiz e com uma longa tradição jurídica e publicística hispano-cubana do século XIX, assim como com as teses integracionistas de Gilberto Freyre para o Brasil. As afirmações de Klein se chocavam com a estratégia ideológico-política das autoridades revolucionárias no que diz respeito à leitura do passado. Por um lado, reduziam a importância da fratura da sociedade insular sobre a qual se apoiava a interpretação do atraso na formação da consciência nacional. Por outro, limitavam a radicalidade dos antagonismos ao mundo dos engenhos, que só compreendia uma parte dos escravos, atenuada pela magnitude do setor livre de cor e pelas facilidades da manumissão e da coartação. O livro foi ignorado em Cuba por muito tempo e redescoberto em data recente.

Uma análise cuidadosa poderia propor a discussão de Klein segundo uma série de pressupostos: a instituição da escravidão em Castela, regulada pelas Siete Partidas, não se transplantou de maneira exata à

América, apesar de algumas compilações apontarem nesse sentido. Desde o momento inicial da escravização dos índios, teve um peso determinante a prática coercitiva na mão de seus donos, respaldada pelas leis, já que, à diferença do antecedente peninsular, a escravidão não seria uma condição minoritária, ainda que significativa. Em Cuba, a escravidão seria maciça em determinadas regiões e cidades. O direito cedia quando os escravos eram destinados a tarefas produtivas que exigiam um elevado número de trabalhadores, coordenados e disciplinados no exercício das funções que lhes designavam. A experiência escravista atlântica era algo mais e diferente da escravidão europeia-mediterrânea de que procedia, contrariamente ao que foi difundido por Charles Verlinden. Por outro lado, seria um excesso excluir a Inglaterra da experiência escravista ao ponto de o país carecer de antecedentes na formação de seu sistema legal. Não apenas as modalidades de trabalho forçado foram muito frequentes na Grã-Bretanha como estiveram na base de sua expansão econômica desde o século XVII por meio dos trabalhadores temporariamente forçados; nos séculos X e XI, uma das especialidades da ilha consistia na exportação de celtas escravizados. A participação nas cruzadas, no final desse século, familiarizou-os com a escravidão muito difundida na Síria. Por último, a conquista normanda intensificou o número de escravos domésticos, calculado em 10% da população masculina, segundo os registros do *Doomsday Book*, antes de sua assimilação à servidão. Mesmo então distinguiam-se as pessoas livres que tinham acesso aos tribunais e o restante, *servus* e *cottiers* contratados, que não estavam sujeitos à lei comum, mas aos poderes, da jurisdição ou privados.[68]

As leis castelhanas e os autos das Audiências estabeleceram que o pecúlio era uma concessão agraciável e que os bens dos escravos pertenciam, por direito, a seus donos, por mais que pudessem tolerar sua conservação pelo escravo. O submetido, no mundo hispânico, não era propriamente um sujeito jurídico, mas se assemelhava aos semoventes; tampouco possuía capacidade jurídica para reclamar, dirigir-se aos juízes ou fazer cumprir as obrigações dos donos, exceto em determinadas condições que exigiam a mediação dos administradores de escravos e outras figuras, nem sempre dispostas a ouvir as súplicas e as denúncias dos infelizes. O número de reclamações levadas às sindicâncias e de pleitos em órgãos judiciais revela uma diferença patente em relação ao modelo que imperou nos Estados Unidos, mas converter o mundo colonial espanhol num sistema de direito para os subalternos e os escravos, ou considerá-lo em termos contratuais, carece de fundamento. O mito das manumissões gratuitas e da efetividade do direito de coartação, sem negar sua existência e a poderosa influência que projetava sobre os escravos urbanos que tinham um ofício, há de merecer uma ampla reconsideração a partir do estudo realizado por Claudia Varella.[69] Quanto aos casamentos inter-raciais, a Coroa dificultou-os num primeiro momento e finalmente os proibiu. Ao tema do casamento, da classe e da cor em Cuba, com consequências desde o mundo da escravidão, a antropóloga hispano-alemã Verena Stolke (Martínez-Alier, nos anos 1960 e 1970) dedicou um importante livro, do qual partes foram publicadas em 1968 e 1970 na forma de adiantamentos na *Revista da Biblioteca José Marti*. Estes no entanto passaram despercebidos aos investigadores da ilha, alheios a essas problemáticas apesar de seus interlocutores terem sido, entre outros, Moreno Fraginals e Pérez de la Riva.[70] A Igreja católica, por último, em relação às observações de Klein, manteve-se bastante alheia ao fenômeno de doutrinamento dos escravos a partir da expansão das *plantations* no final do século XVIII, e abriu mão de fiscalizar os dias de descanso dominical e festivo, que de qualquer forma não eram cumpridos no período da safra, a não ser pelos proprietários que eram religiosos de ofício.[71]

É óbvio que o anão no ombro do gigante consegue ver mais longe, e que nos beneficiamos tanto das contribuições anteriores quanto das hipóteses em seguida desmentidas para avançar em nosso trabalho.[72]

Moreno Fraginals havia mantido uma posição radicalmente diferente à de Klein na descrição das condições sociais contidas em *El ingenio*. Só muito mais tarde lhes daria resposta, de forma sutil e esquiva. Em "Peculiaridades de la esclavitud en Cuba", palestra apresentada na XVII Conferencia Anual de Historiadores del Caribe, celebrada em Havana em 1985,[73] Moreno atribuía à técnica de repetição a criação de esquemas conceituais que acabavam sendo aceitos sem a exigência de demonstração. Era o caso da benignidade da escravidão espanhola, descrita em termos patriarcais e suavizada pela influência decisiva da religião católica e dos valores culturais. O autor atribuía a origem desses argumentos, no século XIX, a escritores pagos pelos promotores do tráfico de escravos.

No entanto, o tema havia se atualizado durante os anos 1940 e 1950 nos Estados Unidos e no Caribe, como resultado das lutas sociais dos negros por seus direitos, procurando-se os antecedentes e a razão de ser das relações inter-raciais em países com cultura dominante diferente, segundo graus de aceitação ou de exclusão maiores ou menores. Moreno citava uma série de acadêmicos nesse sentido, Tannembaum e Elkis, certamente, mas omitia Klein, o único que havia levado a comparação ao caso cubano. Tratava-se de um autor que lhe era próximo, pois ambos, em companhia de Stanley Engerman, haviam trabalhado num estudo sobre o nível de preços dos escravos nas *plantations* cubanas, que viu a luz em 1983, e no qual uma mesma nota cita *El ingenio* e faz referência *a Slavery in the Americas*.[74]

Em "Peculiaridades...", o autor propõe-se a avaliar se as relações inter-raciais cubanas podiam ser explicadas total ou parcialmente pela teoria legal/religiosa/de valores. Segundo Moreno, a análise histórica da escravidão deveria ser rigorosamente diacrônica. Para tal fim, o autor estabelece um ponto de partida ao redor de 1770. Em seguida, faz a distinção entre a região de Havana e a de Oriente. A primeira reunia 44% da população e baseava a acumulação de capitais nos serviços, ao mesmo tempo que desenvolvia uma incipiente economia agroexportadora nas estradas radiais que saem de Havana, mas ainda não podia ser classificada como economia de *plantation*; 73% da população era livre e a população branca predominava, atingindo 57%. Na cidade de Havana, as pessoas livres de cor somavam 43%, e a população mulata, 25%, sinais de facilidade de manumissão e de liberalidade nas relações sexuais inter-raciais, segundo o autor. A imensa maioria dos mulatos era livre. A proporção de sexos está quase equilibrada, pendendo levemente para o lado das mulheres, o que permite níveis de reprodução equilibrados e núcleos familiares semelhantes aos da população branca. Na zona agroexportadora incipiente, as proporções mudam de forma dramática: 86% de escravos, 88% de negros, 77% de população masculina. Na zona oriental há novamente porcentagens enormes de população livre, 73%, mas ao contrário do núcleo de Havana, 56% é de cor, e os mulatos são a metade. Como havia sido criada esta sociedade? Moreno não nega a existência de uma via jurídica que possibilitava a liberdade, porém a ligava a uma determinada conjuntura e a determinadas condições nas quais o interesse econômico do senhor desempenhava um papel fundamental.

As construções civis e militares constituíram, na segunda metade do século XVIII, uma fonte de atividade, de negócio e de trabalho de primeira ordem. Normalmente a idade dos escravos empregados nessas atividades era superior àquela dos escravos que trabalhavam nas *plantations*. Os senhores de escravos tinham uma lucrativa fonte de renda nos subcontratos. Por isso, foram incentivados a proporcionar a aprendizagem de ofícios aos escravos, já que, com maior qualificação, maior era o benefício de seu emprego e arrendamento. Esse artesão era incentivado a partir de um sistema de prêmios e coerções. Entre os primeiros estava a poupança de parte da renda que obtivesse e que seria destinada a financiar a sua liberdade. A rentabilidade anual dos senhores nessas atividades é calculada em 25 a 30% durante não menos que quinze anos, ao que se adicionava a restituição de seu custo inicial no momento da manumissão indenizada. Moreno calcula que 80,3% das 1.300 cartas de liberdade outorgadas no século XVIII foram compradas. O aprendizado artesanal não só criava uma mão de obra qualificada, como também integrava os trabalhadores aos padrões de comportamento estabelecidos e aos valores culturais dominantes. Daí saiu o setor livre que ocupou boa parte dos ofícios urbanos e das milícias de pardos e morenos, que o poder colonial utilizava para frear as possíveis pretensões da oligarquia escravista branca. E com esses setores se formaram as confrarias que exerciam influência social, inclusive nos pleitos legais a favor de escravos. Todo esse mundo se detinha às portas da cidade, à medida que se delineava a geografia agrária da *plantation*.

A revolução plantacionista empreendida até 1790, segundo o autor, transformou as bases econômicas e abrangeu as instituições. A exploração do escravo se tornou intensiva, a imigração forçada alcançou ritmos que modificavam a composição demográfica da ilha, os antagonismos sociais atingiram seu auge, e a cada polo correspondia uma cor: só três entre cada dez homens adultos na década de 1840 eram brancos. O conflito social se torna conflito racial: a desestruturação da sociedade negro-mulata de Havana culmina com o pretexto da conspiração de 1844. Em seguida, os obstáculos para tornar inoperante a coartação ilegal tornam-se maiores. Se a submissão dessas camadas não foi completa, isso se deve à resistência oposta pelos mesmos setores negros, que preservaram parte de suas conquistas obtidas no século XVIII, servindo-se algumas vezes de expressões culturais e de religiões. Não obstante, a ofensiva do século XIX para implementar os valores da *plantation* funcionou de forma traumática. Os valores culturais e religiosos, nesse sentido, ganharam vigência ou se desvaneceram conforme os interesses da classe dominante. Não constituíam valores constantes. É essa evolução histórica, em suma, que explica situações diversas num mesmo país e mudanças tão acentuadas no tempo.[75]

Sobre a Cuba do século XIX, editava-se, em 1974, *Slave society in Cuba during the Nineteenth Century*, de Franklin W. Knight. Dois anos mais tarde, Kenneth Kiple apresentava *Blacks in Colonial Cuba: 1774-1899*, um esforço para pôr ordem nos censos de população – e muito particularmente no número de escravos existentes na ilha em diferentes momentos –, cujo maior mérito era a crítica às fontes.[76] O livro de Franklin W. Knight distanciava-se, desde as primeiras páginas, da tese de Tannembaum e discutia a ênfase dada às explicações sobre o ordenamento jurídico e o papel da religião. Em oposição, considerava de maior interesse a linha traçada por Eric Williams em *Capitalism and Slavery* (1944) e a interpretação sobre a origem e a crise do sistema escravista baseado no crescimento do capitalismo industrial. Knight expunha e discutia o funcionamento da economia de *plantation*, referia-se à estrutura de classes e se ocupava do tráfico, enquanto evitava conceituar o sistema, além de chamá-lo de economia de *plantation* ou de sociedade de *plantation*. O estudo fazia distinção entre as severas condições de vida dos escravos dos engenhos e as formas patriarcais em algumas áreas rurais e no mundo urbano, as quais, apropriando-se da afirmação de Sidney Mintz, definia como "revestimento capitalista".[77] O livro de Knight converteu-se posteriormente em referência na historiografia da ilha, apesar de nem sempre ser citado.

Convém indicar aqui, a fim de manter uma ordem diacrônica, que o livro de Williams foi traduzido para o espanhol e editado em Havana em 1975, o mesmo ano em que se traduziria também para o português no Brasil. No entanto, não é possível notar uma influência significativa do autor trinitário na historiografia cubana pelo menos até uma década mais tarde, talvez pela explicação que é dada a seguir sobre a mudança de clima intelectual na ilha. A tradução, desejada por Fernando Ortiz desde a aparição do livro em inglês, ocorreu quando o autor visitou Cuba na qualidade de primeiro-ministro de Trinidad y Tobago, três anos depois que se estabeleceram relações diplomáticas entre os dois países. Williams recebeu o título de doutor *honoris causa* da Universidad de La Habana, e retribuiu o elogio a um historiador que se encontrava entre os seus antípodas metodológicos, Sergio Aguirre, o qual, ao citar *Capitalismo y esclavitud*, limitou-se a assinalar que a obra havia sido muito aclamada.[78]

A eclosão da história social e socioeconômica, a difusão das explicações dos Annales, o assentamento do marxismo no meio acadêmico ocidental, o desenvolvimento da sociologia histórica de raízes braudelianas, marxistas e cepalistas, coincidiram com o isolamento das ciências sociais em Cuba em relação a todas essas correntes. Na segunda metade dos anos 1960 e nos 1970, vê-se na América Latina uma verdadeira eclosão das ciências sociais e da História concebida como ciência social, que leva a estabelecer as raízes e as condições socioestruturais do subdesenvolvimento e da desigualdade secular, bem como a revisar e reconstruir os sistemas coloniais hispano-lusos. Recebem-se também as teorias mais variadas para explicar a *hacienda* e a *plantation*, as modalidades de trabalho involuntário, a criação de mercados regionais e a inserção da América nos mercados externos dominantes, enquanto se discutem os quadros herdados dos modos de produção universalizados a partir das experiências europeias e se abre caminho para teorias sobre o modo de produção colonial, o tributário (com a revitalização das teses sobre o modo de produção asiático) e o escravista--colonial.[79] A difusão do estruturalismo althusseriano entre os historiadores ocorreu na década de 1970, e deu origem a não poucas controvérsias a propósito da formação das classes sociais e do chamado marxismo teoricista e mecanicista, de um lado, e do outro a censura a abandonar-se a um humanismo culturalista, do que Edward P. Thompson inicialmente se tornou porta-voz, posição mais adiante estendida a Eugene Genovese e a seus estudos sobre a escravidão nos Estados Unidos. Não houve recepção alguma em Cuba desse debate, nem dos trabalhos de Thompson, que nos anos 1970 e 1980 revolucionaram o panorama historiográfico, tampouco das obras mais importantes de Genovese ao menos no contexto de sua aparição.[80] Claro, a historiografia da ilha ficou à margem do controverso trabalho de Fogel e Engerman, *Time on the Cross*, e dos debates que gerou.[81] Tampouco houve eco das diferenças entre Gutman e Genovese a propósito do mundo feito pelos escravos e a família escrava.[82] Genovese e Gutman, por fim, duas e três décadas depois de apresentar seus trabalhos, chegariam a círculos muito ativos da historiografia cubana. Suas obras foram influentes uma vez que os paradigmas estruturais e holísticos entraram em crise, circunstância que na ilha, por causas endógenas, escondeu uma dramática perspectiva experimental durante o chamado Período Especial, como consequência do desaparecimento do bloco socialista entre 1989 e 1991, quando se começou a procurar respostas na história das condutas humanas em níveis individuais, familiares e de pequenos grupos de afinidade, ao estilo da solidariedade básica que, durante aquela década, permitiu que muitos reduzissem o impacto do desabastecimento.

Os diálogos abertos

O livro *Capitalismo e subdesenvolvimento na América Latina*, de André Gunder Frank, foi editado em Cuba em 1970. Por motivo de sua primeira edição, em 1967, foi saudado pela revista *Pensamiento crítico* como uma importante obra que descobria as causas do subdesenvolvimento sem recorrer à tese da persistência de traços econômicos e culturais atrasados de formações pré-capitalistas, que levaram a esquerda bem-intencionada a seguir defendendo uma revolução burguesa, uma transformação de unidade nacional em que a burguesia tinha um papel a desempenhar. O livro de Frank estabelecia a origem do subdesenvolvimento no sistema capitalista, implementado na América com a conquista no século XVI, na inserção da América Latina no sistema capitalista mundial que forma uma unidade, uma mesma cadeia de exploração com funções e elos diferentes. A tese não só proporcionava explicações econômicas. Era possível extrair conclusões sobre a luta dos explorados, entre elas, adaptada às condições, a luta armada revolucionária no campo, a guerra de guerrilhas.[83] O livro foi editado em Cuba com uma tiragem de 10 mil exemplares. A mudança ideológica de 1971 baniu todas essas questões.

O livro *The Modern World-System*, de Imannuel Wallerstein, publicado em 1974, não teria recepção acadêmica até os anos 1990, quando a historiografia cubana se afastou dos estudos econômico-estruturais e dos modelos globais, e, portanto, o interesse pelas questões de que se ocupava passou a ir na contracorrente das novas tendências.[84] Ao explicar a origem de seu trabalho, Wallerstein afirmava que se propusera a unir conceitualmente "a antinomia centro-periferia com a *longue durée* e a *économie-monde* de Braudel", e vincular o resultado às propostas de Paul M. Sweezy no debate sobre a transição do feudalismo ao capitalismo. O resultado, a análise de sistemas-mundo, abriu terreno entre aparatos conceituais concorrentes que debatiam entre si.[85] As teorias da dependência e o marxismo – em suas correntes ortodoxa e a que leva de Dobb a Brenner – eram algumas dessas concorrentes. Esses também foram os anos dos debates em torno da natureza específica da escravidão moderna na América Latina no marco das discussões sobre os modos de produção coloniais.⁸⁶

É altamente chamativa esta desconexão da História e das Ciências Sociais cubanas do contexto internacional, quando na primeira década revolucionária se caminhava no sentido oposto, em direção a uma abertura tão plural quanto eclética.

Oscar Pino-Santos, jornalista e embaixador na República Popular da China entre 1960 e 1967, no ensaio "Aspectos fundamentais da história de Cuba", publicado em 1963, havia proposto uma leitura do passado baseada nos clássicos do marxismo e nos estudos de Maurice Dobb sobre as origens do capitalismo. Para Pino-Santos, o modo de produção escravista emergiu em Cuba no final do século XVI, de um "quase feudalismo" estabelecido "nos primeiros meses ou anos da conquista", que conservaria traços que podem ser considerados secundários na superestrutura. No entanto, o desenvolvimento do escravismo correu paralelamente à aparição e ao auge do regime capitalista na Europa, primeiramente inter-relacionado com a exploração comercial e numa segunda fase ligado de maneira direta à indústria, quando Cuba deixou de ser uma colônia econômica da Espanha e passou a sê-lo dos países capitalistas europeus e dos Estados Unidos. O caráter mercantil da produção colonial realizada por escravos "era assimilável à produção capitalista", conclui Pino-Santos, abstraindo o modo como o trabalho excedente é arrancado ao trabalhador, assim como tantos autores que minimizam as relações sociais de produção. O comércio de resgate praticado no século XVII teria um papel importante porque conectaria a ilha de forma direta aos mercados mundiais capitalistas, o holandês e o inglês. Mas foi o impacto do capitalismo industrial, no final do século XVIII e nas primeiras décadas do XIX, que atuou de forma paradoxal em Cuba, pois dava impulso ao regime escravista e intensificava a exploração, de acordo com o autor. Voltando a Marx, ele conclui que a vinculação ao capitalismo nessa etapa de seu desenvolvimento foi realizada, como é apontado em *O capital*, em meio a uma nova divisão internacional do trabalho que designa a algumas partes do planeta a função de produção agrícola a fim de prover para outras partes organizadas pela produção industrial, o que impediu seu desenvolvimento independente e equilibrado.[87] Todas essas observações – semelhantes e anteriores ao modelo de Gunder Frank – demonstram que à altura de 1963 existia uma convergência com as preocupações dos cientistas sociais latino-americanos e latino-americanistas da época, e investigações em fontes teóricas similares que se dirigem a conciliar uma teoria do sistema capitalista com formas específicas de produção colonial como um todo interconectado. Essas inquietações intelectuais careceram de continuidade até que foram recuperadas décadas mais tarde.

Também em 1963, Julio Le Riverend publicava uma breve *História econômica de Cuba*, baseada nos capítulos que escreveu para a *História da nação cubana* (1950), porém com uma interpretação marxista explícita e mais madura. O autor se esforçava para compreender a evolução social da ilha nos cânones ortodoxos sem incorrer no esquematismo pueril de Blas Roca. Ele assinala que as condições da conquista da América e a época em que ocorre a colonização implicaram uma desapropriação de terras da população nativa semelhante àquela que caracteriza a aparição do capitalismo. Mas, ato contínuo, a necessidade de produzir artigos em escala comercial e para um mercado cada vez maior introduziu formas de submissão coercitiva semelhantes à servidão europeia, com adaptações, e a modalidades do regime escravista. Isso ocorreu enquanto o sistema assalariado se ampliava e o capitalismo comercial expandia seus domínios a ambos os lados do Atlântico. O sistema de produção escravista iniciado em Cuba desde o século XVI cresceu de maneira muito lenta até o século XVIII, não por falta de braços – explicação tradicional –, mas pela ausência de mercados de exportação. Foi o capital comercial europeu e norte-americano, desejoso de adquirir produtos cubanos, que promoveu o desenvolvimento da escravidão ao proporcionar escravos a crédito em vez de cobrar artigos locais por eles. Essa demanda, a partir de 1788, bem como o crescimento econômico, teve uma progressão incontrolável, que a proibição ao tráfico não conseguiu deter.[88]

Desde o começo dos anos 1970 trava-se no interior da Revolução uma batalha entre duas linhas, nas palavras de Tabares del Real: uma buscava suas fontes teóricas e de inspiração na Internacional Comunista e em sua herança, que é uma maneira de assinalar o modelo de comunismo soviético, e outra se inspirava no marxismo nacional, o nacionalismo *martiano* e as correntes latino-americanistas. A primeira começou a se impor no país depois de 1971 e envolveu a Universidade. O período de domínio dessa linha transcorreu de 1975 a 1985, embora viesse desde antes, e deixou sua marca. O resultado, entre outros, foi o isolamento em relação às correntes historiográficas, e o fato de os estudos terem ficado "um pouco atrasados", numa apreciação de Sergio Guerra, excessivamente matizados.[89] Nesses anos, privilegia-se a história política e a divulgação histórica em detrimento da investigação. Em seguida, introduzem-se programas docentes e uma organização dos períodos históricos que privilegiam o estudo das formações econômico-sociais em escala mundial e as façanhas do movimento trabalhador.[90]

Os anos da "parametração", a definição de parâmetros político-ideológicos, empreendida no Primeiro Congresso Nacional de Educação e Cultura, em 1971, que dá início ao que Ambrosio Fornet chamou de "O Quinquênio Cinza", não deixaram as ciências sociais à margem. Na realidade, o período cinza consumiu cerca de quinze anos de predomínio dogmático. Em consonância com o anterior, a partir da celebração do Primeiro Congresso do PCC, em 1975, ao mesmo tempo que se reconheceu o papel das ciências sociais, assinalou-se "a necessidade de desenvolver investigações no campo teórico do marxismo-leninismo". A respeito disso, anunciava-se liberdade de ação aos historiadores e a outros cientistas sociais para realizar seu trabalho... com um limite determinado no documento do comitê central *Sobre Política Científica Nacional. Tesis y Resolución*. No documento político, sustentava-se que os "trabalhos de investigação e análises teóricas deverão se realizar sempre com o conhecimento e sob a orientação e controle dos órgãos superiores do partido... [bem como] os resultados e conclusões a que se cheguem, como produto dessas atividades investigativas e teóricas".[91] As investigações da década ou dos quinze anos seguintes foram condicionadas por essa exigência. As publicações desse período devem ser examinadas à luz da supervisão política a que se submetiam e da autocensura praticada pelos investigadores. Esse é um fator que será preciso levar em conta ao se avaliarem as limitadas contribuições conceituais, teóricas e metodológicas da História, do Pensamento e das Ciências Sociais cubanas, que, nos mesmos anos, eram renovadas de forma particularmente frutífera na Europa, América do Norte e América Latina. Muitos trabalhos evitavam cuidadosamente as implicações teóricas, resolvidas com a adoção dos conceitos menos problemáticos, uma série de citações obrigatórias dos clássicos – e às vezes era complicado encontrar clássicos que opinassem sobre uma matéria específica de estudo – e uma orientação descritiva crescente, empírica no sentido mais comum, positivista. Uns poucos autores escaparam dessa debilidade. A busca da conformidade ortodoxa também imprimia lentidão nos trabalhos. Contraditoriamente, por ter sido responsável pela introdução dos filtros, a comissão que se ocupou do tema no II Congresso do PCC, em 1980, lamentava-se disso ao citar as investigações sociais. Para amenizar essa situação, foi aprovado um primeiro plano quinquenal de ciência e tecnologia que compreendia o mencionado campo de conhecimento.

A mudança no clima ideológico-intelectual-institucional não deixou de oferecer certas oportunidades à história socioestrutural. Oscar Zanetti e Alejandro García explicam que, entre 1974 e 1977, o departamento de História a que pertenciam estabeleceu como trabalho científico o aprofundamento na história socioeconômica de Cuba, em particular do período "neocolonial". O departamento teria optado pela história das ferrovias cubanas por várias razões: a importância atribuída pelo partido e pelo governo ao novo plano ferroviário, a propósito do qual Fidel Castro havia conclamado a criar uma "nova consciência ferroviária", em que o conhecimento dos antecedentes "e suas tradições revolucionárias" desempenhava um importante papel; em segundo lugar, a investigação podia proporcionar valiosos elementos sobre "os traços e peculiaridades do modo de produção capitalista em Cuba", assim como sobre as formas de penetração imperialista no país. Assim nasceu o projeto Caminos para el Azúcar, publicado em 1987, dez anos depois de sua elaboração.[92] O trabalho mobilizou, para a coleta de informações, todos os estudantes de licenciatura de História, que desenvolveram suas teses sobre o tema. Essa modalidade de trabalho coletivo havia sido ensaiada em outras ocasiões. Os autores dedicaram a metade da obra ao século XIX e, como não poderia ser de outra forma, compreenderam-no como um elo decisivo do ciclo açucareiro. Ao associar o transporte moderno ao sistema produtivo, os autores tiveram que se ocupar da estrutura cubana em que nasceu "um sujeito histórico curioso", pois respondia ao desenvolvimento do mercado mundial capitalista, mas se apoiava no trabalho escravo, anomalia que Marx havia apontado ao se referir aos senhores do Sul dos Estados Unidos pelo "justo título de capitalistas". Essa burguesia cuja riqueza não provinha da exploração do trabalho assalariado, mas da propriedade sobre o produtor, "foi burguesia apenas pela metade", segundo Zanetti e García Álvarez, que se apoiavam numa das análises de Moreno. A confusão que jazia sob a natureza econômica dessa classe era a mesma que caracterizava o sistema econômico, e as informações teóricas e conceituais não deixavam de ser tão contraditórias quanto o curioso sujeito, convertido em terreno escorregadio quando a ortodoxia soviética voltou a considerar a primazia das relações escravistas de produção um obstáculo ao desenvolvimento peculiar do capitalismo em Cuba antes de 1886.[93] Qualquer análise relacionada a essa classe social se tornava "muito complexa", segundo os autores, frase que costuma anunciar a conveniência de eludir o problema. Os autores consideraram que se fazia necessário um esforço teórico e ao mesmo tempo empírico, que renunciavam a realizar, utilizando provisoriamente o conceito "contraditório, e à primeira vista absurdo" de "burguesia escravista". O conceito de "burguesia escravista" havia se estabelecido na historiografia cubana por volta de 1985. Desconfiados, Zanetti e García Álvarez citam o binômio entre aspas. Além disso, na descrição que realizam do processo de ganho, evitam falar em mais-valia e mantêm a noção de produto excedente.[94] Esse excelente estudo é ao mesmo tempo um exemplo do nível técnico alcançado na historiografia do país com as novas gerações de historiadores, mas também de seu isolamento. Nesse sentido, chama a atenção a ausência de qualquer referência a Knight, apesar de seu livro ter dado especial atenção à ferrovia e aos trabalhadores estrangeiros empregados em sua construção – ambos os livros utilizam fontes semelhantes.[95]

Em 1980, no mesmo ano em que Moreno apontava no jornal *Granma* a escassez de escritos sobre os escravos a seis anos da comemoração do centenário da abolição, Le Riverend propunha recuperar o estudo do regime escravista em Cuba e definir seu caráter. O autor estava convencido de que a escravidão tinha uma natureza diferente daquela do modo de produção capitalista e de que a transição a este último se realizou devido ao que ele denomina segunda crise geral do escravismo colonial, ocorrida entre 1848 e 1888, que em Cuba atingiu seu ponto crítico entre 1860 e 1880.[96] As contribuições que começaram a se tornar públicas por volta dessas datas davam atenção preferencial à caracterização da escravidão, mas se distanciavam dos postulados de Le Riverend. Em 1980, María del Carmen Barcia publicava na *Revista de la Biblioteca Nacional* um ensaio teórico-conceitual que merece atenção. O texto se converteria no primeiro capítulo de sua tese, publicada em 1987 com o título *Burguesia escravista y abolición*.[97] O artigo que mencionamos é "Algunas cuestiones teóricas necesarias para el análisis del surgimiento y la crisis de la plantación esclavista".[98]

María del Carmen Barcia entrara no Departamento de História da América em meados dos anos 1960. Foi encarregada de matérias como a história das formações pré-capitalistas, o que a levou a se familiarizar com a noção do modo de produção asiático e a difundi-la, a que o antropólogo Maurice Godelier vinha prestando particular atenção e que seria objeto também de um livro do marxista mexicano Roger Bartra, dedicado a contestar a sucessão dos modos de produção canônicos que o marxismo ortodoxo reproduzia. À margem do modelo dogmático imperante, a autora teve de se familiarizar com noções teóricas que num ou noutro momento entram em contato com o mundo da escravidão.[99] Entre 1976 e 1983, dirigiu o Departamento de História de Cuba.

Nos sucessivos trabalhos que mencionamos, Barcia parte da consideração que extrai de Marx sobre o caráter da formação econômico--social capitalista, que em seu desenvolvimento arrasta os sistemas produtivos dos diferentes povos e compreende-os num mercado mundial único que daria lugar a um sistema econômico também único. A tendência descrita compreende duas questões diferentes, pois o mercado capitalista mundial se situa na esfera da circulação e a economia capitalista mundial abarca tanto a circulação quanto a produção. Essa distinção permite-lhe considerar que o desenvolvimento do capital mercantil, com a criação do mercado mundial no século XVI, assentou as bases do modo moderno de produção capitalista, embora as relações sociais específicas desse regime só tenham se desenvolvido nos países onde as condições haviam sido criadas durante a Idade Média. Os demais países foram incorporados ao intercâmbio de mercadorias, não às relações de produção capitalistas. No entanto, desse modelo de dois níveis, universal nos intercâmbios, dual ou ainda mais diversificado na produção, deriva uma hierarquia, um todo presidido pela formação econômico-social capitalista de caráter internacional que contém subsistemas diferentes, subsistemas que, em alguns casos, o capitalismo encontra e utiliza até transformá-los de maneira paulatina, e, em outros, fomenta e destrói como lhe convém. Todos eles são aproveitados na extração de mais-valias no maior grau possível dentro de uma divisão internacional do trabalho. "A *plantation* escravista é, pois, um subsistema, engendrado pelo sistema capitalista, que se apoia sobre a base de relações de produção fundamentalmente escravistas, as quais não passam, para este, de relações secundárias", e que se mantêm até esgotar suas possibilidades de racionalidade, não necessariamente de sua rentabilidade."[100]

Como a escravidão moderna americana não respondia ao modelo do modo de produção escravista por constituir um subsistema da formação econômico-social capitalista, na medida em que o engenho não era capitalista, a classe dominante deveria ser categorizada como "burguesia escravista". A autora aponta que o termo "pode ser utilizado sem temor de incorrer em erros do tipo metodológico, até que se encontre outro que reflita mais acertadamente as características desta burguesia em formação, carente, fundamentalmente, de proletariado". Em seguida, a autora nos previne: a categoria respondia "aos pressupostos teóricos e históricos marxista-leninistas",[101] o que significa que suas conclusões teóricas haviam sido examinadas e aprovadas pelos organismos superiores do Partido, conforme o que fora estipulado no congresso de 1975. A afirmação de que "pode ser utilizado sem temor de incorrer em erros do tipo metodológico" neste caso não é apenas uma consideração científica pessoal.

A burguesia escravista vive em contradição permanente, afirma Barcia, e a partir dos anos 1840 o fator trabalho se converte num obstáculo. O elemento decisivo na sua evolução, no entanto, é externo: as mudanças no mercado mundial capitalista a partir dos anos 1860 são determinantes na crise do sistema, obrigando a burguesia escravista a reduzir os custos enquanto a política econômica espanhola, acrescentando as cobranças fiscais, agrava os problemas. Esse seria o marco da abolição, empurrada pelo contexto econômico internacional e pela conveniência da burguesia escravista, que haveria de se adaptar às condições do mercado exterior.

Pouco antes, Eduardo Torres-Cuevas e Eusebio Reyes editaram uma antologia de documentos sobre a história da escravidão africana em Cuba. A apresentação constituía uma introdução teórico-conceitual. Em sua análise, os autores concluíam que a *plantation* escravista do Caribe obedecia a um modelo de negócio capitalista, na realidade "um subsistema gerado por uma fase do desenvolvimento do sistema capitalista (...) onde predomina o capital comercial sobre o industrial". Segundo eles, o fato crucial é que o escravo de *plantation*, de acordo com Marx, é produtor de mais-valia. Em consequência, também, e a tese nos é conhecida, os senhores de escravos constituem "uma burguesia escravista sui generis", o que, explicam-nos, constituiria uma diferença, pois essa escravidão responde à acumulação original de capital própria da fase mercantil-manufatureira do capitalismo, nunca da fase industrial. *Plantation* e escravidão não são partes integrantes da sociedade industrial capitalista; são "formas que o capital adquire para se capitalizar em sua fase de formação".[102]

Essa concepção da escravidão como subsistema coerentemente escravista na ordem interna, incorporado e subordinado a uma formação social ou ao sistema capitalista para o qual produz mercadorias de forma maciça, e do qual se abastece de trabalho-mercadoria, de instrumentos e financiamento para manter o ciclo econômico, tinha a qualidade de conciliar a premissa da primazia das relações sociais de produção no momento de determinar a natureza de uma sociedade com as teorias que identificavam o capitalismo com o regime depredador ao qual os países coloniais e depois as repúblicas neocoloniais historicamente estiveram submetidos. Um capitalismo que fomentava o desenvolvimento do centro e o subdesenvolvimento da periferia, que possibilitava relações de produção díspares na periferia para aproveitar melhor e explorar mais a obtenção de recursos, a acumulação de capital, antes que o sistema preferisse a extensão de uma só economia capitalista, ou quando os agentes econômicos subordinados não pudessem conservar por mais tempo as relações que criaram com o auxílio da metrópole. O que acontece, no entanto, quando a escravidão é reduzida a produto local do subsistema? Com o burguês anômalo não encontramos um assalariado anômalo, mas o escravo e a escravidão, um regime articulado de produção.

A nova conceituação de subsistema escravista como parte de um sistema capitalista, e a de "burguesia escravista", que para Zanetti e García Álvarez, além de contraditória, parecia "à primeira vista absurda", foram consagradas. O primeiro volume da *História de Cuba*, lançado pelo Instituto de História, a obra coletiva mais ambiciosa empreendida pela historiografia nacional no período da Revolução, da qual foram editados três dos cinco volumes programados, dá conta disso, mas também das resistências que encontrou entre os historiadores. O livro foi produzido no final dos anos 1980 e publicado em 1994. Por suas características, compreende capítulos de história política e cultural e outras análises dedicadas às estruturas econômicas e sociais.[103]

Escravidão e capitalismo: as contradições internas.
Moreno Fraginals e *El ingenio*

Manuel Moreno Fraginals cursou Direito na Universidade de La Habana. Foi assistente de Heinrich Friedaender na preparação de sua *Histó-*

ria econômica, fez mestrado em História no Colégio do México e um estágio na Espanha, entre 1947 e 1948, que lhe pôs em contato com arquivos. Na Venezuela, desenvolveu uma exitosa atividade profissional em uma empresa cervejeira, mas continuou com suas leituras de história antes de regressar a Cuba em 1959. Em 1960, ingressou na Universidad Central de Las Villas, em Santa Clara, e começou a preparar aquela que seria sua obra principal, *El ingenio*, peça central da historiografia cubana de todos os tempos e uma das mais notáveis contribuições latino-americanas à história socioeconômica.

Depois de concluído o primeiro volume, em 1963, *El ingenio* foi publicado no ano seguinte. A obra completa compreende um segundo volume, em que reproduz um capítulo do anterior, e é concluída com um amplo exame das variáveis comerciais. Um terceiro volume é dedicado à análise das fontes e a uma extensa compilação estatística. A obra completa estava pronta em 1974, embora não tenha sido publicada até 1978. A edição do primeiro volume também teve de superar algumas dificuldades. O autor contou-as muito depois: o livro foi impresso em 1964, evitando a autorização necessária de Sergio Aguirre e Julio Le Riverend, e uma vez impresso manteve-se sem distribuição até que Che Guevara, que havia escrito uma carta privada elogiando o manuscrito, manifestou interesse pelo texto.[104]

Para Moreno, a indústria açucareira cubana toma força a partir do lento e contínuo crescimento econômico do século XVIII. A oligarquia *criolla* era até então pecuarista, mas se relacionava com as manufaturas do açúcar das Antilhas inglesas e francesas, às quais fornecia bois e carnes salgadas em forma de contrabando. Essas elites cubanas passaram a produzir açúcar aproveitando a violenta alta dos preços nos mercados europeus na metade do século, o que as imbui de "projeção capitalista". Com isso, descobrem as admiráveis condições naturais de que a ilha dispõe, assim como suas insuficiências: não tanto a falta de braços como de um mercado de braços, que desde o primeiro momento é sem dúvida definido como de negros escravos.[105]

As conjunturas favoráveis entre 1760 e 1792 aceleraram o processo de entrada do açúcar cubano no mercado internacional. Às guerras e consequentes variações nos fornecimentos e preços nas metrópoles coloniais do Caribe juntou-se o interesse da nascente oligarquia do açúcar, ansiosa por ampliar seus mercados exteriores, e dos comerciantes e negreiros anglo-americanos das Treze Colônias, desejosos de instalar em Cuba os escravos, instrumentos de engenho e as farinhas que antes forneciam às Índias Ocidentais, e de abastecer-se de *mieles de purga* para a fabricação de rum. Os oligarcas *criollos*, a sacarocracia de Havana, lançam-se ao mercado mundial, "onde impera o regime capitalista de produção". A produção de mercadorias provoca uma mudança profunda no sistema de trabalho: o relativo caráter patriarcal da escravidão cubana é substituído por uma exploração intensa do negro: não se trata mais de arrancar-lhes uma quantidade de produtos; "tudo gira em torno da produção de mais-valia pela própria mais-valia", expressão tomada diretamente de *O capital*, no trecho em que Marx explica a produção de algodão no Sul dos Estados Unidos para o consumo industrial. Gera-se desse modo um regime de escravidão que se diferencia da forma capitalista de cooperação pela ausência de trabalhadores livres que vendam sua força de trabalho ao capital.

A mudança em relação à situação anterior é somente quantitativa, afirma o autor, embora a mudança incida em todo o âmbito colonial e exija uma reposição constante de negros, o que dá lugar à grande contradição do regime cubano de produção: "a produção de mercadorias destinadas ao mercado mundial" mediante a escravidão. O que distancia esse regime do capitalista é a ausência de uma de suas premissas essenciais, o trabalhador assalariado. "Distingue-o, portanto, do regime capitalista de produção, a forma como o trabalho excedente é arrancado. Mas também o distingue a impossibilidade de revolucionar continuamente os meios de produção, que é inerente ao capitalismo", isto é, a impossibilidade de modernizar a produção sobre a base do trabalho escravo, já que o rendimento médio por escravo se mantém constante desde o século XVI até o XIX em 1,15 tonelada de açúcar por ano. O resultado disso é um empresário consciente de que a escravidão a que deve sua riqueza é o freio que impede "o grande salto ao capitalismo pleno". Chega-se assim a uma "semiburguesia castrada, impotente", da que o burguês tem apenas "o fôlego intelectual, a mercadoria e o mercado", enquanto para sobreviver deveria se amarrar ao passado.[106]

A explicação que Moreno oferece não está isenta de contradições, não só quando evidencia dificuldades para caracterizar o sistema e o sujeito econômico, mas também quando reduz a uma esfera quantitativa minimizada as mudanças da escravidão patriarcal para a escravidão intensiva de *plantation*, apesar de associá-las à produção maciça de mercadorias. Apesar ainda de que indique, em outro trabalho, que o objetivo passa a ser a produção de mais-valia, a partir de uma situação anterior de extração de produto excedente. A intensificação do trabalho, na forma como é realizada, implica um incremento considerável do produto excedente ou da mais-valia absoluta, por basear-se na obtenção de maior volume de produto por tempo e por trabalhador.

A rápida expansão dos engenhos absorveu os pequenos produtores de tabaco e de produtos de menor valor, os trabalhadores de estaleiros e das fundições, e inúmeros artesãos, além de dominar todas as atividades e incorporar ofícios e escravos. A fundação e a construção dos engenhos, certas atividades laborais e a direção técnica recaíram sobre o trabalho livre, que coexistiu com o trabalho escravo, tendo sido indispensável até aproximadamente 1820, já que a média de escravos por engenho era insuficiente até então. A fundação e a expansão dos engenhos incidiram na ocupação do território, comprometeram enormes quantidades de recursos naturais[107] e entraram em choque com o direito de terras das Leis das Índias baseado nas *mercedaciones*, isto é, as concessões circulares voltadas à criação de gado que raras vezes eram acompanhadas da efetiva ocupação e exploração do solo. Para Moreno, o açúcar abrigou-se na concepção jurídico-burguesa da propriedade territorial que lhe era mais útil, a do regime de produção capitalista. Ao mesmo tempo que esse regime era estabelecido, a classe camponesa era liquidada e incorporada ao processo açucareiro.[108] Desde muito cedo, os comerciantes que financiavam a produção assumiram a propriedade de engenhos. E à medida que o produtor açucareiro, enquanto produtor de mercadorias, ascendia socialmente, sentia-se atraído pelas sociedades industriais e ganhava os mercados do Norte. Ele começa, então, a desenvolver uma consciência burguesa à qual não poderá dar expressão direta, pois não consegue assimilar cada uma das novas formas de consciência. "Mas ele não era um burguês pleno", completa Moreno, porque a produção se serve de escravos, e essa contradição se reflete em seu mundo ideológico, situando-o, vacilante, entre o futuro burguês e o passado escravista, pois ao mesmo tempo que solicita uma mudança na superestrutura, conforma-se com o reformismo político. Por isso, limita-se a exigir a propriedade inviolável sobre os meios de produção, estendendo esses meios, entretanto, ao trabalhador enquanto capital fixo.[109]

Olhando para o interior do complexo produtivo, Moreno ocupa-se também do desmantelamento da escravidão. A renovação técnica pede trabalho assalariado, portanto a dependência do escravo a impede ou atrasa: já que o custo do escravo (capital fixo) é o componente principal do custo do produto, a curva de custos corre paralelamente ao preço do escravo. Obviamente, essa circunstância que Moreno assinala prejudicaria a produtividade, empurrada pela contradição entre o comerciante de escravos, que se beneficia da alta dos preços dos africanos e explora o regime de produção, por um lado, e o produtor que necessita do aumento contínuo da capacidade produtiva de sua empresa, por outro. Na medida em que a escravidão impede a evolução tecnológica do engenho e o subordina ao comerciante, "os produtores com mais alta consciência burguesa (...) iniciam uma campanha contra o contrabando negreiro". Por volta da década de 1840 esse grupo começava a cobrar uma política de imigração branca que assentasse as bases de um mercado assalariado e estabelecesse um equilíbrio demográfico, possibilitando um início autônomo de sua ação política frente à metrópole sem correr riscos desnecessários. O porta-voz mais qualificado volta a ser aquele do tráfico maciço, Arango, em *Representación ao Rey*, de 1834, sendo Saco seu discípulo mais destacado.[110]

Para Moreno, o engenho enquanto empresa dispôs das mais modernas concepções de organização do trabalho, o que abrangia a seleção de escravos pelas nações consideradas mais aptas a aprender e a se aclimatar. O conceito do homem como equipamento é determinante, e na ausência da transferência da concepção industrial a um grupo de escravos, os senhores de engenho introduziram o único fator viável: a otimização por meio da medição do trabalho e da elaboração de estatísticas. No entanto, Moreno nega o caráter industrial à manufatura escravista: o emprego de máquinas a vapor, diz ele, apenas supôs uma substituição energética, não uma transformação tecnológica, e o uso dessas máquinas ficou nas mãos de trabalhadores assalariados. O incremento da produção pelo aumento do número de escravos teve o efeito de incrementar o volume de produção total, porém diminuía a produção por pessoa ao entrar em rendimentos marginais: seu custo crescente não era compensado pela produção. A alternativa temporária era ampliar a jornada de trabalho, o que foi possível com a iluminação a gás nos ambientes de produção. Contudo, reduzia-se a produção média de homem por hora, o que tinha o mesmo efeito negativo que se queria combater. Subsistia, portanto, o problema da intensidade de trabalho, que não podia ser atingida com escravos, mas com tecnologia e trabalhadores assalariados. O aumento do custo do escravo pôs fim a essa progressão de contradições e obrigou que se buscasse o fim da escravidão.[111] Só que o final da escravidão não chegou pelas mãos da sacarocracia, o que Moreno omite, mas por uma conjugação de fatores: a abolição da escravidão nos Estados Unidos, seguida do tratado anglo--americano que anuncia uma etapa de abolição global, a revolução de 1868 na Espanha e em Cuba, que situa abolicionistas no governo ou no terreno o problema da escravidão em uma nação livre etc. Aos senhores de escravos restou somente pressionar para adiar a abolição completa, ganhar tempo, permitir que seguisse seu curso gradual, para obter com isto uma indenização dos próprios escravos por meio da prorrogação até 1880 e do patronato.[112]

Moreno voltaria a algumas dessas questões, com certas variantes. Em 1968, escreve que o desenvolvimento açucareiro criou em Cuba "a mais brilhante classe burguesa da América Latina". A produção de mercadorias por escravos não prejudicava o caráter burguês da classe: "Eram burgueses amos de escravos (...). Eram produtores de mercadorias com destino ao mercado mundial onde impera o regime capitalista de produção e as relações comerciais capitalistas." Em Cuba se encontram presentes, continua Moreno, dois dos fatores essenciais do capitalismo: a produção e a circulação de mercadorias. Em consequência, "é absurdo pensar que nossos produtores não eram burgueses porque possuíam escravos", ou seja, era absurdo o que havia escrito quatro anos antes e mantinha sem modificação na edição completa, dez anos depois.[113]

No entanto, o autor não se sente confortável com suas afirmações. Em outro texto, de 1970, retoma ideias já expostas, especificamente a contradição do incremento dos rendimentos na manufatura açucareira por meio do aumento de trabalhadores escravos, sem que se possa resolver a tendência declinante da produtividade, uma vez que se alcança um ponto e se entra em rendimentos marginais (o incremento de uma unidade de trabalho já não produz um aumento progressivo ou proporcional de rendimentos). Nessa ocasião, Moreno é mais explícito, e não nos parece desconhecer o artigo de Pérez de la Riva "La contradicción fundamental de la sociedade colonial cubana", publicado nesse mesmo ano, que analisaremos a seguir.[114] Em "Desgarramiento azucarero e integración nacional", Moreno especifica que a produtividade média do assalariado está em função do tempo trabalhado e pago; a produtividade do escravo há que ser medida levando-se em conta a produção em relação ao capital empregado em sua compra e em sua manutenção, indiferentemente de onde trabalhe, já que participa ao mesmo tempo do capital fixo e do variável. E deve-se levar em consideração todo o ano, independente do caráter sazonal de seu trabalho. A coexistência de trabalho livre e escravo permitiu visualizar a distribuição de tarefas – as complexas e qualificadas nas mãos dos primeiros, o esforço produtivo direto para os segundos; a eficiência do trabalho livre se mede em termos qualitativos, o trabalho escravo se mede em termos quantitativos.

Nesse sentido, o escravo perde significado humano e é considerado um equipamento desprovido de individualidade, um negro útil, ou a média de trabalho que se mede por negro efetivo. Quando, na década de 1840, se alcança a curva de custos marginais, a grande manufatura não teria outra alternativa senão se transformar, como exige a produção capitalista. Mas não o pôde fazer porque a escravidão fomentara um controle e uma mensuração de produção estáticos. Uma longa agonia aguarda os "produtores escravistas" – a esta altura, a "burguesia" dona de engenhos desaparece da linguagem. Sua permanência seria contraditória com a classe a que deveria pertencer, à qual de fato já pertencia desde antes, pois na Europa ganha impulso a revolução industrial do açúcar produzido a partir da beterraba. Na opinião do autor, a importação de maquinário moderno e a criação de novas e grandes unidades produtivas, na metade do século, capazes de duplicar os rendimentos industriais, foram pagas com um grande fracasso. Os modernos engenhos requisitavam trabalho qualificado e uma mentalidade de acordo com as funções designadas, o abastecimento de cana-de-açúcar em grande escala e investimentos consideráveis que tampouco estavam disponíveis. A baixa dos preços do açúcar nos anos 1880 põe fim, definitivamente, ao ciclo manufatureiro, depois de arrastar-se por mais de duas décadas de falências contínuas.[115]

Segundo Moreno, o produtor açucareiro havia tentado ajustar "princípios burgueses a bases escravistas", o que era "teoricamente impossível. Os comerciantes espanhóis seriam os únicos com capital disponível para promover as novas unidades industriais, que em 1860 produziram 8% do açúcar total, e, em 1878, 15%. Estes engenhos respondiam a uma concepção plenamente burguesa", afirma, o que parece entrar em contradição com a afirmação feita dois anos antes, quando compreendia nessa categoria a totalidade dos produtores.[116] Os novos industriais, os donos dos colossos da época – Moreno se esquece de nos contar – concentram os maiores números de escravos da época e de qualquer época anterior.

Em dois textos posteriores, duas versões de um mesmo relato, Moreno oferece uma síntese da evolução açucareira de 1860 até o fim do século.[117] Reitera em ambos que a concentração de unidades produtivas criou o latifúndio ao mesmo tempo que era minada a antiga classe de senhores escravistas, para ser substituída por um novo tipo de empresário industrial.

Potência de trabalho, produtividade e divisão social do trabalho

Fe Iglesias García é autora de um importante estudo sobre o mundo do açúcar e da escravidão que nem sempre é devidamente reconhecido. Iglesias desenvolveu uma interpretação que partia das concepções de Moreno, mas as levava por um caminho próprio, para as décadas posteriores a 1860, momento em que o estudo empírico do autor não foi adiante. Seu objeto de investigação eram as mudanças que conduziam da manufatura escravista à indústria, concebida como etapa de evolução para o capitalismo pleno. Para que esse processo ocorresse, a acumulação e a concentração de capitais eram necessárias. Em Cuba, esse processo tivera um caráter interno, com a peculiaridade de que se apoiava no produto excedente extraído de escravos e semiescravos, para em seguida realizar-se no mercado exterior. Em consequência, embora estes últimos tivessem exercido influência, as causas da abolição da escravidão não deveriam ser procuradas na ordem econômica internacional, como havia apontado María del Carmen Barcia, mas sim no interior do sistema. Se Moreno considerara que a contradição fundamental se encontrava entre a escravidão e o desenvolvimento tecnológico que conduz da mecanização à indústria, Fe Iglesias observa que a escravidão possibilitava processos de cooperação simples no trabalho, capazes de facilitar as tarefas, ao preço de uma ampla utilização de empregados e de força. A escravidão, em suma, criava obstáculos a uma divisão social do trabalho em condições de ser realmente produtiva.

A concorrência do açúcar de beterraba no mercado mundial, em determinadas condições capazes de determinar o tempo de trabalho socialmente necessário para produzir uma tonelada de açúcar e, portanto, de estabelecer seu preço em nível mundial, obrigou os produtores a responder com um incremento da produtividade no setor da cana-de-açúcar. Isso só era possível aos engenhos mais desenvolvidos e que tivessem uma acumulação de capital social suficiente para fazer os investimentos técnicos exigidos, o que por sua vez exigia concentração de capital para a produção industrial, por um lado, e, por outro, um fracionamento dos meios de produção agrários que incentivasse os lucros da cana-de-açúcar e aliviasse o produtor açucareiro do investimento em capital constantemente comprometido no trabalho.

Desde a década de 1860, continua Iglesias, havia em Cuba instalações industriais bem-equipadas e com capacidade industrial suficiente para processar a cana-de-açúcar de engenhos atrasados, mas careciam da organização de trabalho necessária para otimizar os resultados. O desenlace da Guerra dos Dez Anos e a queda dos preços do açúcar no mercado mundial, no começo dos anos 1880, precipitaram a mudança. Aos grandes senhores de engenho com reservas de capital uniram-se comerciantes de destaque e especuladores enriquecidos com as cobranças de dívidas e de ágio. Foi então que os engenhos, que produziam de maneira semelhante a 1860, com rendimentos em geral baixos e enormemente heterogêneos – algo característico da produção manufatureira, pois dependiam de instalações pouco uniformes e das diferentes condições de produção agrícola –, deram o salto. A divisão social do trabalho, após a abolição da escravidão, possibilitou a divisão e o cultivo da terra sem recorrer a grandes desembolsos de capital, e esses terrenos, as colônias de cana-de-açúcar, incrementaram sua produtividade à medida que os engenhos centrais aumentavam sua capacidade de produção e demandavam mais matéria.[118]

Fe Iglesias formou-se como historiadora na República Democrática Alemã, na prestigiosa escola de Jürgen Kuczynski. Em diferentes textos, abordou as condições em que ocorreu a transição para o trabalho assalariado, analisando para tanto censos demográficos, fluxos migratórios e disponibilidade de trabalho, após a recuperação das estatísticas da alocação da força de trabalho segundo seu emprego em cada esfera econômica.[119] Para Iglesias, o regime escravista de produção que prevaleceu durante a maior parte do século XIX constituía "um sistema organicamente integrado e inter-relacionado", com fases sucessivas, diferenças regionais e formas distintas de se manifestar em relação ao meio urbano ou rural e ao tipo de explorações econômicas, mas era um todo que imprimia caráter à sociedade e abarcava o conjunto das atividades produtivas e de serviços. À diferença de outras colônias, assinalava a autora, em Cuba a escravidão esgotara ao máximo suas possibilidades de desenvolvimento e graças à acumulação interna a mudança qualitativa tornou-se possível, o passo à Central Industrial. A historiadora admitia, em 1986, quando se fazia uma séria tentativa de classificar de maneira uniforme o fenômeno escravista cubano, a ausência de consenso em relação à definição do sistema e à terminologia mais adequada para designar a classe dominante. Em seu caso, a escravidão na fase de acumulação original do capital era caracterizada pelas regularidades próprias e as especificidades de cada uma das sociedades nas quais foi implementada. E continua: "A classe dominante foram os escravistas, e não cabe outra definição, pois para serem burgueses faltava-lhes a contrapartida: o trabalhador assalariado." O termo "burguesia escravista" parecia-lhe um híbrido impróprio que tendia a causar confusão.[120]

O último texto de Iglesias a que fizemos referência, sobre a adaptação dos senhores de engenho às condições restritivas na reposição de mão de obra escrava desde os anos 1840, foi publicado num livro coletivo do Instituto de Ciências Históricas da Academia de Ciências dedicado a comemorar o centenário da abolição. Intitulou-se *La esclavitud en Cuba* e prova que a Academia já não vivia os seus melhores dias; um ano depois, em 1987, desapareceria ao ser integrada a outras instituições para dar origem ao Instituto de História. O livro incluía outros dois bons trabalhos que demonstram a persistência de interesses variados e de linhas independentes não subordinadas a esquemas teórico-ideológicos rígidos nem a conceptualizações forçadas. Gabino la Rosa escrevia sobre os palenques e Gloria García se ocupava do comércio escravista entre 1760 e 1789.

Gloria García Rodríguez seria outra das grandes historiadoras dedicadas a estudar a escravidão. Formara-se em história econômica e demográfica na Academia de Ciências com Julio Le Riverend. No livro que comentamos, ocupava-se de precisar a introdução de escravos na ilha entre 1762 e 1789. Era tradicional a argumentação de que a escassez de mão de obra freara a expansão econômica, mas os dados indicavam o contrário: um crescimento durante cinquenta anos a um ritmo rápido e sem estancamentos; o fluxo de escravos foi contínuo, sem interrupções nem pausas, fiel indicador do voo que a *plantation* experimentara antes de sua decolagem definitiva.[121]

Podemos encontrar a concepção do regime escravista de Gloria García em dois capítulos da *História de Cuba* editada pelo Instituto do mesmo nome, a partir de 1994: "El auge de la sociedad esclavista en Cuba" e "El início de la crisis de la economía esclavista", este assinado também por Orestes Gárciga.[122] Para a historiadora, a *plantation* escravista orientava a economia cubana a uma especialização crescente, que definiria sua estrutura por um longo período. A demanda crescente da Europa por matérias-primas e alimentos até a metade do século XVIII incide de maneira direta nas transformações ocorridas em Cuba; sobre a base anterior de cultivos comerciais, o crescimento que experimenta rompe os moldes do regime agrário existente, e a produção e circulação de mercadorias se estende das áreas portuárias até o interior, à procura de terras férteis, gerando o confronto entre cultivos e fazendas de gado que se resolve com a fragmentação destas últimas (destruição de rebanhos e currais) a um ritmo acelerado na região ocidental. Sobre essa transformação socioeconômica assenta-se o engenho. Gloria García observa como a produção média por engenho nos ciclos de 1761, 1792 e 1800 (44, 72 e 89 toneladas métricas, respectivamente, chegando a 127 nos anos seguintes) cresce em função da extensão média em hectares de cada propriedade e do número de escravos por cada 100 hectares. No breve período de 1792 a 1800, início da fase do crescimento açucareiro, a produção por operário aumenta 44,6% e o número de trabalhadores cai 31%. O número de engenhos cuja extensão média se duplica em relação a 1761 eleva-se 50% entre 1792 e 1800; isto é, há unidades maiores, provavelmente melhores terras, maior concentração de trabalho (que cresce, mas não ao mesmo tempo que a superfície disponível), maior intensificação do trabalho, maior produtividade. Estão assentadas aqui as condições da grande *plantation* açucareira, que demanda braços para sustentar um crescimento contínuo. O incremento da produção determina o ritmo da imigração forçada e suas características, pois o importante não será o total demográfico, mas o número de pessoas aptas ao trabalho, e assim os censos definem a categoria de pessoas entre os 16 e 60 anos, às vezes prescindindo do número de mulheres. Daí a importância de fixar, para cada época, o potencial de trabalho. Em seguida, a historiadora desvincula a opção da escravidão das condições da produção – a necessidade de um grande volume de força de trabalho num conjunto de operações agrárias – para deslocá-la a uma concepção de classe: "Alcançar um crescimento com um dado nível de rapidez ao passo que se garantia o máximo ganho."[123] Francisco Arango seria o melhor expoente desses interesses de classe e o ideólogo dos escravistas cubanos.[124] O resultado foi um sistema orientado pelo mercado exterior que levou à monocultura e à especialização em açúcares mascavados, base de um crescimento para o subdesenvolvimento. O sistema plantacionista, enquanto expansão da agricultura comercial escravista, "reforçava formas de comportamento econômico, e até certo grau social, organicamente incompatíveis com o sistema capitalista", escreveu Arango em outro trabalho.[125]

Os marcos conceituais da nova história dos escravos

A nova inflexão nos estudos internacionais sobre a escravidão dos anos 1980 e 1990 chegou a Cuba por meio de investigações realizadas no exterior. Por direito próprio, ocupa um lugar de destaque o livro *Slave Emancipation in Cuba*, de Rebecca J. Scott, publicado em 1985. Como aponta Laird Bergad, Scott não se propunha a analisar a escravidão do ponto de vista econômico, mas um de seus argumentos principais, na linha da explicação da abolição, consistia em rechaçar o argumento da incompatibilidade estrutural entre a escravidão maciça e o avanço da tecnologia, defendido por Moreno. Com base em informação demográfica, Scott descobriu que nas regiões onde a produção se apoiava em uma tecnologia mais sofisticada a escravidão foi mais importante para a produção, até o momento da abolição.[126]

Scott dirige sua atenção ao longo processo de abolição ocorrido de 1870 a 1886, e se detém nas circunstâncias da desintegração da servidão, opondo as ideias sobre a liberdade, após a abolição formal da escravidão em 1880, dos escravos e ex-escravos tutelados pela instituição do patronato aos projetos dos senhores de engenho e das autoridades, pois as primeiras alteravam os planos e, na opinião da autora, levaram em grande medida à eliminação da instituição mediante acordos entre as partes e a compra da liberdade pelos servos. Para ela, o exame do desmantelamento gradual da escravidão, com a emancipação inicial de crianças e idosos, a introdução de salários aos patrocinados e a supressão gradual de determinados castigos, permite entender que as relações sociais "haviam dependido de vários elementos do sistema legal de posse de escravos". O gradualismo, segundo Scott, possibilitou a incorporação parcial dos escravos a processos legalistas, fez com que se sentissem atraídos pela "cultura legal" para conquistar a liberdade, sem excluir o desafio, embora evitasse o conflito aberto (um terreno de estudo em que posteriormente Scott ofereceu resultados frutíferos). A transição ao trabalho livre, por último, ao seguir pautas regionais distintas, permitia correlacionar taxas de declínio, organização da produção – para o que era importante a existência de outros sistemas laborais disponíveis –, grau de mecanização e ambiente social e político – a pressão de escravos e libertos, a influência dos insurgentes a partir de 1868.[127]

Se a coerção extraeconômica era crucial no funcionamento da escravidão, na esfera econômica, e na não econômica, o jurídico certamente ocupava um lugar central. E Scott introduziu à história da escravidão em Cuba um ponto de vista que não era o institucionalista de Tannembaum, com o qual, no entanto, conserva uma linha de contato.

Porém, o jurídico não se limita à lei: são também as práticas instituídas ou a interpretação estabelecida das normas. A lei não é somente a lei positiva, promulgada. No Antigo Regime europeu e no contexto colonial americano, o direito consuetudinário tinha força considerável. E nesse contexto compreende-se o exercício da jurisdição, de acordo com a lei, mas também superposta, em sentido estrito, à lei, que reveste a autoridade – real ou particular – do poder de conceder justiça e de impor penas, ou fazer com que sejam cumpridas por meio de seus delegados. No regime escravista, contrapõem-se as autoridades reais, os empregados dos cabildos e a ampla autoridade, verdadeira potestade, nas mãos dos senhores quanto à ordem, à disciplina e o castigo no interior de seus engenhos, de forma que o sistema legal não cria, para os subalternos dos engenhos e cafezais, um corpo de direitos tangíveis e protegidos.

Scott considera o regime de *plantation* uma indústria açucareira tecnologicamente avançada que abastecia o mercado mundial. Os senhores de engenho eram uma pequena elite que, devido à revolução açucareira do século XIX, havia abandonado muitas das tradições patriarcais anteriores. A escravidão emerge como instituição, como relação social, nunca é descrita como uma determinada articulação social, um sistema ou um modo de produção. Não obstante, as condições desumanizadas de vida nos maiores engenhos permitiriam captar "a essência da produção açucareira capitalista, com base no trabalho dos escravos". Ainda nesse caso, a autora convida a não se limitar a essas relações para compreender "as iniciativas tomadas por escravos, seus esforços coletivos, e seu uso criativo de pequenas concessões", assim como a experiência numa atividade econômica privada que lhes levava a juntar um pecúlio e comprar a liberdade de seus familiares.[128] De qualquer forma, a sociedade é caracterizada pelas características que apresenta em sua fase mais madura, no momento de sua desintegração.

Moreno não respondeu às novas objeções, apenas remeteu ao que escrevera em *El ingenio*: o desenvolvimento tecnológico que compreende a produção manufatureira semimecanizada e mecanizada comportava mais força de trabalho capaz de fornecer matéria à fábrica, já que a capacidade de processamento se multiplica várias vezes e o aumento da produção deve contribuir para amortizar os custosos investimentos que a renovação técnica exige. O desenvolvimento tecnológico multiplicava o trabalho agrário enquanto reduzia sua necessidade na fase de transformação, e confiava as tarefas relacionadas ao maquinário mais sofisticado aos trabalhadores assalariados. A questão não estava na habilidade para operar as máquinas, nem na ausência de instrução e de conhecimentos, mas na motivação pessoal para desempenhar responsabilidades sem a compensação adequada (retribuição, conservação do trabalho, mobilidade), além da complexidade da industrialização e da diferente composição orgânica do capital num e noutro sistema (noção desenvolvida por Pérez de la Riva).¹²⁹

Por outro lado, é certo que Moreno não registra as referências documentais usadas para estabelecer a evolução dos preços dos escravos que aponta para sua não rentabilidade, entre outros déficits de fidelidade estatística. Ao contrário dele, Bergad, Iglesias e Barcia apresentam um trabalho sistemático, documentado e muito completo para a longa etapa estudada – toda a época da escravidão maciça, de 1790 a 1880 –, baseado nas transações de cerca de 23 mil escravos em mercados locais de Havana, Santiago e Cienfuegos. Existem, no entanto, formas diferentes de contabilizar o preço dos escravos em sua evolução histórica. Os estudos citados estabelecem preços médios – o de Bergad, Iglesias e Barcia, que é o mais completo, pondera preços por idade, sexo, procedência étnica e ocupação, e os valores são indexados para corrigir a inflação ao longo do século XIX – ao mesmo tempo que se toma o escravo como uma mercadoria constante e se deduzem as incidências do mercado (flutuações devidas à oferta e à demanda, frete, custos de ilegalidade, condições internacionais etc.). Os autores estabelecem uma distinção entre vendas e preços de cartas de liberdade por manumissões ou coartações. As séries são construídas a partir de informações de mercados locais e documentação notarial de tabelionatos. No entanto, encontramos um mercado internacional direto com a África ou que se serve dos depósitos no Caribe, diferente do mercado doméstico, que não é registrado nos protocolos. Encontramos também leilões de lotes cujos preços se afastam dos que são indicados aqui. Os anúncios na imprensa refletem preços médios até 50% maiores do que os compilados na obra citada.¹³⁰ O estudo de Moreno, Klein e Engerman para a etapa de 1856 a 1863 proporciona preços entre 20% e 50% maiores que os de Bergad-Iglesias-Barcia.¹³¹

Se os preços absolutos apresentam grandes variações de acordo com a fonte utilizada, a tendência, por outro lado, não varia muito. E as contribuições de Bergad sobre os preços na região açucareira de Matanzas confirmam a íntima relação entre o desenvolvimento açucareiro e a utilização maciça de escravos até o fim dos dias da escravidão.¹³² Mas, diferentemente do que o autor conclui, suas teses não confirmam a dedução de Rebecca Scott quanto aos argumentos de Moreno a propósito da ineficácia do regime escravista que chega ao ponto do desenvolvimento técnico de sua insustentabilidade final, pois é patente que a estrutura demográfica da *plantation* não permite repor o trabalho necessário por meio de seu crescimento vegetativo – como Pérez de la Riva também demonstrou de forma concreta. Bergad prova a rentabilidade da escravidão nas condições de preços altos do açúcar, entre 1840 e 1878, e não depois disso, pois seu estudo estatístico termina nas vésperas da queda do preço do açúcar nos mercados internacionais. Moreno insistiu na crescente falta de rentabilidade da escravidão desde 1860, afirmando em seus trabalhos que dispunha de fichas e dados de livros de contabilidade de engenhos, os quais não chegou a publicar nem a registrar no aparato crítico de seus trabalhos.[133]

O argumento de Scott liberava o processo de abolição das determinações econômicas e deixava o caminho livre para enfatizar as relações proprietário-escravo, ou, mais precisamente, a relação escravo-escravidão, condição por sua vez para concentrar a atenção na atitude do escravo destinada a conquistar a liberdade, para a qual utilizará um extenso e variado repertório de medidas, um conjunto de estratégias perfeitamente definidas.

Na segunda metade da década de 1980, os estudos sobre a escravidão experimentam um renovado interesse em Cuba e se expressam em diversas linhas. Já nos referimos às publicações surgidas na ocasião do centenário da abolição, em 1986, e a outras investigações preparadas na década anterior, que vieram à luz então – *Caminos para el azúcar* –, e aos enfoques teórico-conceituais propiciados por Barcia e Torres-Cuevas, que abriram caminho entre as não poucas discrepâncias que já mencionamos. Os estudos tornaram-se mais numerosos e diversificam-se as áreas e os motivos de interesse. O modelo de *plantation* extenso e uniforme – a história de Cuba desde o século XVIII como avanço contínuo em direção à *plantation* ao estilo anglo-caribenho – começa a ser discutido, algumas vezes diante de generalizações praticadas nos ensaios e nas histórias econômicas em uso, outras com a intenção de discutir a visão de Moreno Fraginals num ou noutro aspecto de sua obra, reprovada por aplicar o caso da região de Habana-Matanzas a todo o Ocidente e, por extensão, ao conjunto da ilha. Hernán Venegas foi um dos autores que mais dedicadamente rebateram esse modelo projetado no território, a partir de sua tese de doutoramento sobre a região de Las Villas, defendida em 1989, e em sucessivos artigos posteriores.[134] A diversidade regional e temporal de situações, bem como a presença de população livre significativa, no entanto, não podem ser levadas ao extremo de estabelecer tais diferenças em relação ao Caribe britânico, francês ou holandês, ilhas convertidas em verdadeiras *plantations* diante da singularidade relativamente plural de Cuba – ideia, aliás, muito grata à tradição *criolla* liberal, tão bem representada por Ramiro Guerra –, perdendo de vista tanto a importância do escravo depois de 1790 quanto da escravidão enquanto sistema a partir dessa década, assim como do papel essencial que a economia de *plantation* cubana desempenhou na economia industrial do século XIX. Com diminuição relativa da população escrava em relação à população total da ilha, e com menor prática de monocultura a *plantation* cubana exerceu uma influência no mercado mundial muito superior àquela desempenhada pelas *plantations* caribenhas pouco variadas do século anterior. Ainda quanto aos contrastes regionais, Jorge Ibarra abordou a persistência da escravidão patriarcal no Centro-Oeste da ilha ao longo do século XIX, e suas consequências sociais e políticas.[135]

A recepção de pequenos círculos da historiografia internacional surtiu um efeito multiplicador. Ao lado de construções de ambição teórica, abriram caminho estudos empíricos com a aspiração de estabelecer o mapa efetivo da escravidão africana na ilha. Os aspectos quantitativos haviam reclamado a análise de censos e padrões, como já vimos. O texto de Pérez de la Riva, "El monto de la inmigración forzada en el siglo XIX", publicado em 1974, respondeu a um enorme esforço de reconstrução por meio de cálculos demográficos das contribuições dos africanos, necessário para explicar o número de escravos existentes em diferentes épocas, contribuição que a informação histórica sobre o tráfico não chega a demonstrar. O autor, que já havia escrito sobre o tema em 1970, levava em consideração as contribuições de Curtin e de Knight para oferecer, segundo suas estimativas, até 40% a mais de ingressos de africanos do que os registrados pelas fontes históricas.[136] Essa via dedutiva foi depois amplamente criticada, embora aponte um número máximo que, à medida que conhecemos mais sobre o comércio de africanos, vai se aproximando dos dados comprovados. Em 1975, Klein fez uma contribuição muito valiosa ao conhecimento histórico do comércio de escravos em Cuba entre 1790 e 1843, a partir das fontes localizadas no Archivo General de Indias e em fundos britânicos, que o levava a determinar o número de barcos, procedências, nacionalidades dos africanos, bem como o número de escravos, seu sexo e sua idade.[137] Esse estudo somava-se a outros sobre o tráfico português com destino ao Brasil e ao tráfico intercaribenho, numa tentativa de assentar sobre bases empíricas o comércio realizado e as rotas seguidas. A extensão do modelo daria lugar, anos depois, à maior e mais útil base de dados internacional sobre o tráfico atlântico.[138] A orientação demográfica das análises com referência a Cuba, ainda que lance dúvidas sobre as cifras absolutas, uma vez que, em 1821, o tráfico ingressa em sua fase clandestina, permitia estabelecer modelos confiáveis para todo o período estudado. É de particular interesse a tendência observada de crescimento da população escrava *criolla*, à medida que se aproxima o ano de 1843, consequência do equilíbrio progressivo de idades e de sexos, que se torna mais importante que a contribuição direta de africanos. De qualquer forma, além do trabalho já citado de Gloria García sobre o tráfico antes de 1790, nem a linha demográfica nem a empírica foram continuadas pela historiografia local. No entanto, o projeto sobre preços dos escravos em Cuba entre 1790 e 1886, organizado por Laird Bergad para a City University of New York e desenvolvido na ilha entre 1989 e 1994, em coautoria com Fe Iglesias e Carmen Barcia, ao que já nos referimos, ofereceu uma ferramenta quantitativa essencial.[139]

Na linha das histórias da gente sem história, dos tipos sociais e dos ofícios, do mundo urbano, Olga Portuondo, a grande especialista da região oriental, foi chamando a atenção para as modalidades de escravidão diferentes da *plantation*, coincidindo no início do século XIX com o salto à plantação escravista e à economia de mercado capitalista, segundo ela. Portuondo, como Rafael Duharte, nos proporcionarão histórias de escravos e de pessoas livres de cor na região santiaguense, em artigos reunidos em livros.[140]

Em 1991, ainda parecia ser pertinente a análise de um então jovem investigador do Instituto de Historia de Cuba, Alejandro de la Fuente, cuja formação fora próxima à de Moreno Fraginals. Segundo De la Fuente, não se deveria confundir escravidão e *plantation*, que caracterizam uma determinada época e uma região específica da ilha; a história de Cuba não se reduzia à do trabalho forçado, nem a produção de açúcar se realizara sempre mediante o sistema de *plantation*. O trabalho de De la Fuente, com bom uso da bibliografia internacional e recurso aos protocolos notariais para documentar sua investigação, concentrou-se no início da produção açucareira, na segunda metade do século XVII. O autor encontrou grupos de trabalho com média de quinze escravos, em sua imensa maioria africanos adultos, o que denota irregularidade no abastecimento, mas também uma necessidade menor de reposição e certa estabilidade em relação ao contínuo crescimento posterior do grupo. A idade média de 41 anos – e havia muitos de idade avançada – desmente a curta expectativa de vida, à diferença da *plantation* posterior, orientada pela obtenção máxima de mais-valia, segundo ele, o que encurta drasticamente a vida. O autor chamava a atenção para o ajuste, dependendo dos ciclos de produção e da vinculação com o mercado, do conceito de "melhor idade" ou "idade de máxima produtividade", a qual, no trapiche do século XVII, está associada à população com idades superiores à do escravo da década de 1830, com o conhecimento de um ofício, o que repercute no preço alcançado.[141]

Na metade dos anos 1990, Gloria García oferece uma nova orientação aos estudos sobre a escravidão com o livro *La esclavitud desde la esclavitud: la visión de los siervos*, publicado primeiramente no México, em 1996, e em Cuba, em 2003. A obra introduz uma análise sistemática amparada em testemunhos reunidos no ANC, em processos judiciais e em tabelionatos. Em primeiro lugar, esse trabalho oferecia uma visão panorâmica da *plantation* e da escravidão, a partir de uma perspectiva estrutural, para em seguida mostrar a riqueza de experiências dos subalternos e a possibilidade, também para Cuba, de conhecê-las através da voz dos dominados, com todas as nuances que possam aparecer por causa dos mediadores que as recolheram e transcreveram. Isso conferia uma vivacidade à condição escrava que já não se apoiava na descrição e nos adjetivos dos historiadores, sem pretender substituir a análise pelo testemunho. Em segundo lugar, rompia com inúmeros temas e mostrava uma diversidade de situações no interior da *plantation* e da escravidão urbana que antes não eram notadas. A autora se sentia atraída pela visão que Eugene Genovese propusera em *Roll, Jordan, Roll: The World the Slaves Made*, em sua opinião um marco no tratamento da escravidão – ainda anos mais tarde, durante um período que passou em nossa universidade, ocasião em que teve oportunidade de trabalhar a fundo nesse e noutros livros e de ter acesso à leitura de *The World the Slaveholders Made*. Em *La esclavitud desde la esclavitud*, a autora encontra testemunhos de resistência escrava nas mais variadas situações e a propósito de aspectos muito diferentes, incluindo as mudanças na intensidade do trabalho. Ao mesmo tempo, seguindo a interpretação de Genovese, García conclui que a rotina da plantação precisava também de uma conciliação de interesses conflitivos e, embora discorde da ênfase que o historiador norte-americano concede ao equilíbrio e à estabilidade da vida interior da *plantation*, considera o surgimento de um *modus vivendi* em que os escravos tiveram uma percepção nítida de seus direitos e deveres.[142]

A recepção de textos como o de Genovese tinha, sem dúvida, consequências muito frutíferas, mas é preciso fazer notar que estes muitas vezes chegavam desprovidos dos debates suscitados por sua aparição e das ricas controvérsias que geraram. Genovese tinha dado ênfase à construção de uma cultura pelos escravos, inspirado na noção gramsciana de construção de uma hegemonia alternativa pelas classes subordinadas. Com isso, voltava à noção das relações recíprocas entre proprietário e escravo segundo Ulrich B. Phillips em *American Negro Slavery* (1918), despojando-as das considerações racistas de Phillips.[143] O exame das formas de vida cotidiana capturou sua atenção, em particular as duas vias empregadas pelos escravos para se reconhecer e se reafirmar: a preservação das tradições africanas (às quais presta uma atenção muito limitada) e a recepção e reinterpretação das influências do mundo branco dos senhores (e dos brancos pobres), as quais são apropriadas com um significado diferente, num exercício que conduzia ao reconhecimento/formação de uma classe e a uma expressão política da luta de classes, esta última via mais fraca, de resto ausente na recepção pela historiografia cubana desse historiador. Genovese cobrava atenção para o processo em que os escravos atribuem significado à cultura recebida e convertem-na em cultura própria, orientada pelos valores que estão em criação – especialmente por meio da religião – e que lhes ajudavam a resistir à agressão moral e psicológica num regime como o escravista.[144] O mundo feito pelos escravos por fim adquiria personalidade específica e concedia ao negro escravo as qualidades necessárias para construir uma determinada identidade/condição social. O contexto necessário era proporcionado pelo paternalismo das relações escravistas. Se por um lado este transmite a ideologia a partir da qual os plantadores exercem sua hegemonia e pode permitir uma redução da coerção (a noção de "obrigações mútuas"), por outro, o senso de reciprocidade implicava o reconhecimento da condição humana do escravo e dava espaço para que se servisse do paternalismo conforme seus interesses. A segunda escravidão em Cuba, que ocorre no contexto da *plantation*, em condições de intensificação de trabalho na grande propriedade açucareira, e mesmo na propriedade cafeeira da primeira metade do século XIX, com centenas de escravos, compreende o período que tem início por volta de 1790 e adquire traços bem mais definidos a partir da década de 1820. Trata-se de um mundo diferente, em que as relações patriarcais – mais que paternais – ficam nas fronteiras externas dessas unidades econômicas representativas da economia e da sociedade cubanas do século XIX.

"Toda escravidão pode ser escravidão, mas nem todas as escravidões são iguais, econômica ou culturalmente." Podemos concordar com o que afirma Sidney Mintz quando nos adverte sobre a necessidade de distinguir se a escravidão desempenha um papel principalmente econômico ou se está integrada a um código de conduta em que a racionalidade econômica é secundária. "Todas as definições da condição de escravo contêm em seu núcleo a ideia dos direitos de propriedade de uma pessoa sobre outra. Em certas circunstâncias, tais direitos tomam a forma de capital. (...) Se realmente o escravo é capital, uma fonte de acumulação de capital, uma mercadoria, ou algo mais além disso, é muito relevante", continua.[145] Para o historiador, deveria ser relevante se ele é capital, fonte de acumulação de capital ou mercadoria, é claro, um ser humano ou parte de um processo de produção. Se o escravo é considerado capital, será preciso repetir com Marx que este não é uma coisa, mas uma relação social entre pessoas no processo de produção: "Um negro é um negro. Só em determinadas condições se converte em escravo. Uma máquina de fiar algodão é uma máquina de fiar algodão. Só em determinadas condições se converte em capital." Só em determinadas condições o escravo se converte em capital, e em função disso e do domínio que seu dono exerce, dá lugar a uma "sociedade de caráter peculiar e distintivo".[146]

A visão do escravo, no trabalho de uma investigadora como Gloria García, que levava em conta o sistema em que as experiências estavam inseridas, foi abrangendo até a capacidade dos indivíduos de intervir em seu entorno e de acomodá-lo, adequá-lo, na linha apontada pelos estudos que, a partir da perspectiva da conduta social, privilegiam o agenciamento, a utilização de estratégias favoráveis a seus interesses, com mais ou menos êxito. Simultaneamente, a historiadora conservava uma visão analítica e global quando se ocupava do regime econômico e social. A separação da escravidão e do mundo dos escravos, em suma, parecia exigir ferramentas metodológicas diferentes. Nisso, o novo panorama dos estudos sobre a escravidão em Cuba se equiparava, com um par de décadas de atraso, à historiografia social internacional. A uma de suas correntes, é claro: a perspectiva analítica próxima à experiência das classes subalternas, a partir de uma atitude de compromisso não isento de compreensão e de compaixão, distanciava a história da escravidão das atividades econômicas que demandavam trabalho coercitivo. O capitalismo, tido como um sistema onipresente e onipotente, estava na origem da dominação (social, política), dispensando-se de explicar que a dominação é um mecanismo de subordinação intimamente vinculado à essência última do sistema, a exploração (econômica) que possibilita a obtenção de mais-valias. O processo de produção do açúcar, do algodão, do fumo, do café e de outros artigos era apenas acessório para analisar as relações sociais e especificamente algo, ao que parece, mais importante: as condições humanas, às quais o foco ia se delimitando.

A história dos escravos, separada da escravidão, como se fosse possível separar os seres humanos do sistema onde atuam, "se humanizava". Essa tendência da historiografia não deve ser considerada necessariamente negativa. Contudo, a humanização se fazia subtraindo o escravo do regime social ao que se deve sua condição escrava. Ao converter a análise social numa avaliação permanente sobre a condição humana, em vez de oferecer explicações históricas, o historiador investe-se de moralismo. E ao enfatizar a ordem moral da dignidade, além de oferecer lições para a posteridade, corremos o risco de encerrar os conflitos cotidianos, e os menos frequentes e de maior alcance, numa esfera separada dos interesses e da ordem econômica.

"Todos produzem algo interessante, mas o método de alguns é decepcionante e o de outros é discutível", escreveu Eric Hobsbawm sobre a tendência, na história dos trabalhadores industriais surgida nos anos 1980, basicamente empática, de recriar a experiência. "Mergulhar no passado em busca de exemplos inspiradores de luta, ou algo no estilo, representa escrever a história começando pelo final e ecleticamente", palavras que podem ser aplicadas à história dos escravos. E continua:

> Recuperar todos os dados possíveis sobre como viviam, agiam e pensavam os trabalhadores pobres certamente é importante. (...) Essas coisas não constituem um fim em si mesmas, por muito que nos entusiasmemos ao descobrir o que até agora se ignorava. Se não formulamos primeiro perguntas e depois buscamos material à luz das mesmas, corremos o risco de produzir algo que será meramente uma visão esquerdista da afeição pelo estudo do antigo, trabalho que equivalerá ao que realizam os folcloristas amadores.[147]

As resistências à dominação e a insurreição tiveram em dois autores uma ampla renovação: Gloria García, que reconstruiu o repertório do protesto,[148] e Manuel Barcia. Entre os historiadores cubanos, uma história da escravidão realmente atlântica começa com Manuel Barcia, historiador formado entre Havana e Essex. Desde seus primeiros trabalhos, ocupa-se das causas da rebeldia. Em sua obra de iniciação, tratou da regulamentação de escravos e os castigos ("parajudiciais").[149] A análise do controle e da repressão foi contemplada pela primeira vez em termos de dominação, poder e castigo, sob evidente influência de Foucault e, de alguma forma, ainda pouco desenvolvida, de James Scott (por exemplo, na demonstração do poder para infundir obediência). Barcia estabelece uma distinção entre o castigo estritamente institucional e a autonomia dos proprietários, cada vez mais importantes, enfrentando maior concorrência depois de 1844. Em seu livro *Seeds of Insurrection*, desenvolve amplamente os conceitos anteriores e amplia-os de forma considerável ao se ocupar das conspirações escravas da primeira metade do século XIX.[150] A conexão com a África e as tradições prévias à escravização – seguindo John K. Thornton e Paul Lovejoy – adquirem importância.[151] O estudo dos movimentos promovidos por negros e mulatos livres urbanos, em sua maioria *criollos,* que atraem os escravos, incorpora pontos de vista expressados por Robert Paquette e Matt D. Childs sobre Cuba – os quais abriram interessantes perspectivas de história atlântica –,[152] e por Michael Craton sobre as Índias Ocidentais.[153] Barcia leva o tema a um cenário não muito distante das considerações culturais: as prévias, o estatuto legal do escravo e a presença religiosa. Se seu livro *Con el látigo de la ira* terminava com a afirmação de que "a resistência escrava nas plantações, ao ser estudada, deve sempre ser entendida como a lógica consequência da legislação sobre os servos e das medidas de repressão e controle geradas a partir da legislação", no seguinte ele evita se posicionar no debate sobre as teses de Tannembaum, e considera que Arnold A. Sio oferece uma tese alternativa ao introduzir o contexto socioeconômico, que de certo modo observamos em Moreno, ao rebater as teses de Klein: "O status jurídico do escravo se desenvolveu exclusivamente em termos de propriedade como resultado das demandas de um capitalismo emergente."[154] Da rebelião, Barcia passa à resistência cotidiana, distinguindo, como Genovese, acomodação de espírito crítico, ações subversivas e resistência. Esta última foi cultivada numa determinada cultura não violenta, que existia porque os escravos transformaram os elementos culturais da opressão em seu favor, o que fizeram de maneira muito evidente no caso da religião católica.

A lei e o potencial de direitos gerado nos escravos, ou por ação dos escravos, ingressam definitivamente na historiografia em que estão compreendidos alguns dos mais ativos historiadores cubanos residentes no exterior.[155]

Se há uma autora que reflete bem a abertura temática e a mudança de sensibilidade nos estudos sobre a escravidão em Cuba, de 1980 a nossos dias, é Maria del Carmen Barcia. Depois dos estudos macro-históricos – com resoluta orientação conceitual, que pode ser apreciada em sua tese de doutoramento sobre a abolição da escravidão, a qual a obrigou previamente a caracterizar esse sistema –, e de sua contribuição à história dos preços dos escravos no livro escrito com Bergad, depois de sentir-se atraída por outras questões sociais, Barcia passou a investigar o mundo dos escravos, no final dos anos 1990. Da escravidão aos escravos. As camadas populares urbanas e as relações familiares constituirão o centro de sua atenção daí em diante, especialmente no que se refere à família escrava.[156]

Se Gloria García indicava que a família aparece como uma constante na documentação, Barcia estabelece que a família escrava teve que ser instituída sobre condições novas, não trazidas da África, e que foi também um mecanismo de controle social. Não obstante, a ascensão da *plantation*, por volta de 1820, coincide com a queda do número de matrimônios, até que o aumento tanto da pressão abolicionista no início da década de 1840 quanto das insurreições restabelece-os para favorecer a reprodução. A tendência a contrair matrimônio decresce em proporção à queda do número de escravos, favorecendo outro tipo de relações familiares, os parentes por afinidade, a família extensa e flexível.[157]

Barcia discute a concepção da plantação como espaço fechado, sem comunicação, em que os escravos se relacionam unicamente com iguais e sofrem abusos dos senhores e dos capatazes, com ausência de família e uma vida sexual limitada a acasalamentos temporários, como Moreno Fraginals descrevera apressadamente. Por outro lado, era possível encontrar um panorama muito mais diverso, incluindo famílias, relações poligâmicas, adultérios, abusos e crimes por causa de ciúmes e outros conflitos sentimentais. Os casos estudados mostravam-no por volta da metade do século XVIII, quando num engenho citado cerca de 94% das mulheres estavam casadas e quase a metade tinha filhos, 60% dispunham de cabanas familiares e vários escravos estavam casados com servas das propriedades vizinhas. As relações podiam ser mais complexas devido à possibilidade legal de que pessoas de cor livres contraíssem matrimônio com os escravos. O desenvolvimento da grande plantação oferece exemplos de situações muito mais diversas. Os regulamentos intensificam o controle e a vigilância desde a década de 1840: a família subsiste, mas as regulações são muito maiores e as famílias tornam-se menos espontâneas, e em algumas ocasiões crescem as uniões conjugais em vez dos matrimônios legais; nem sequer a implementação do barracão interrompe essas práticas sociais, pois neles se habilita uma seção para os casados. Barcia não ignora a dimensão produtora de bens materiais da escravidão. Sua perspectiva consiste em analisar uma condição subalterna em que, apesar de os escravos estarem submetidos a situações hostis extremas, "mantiveram suas crenças, reafirmaram seus sentimentos e fortaleceram suas condutas solidárias e afetivas, construindo e protegendo suas famílias".[158]

Pouco tempo depois, Aisnara Perera e María de los Ángeles Meriño começaram a publicar o que já se tornou um sólido e extenso repertório de estudos sob a etiqueta de história demográfica e é, apesar disso, uma contribuição consistente à história social apoiada em fontes paroquiais e cartórios.[159] A proximidade metodológica a Rebecca Scott e especificamente a Robert W. Slenes (*Na senzala, uma flor*), bem como à escola da Universidade Estadual de Campinas, é evidente. Os escravos, muito mais que a escravidão em si, se convertem no centro da atenção. A ação de construir espaços próprios é essencial, não porque existam outros âmbitos – a plantação enquanto projeto capitalista demandava braços masculinos, afirmam numa ocasião –,[160] mas porque as autoras o escolhem deliberadamente, o que afirma a personalidade do indivíduo e nega a coisificação da pessoa na servidão.

O tema da reconstrução de famílias encontra em Herbert G. Gutman um modelo para levar a cabo, paralelamente, a análise dos ciclos de vida de senhores e escravos. Gutman, autor representativo do que se chamou New Labor History, submetia à crítica a noção de relações paternalistas que em Genovese articulam a dominação dos senhores e a resistência dos escravos, e deslocava a ênfase para a resistência à dominação, entendida como alheia à influência dos donos. A família escrava era a demonstração indiscutível da vontade de criar laços duradouros e resistentes por meio dos quais se desenvolviam os valores próprios e se transmitia a história do grupo.[161] Genovese respondia ao que chamava de esquerda liberal e bem-intencionada, assinalando que concordava com o idealismo conservador em sustentar teses que prescindiam das relações dialéticas da experiência de trabalho e da incipiente violência, que encerram as formas políticas do contexto e dos próprios atores, reduzidos ao âmbito da vida privada e à sua capacidade de criar milagrosamente uma "cultura autônoma", o que, além de ser historicamente falso, tinha implicações morais reacionárias.[162]

Klein também afirmara a importância das diferenças culturais para explicar a evolução da escravidão: as populações escravas seguiam modelos de reprodução e tinham esperanças de vida semelhantes aos da população livre de seus respectivos países, mais deteriorados na medida em que ocupavam o baixo escalão do trabalho (Klein ia mais longe ao afirmar que as condições de vida dos escravos eram melhores que a dos camponeses livres dedicados à agricultura de subsistência).[163] Um dado importante, contudo, obriga a revisão dessas considerações que, de qualquer forma, foram pensadas em torno a formas patriarcais de escravidão: o número de africanos levados para Cuba no século XIX foi quatro vezes superior ao número da imigração de origem europeia. Em 1899, o número de pessoas negras e mulatas representava a metade da população branca: a instituição familiar e os modos de reprodução não parecem ter seguido caminhos parecidos. Isso obriga a prescindir de fatores como taxas de reprodução mais elevadas entre os livres de cor, taxas de masculinidade entre escravos e especificamente nas plantações, o papel que desempenha o dono e a esperança de vida. Porque, como acreditamos ter demonstrado, na etapa em que foram maiores a pressão e a iniciativa dos escravos e de seus familiares livres para conquistar a liberdade, quando foram mais favoráveis os resquícios legais e sociais para consegui-la, na fase da dissolução da escravidão com a instauração do patronato, entre 1880 e 1886, o maior número de escravos que deixaram a escravidão correspondeu ao dos que morriam em servidão.[164]

Na historiografia recente, predomina uma ascensão de técnicas e metodologias elaboradas, por exemplo, nos textos de Perera e Meriño, ao mesmo tempo que se assiste a um distanciamento de qualquer enfoque teórico e conceitual (sempre e quando consideremos que as perspectivas metodológicas estão livres de carga teórica e ou ideológica). Podemos apreciar, por exemplo, no estudo dessas duas historiadoras sobre o café, um trabalho esplêndido, em que a história de casos, no entanto, é elevada a uma categoria, e os saltos temporais parecem encerrar uma realidade dada, apesar da colocação explícita das autoras de que a realidade é construída pelos atores sociais, com seus avanços e retrocessos.[165]

Uma segunda tendência nos estudos sobre açúcar e escravidão mantém o interesse pela história socioestrutural. Mercedes García é uma de suas autoras mais constantes e representativas. Suas obras sobre o século XVIII correspondem a um trabalho intenso de documentação em arquivos e a um exercício guiado pela aspiração de que a informação, ajudada por um esforço indutivo, faça com que as conclusões sejam deduzidas. Deduzir, contudo, que os engenhos do século XVIII nunca conseguiram ser unidades autossuficientes porque precisavam se abastecer de carne, sal, óleo, pedaços de cobre e ferro para a manufatura no mercado, ou comprar mão de obra africana, leva-nos a questionar algo preliminar: o que se deve entender por autossuficiência econômica, que não consiste numa autarquia absoluta; da mesma maneira que a reserva de terreno para outros cultivos no início do empreendimento açucareiro não fez com que os engenhos estivessem "mais próximos às *haciendas* do que às *plantations*" no final do século XVIII, pois quase sem exceção e em ciclos sucessivos antes de chegar a seu desenvolvimento máximo, as plantações do restante do Caribe fizeram também reserva de solo para alimentos.[166] Não há de passar despercebida sua distinção entre a atitude dos senhores de engenho de Cuba e os senhores da Jamaica e de São Domingos. Os primeiros foram guiados por uma racionalidade prudente, instalando uma capacidade produtiva que não era explorada à espera de uma conjuntura favorável. Já os demais buscavam o máximo de eficácia e de utilidades para o capital investido. Também há de se notar a afirmação de que os lucros não dependiam apenas da venda de açúcar no mercado, "mas do barateamento dos custos de produção", embora não se explique a desagregação que faz da categoria "lucro". É relevante, por fim, a conclusão oferecida, a qual podemos entender que faz referência ao tamanho do mercado em função da capacidade de consumo das respectivas metrópoles, pois a autora não menciona em nenhum momento o mercado mundial: "Isto constituía uma regularidade da economia de escala aplicada nas plantações."[167]

A última parte do livro *Entre haciendas y plantaciones* é dedicada à escravidão. Considerada em seu conjunto um sistema, a força de trabalho é equiparada a um instrumento de trabalho, que, para a autora, é dotado de uma divisão interna, tida como essencialmente qualitativa, conforme as tarefas sejam desempenhadas na agricultura ou na manufatura. Dessa divisão nasce uma hierarquia de ofícios, posições e privilégios, em termos de maior acesso a alimentos ou da escolha de uma esposa entre as escravas, e isso se traduz em uma autorrepresentação estratificada, influenciada também pela mestiçagem, e que levava o escravo a se situar no escalão social que acreditava ocupar. A rentabilidade do trabalho escravo, defende Mercedes García, resulta da comparação entre "o que estes eram capazes de produzir em valores e os gastos de sua compra e manutenção"; a rentabilidade per capita era decrescente quando o número de escravos superava o necessário para fazer produzir uma determinada superfície.[168] Uma revisão das noções adotadas na documentação e um aparato teórico-conceitual adequado, qualquer que fosse sua opção, reorientariam o considerável corpus de informação, permitiriam superar uma ordem basicamente descritiva, possivelmente modificariam argumentos afirmados rotundamente e, sem dúvida, reforçariam as contribuições contidas nessa obra. Outros estudos optaram por descrever e sistematizar o conhecido, ou abriram-se à história material, recobrando a tradição de estudos arqueológicos aplicados ao sistema de plantação.[169]

Depois de um excesso de teoria concebida com enorme rigidez, o positivismo "neutro" poderia parecer o antídoto adequado ao economicismo, ao dogmatismo, aos ensaios sociológicos, à propensão a generalizar sem dispor de um aprofundamento adequado de limites variáveis. O positivismo, por si só, distancia-se da explicação científico-histórica e não tanto de outras formas de ideologia convencional. Do lado oposto encontramos, em 2008, um livro de Jorge Ibarra em que as categorias marxistas são confrontadas com a escravidão colonial e com o capitalismo. O autor combina o uso de uma ampla bibliografia especializada e documentos de arquivos para sustentar sua tese. Ibarra realiza uma sistematização dos pronunciamentos de Marx sobre a escravidão americana, fazendo uma diferenciação temporal e qualitativa, até chegar a *O capital*, que, em quatro ocasiões, delineia a produção para o mercado mundial nas plantações e as sociedades capitalistas como realidades diferenciadas. Ibarra considera que as relações de produção escravistas nas condições indicadas deram lugar a uma criação social singular por sua natureza e gestão econômica, nem capitalista nem escravista, nem mesmo o híbrido de ambas: o produtor, sem adjetivação, que não provém da transformação do senhor de engenho em proprietário de terras.[170] Por outro lado, Ibarra será um dos poucos autores cubanos que buscam em outros casos e outras historiografias pontos comparativos, perspectiva que, de modo inverso, contribuiu para estabelecer horizontes muito mais ricos.[171]

A escravidão histórica, o capitalismo histórico

A escravidão é uma categoria econômica da maior importância no nascimento e no desenvolvimento do capitalismo, especificamente para a economia industrial, escreve Marx em carta de 1846 a P. V. Annenkov. Mas o fato de ter sido uma categoria importante e até essencial na formação do capitalismo moderno não converte a escravidão moderna em expressão do capitalismo, não faz de suas relações de produção relações capitalistas. Immanuel Wallerstein indicou que a essência do capitalismo consistia na combinação de formas diferentes de trabalho, especializado e comum, livre e obrigatório, de acordo com as áreas e com uma divisão internacional do trabalho. Mas um e outro regime de produção são claramente diferentes e não podem ser confundidos, nem se deveria interpretar a escravidão como o capitalismo com o qual coincide temporalmente, ao que contribui e ao que se subordina na criação de um mercado global, como nos lembra Mintz.[172]

Sem dúvida, para situar o regime escravista é útil diferenciarmos capital mercantil e capitalismo, expansão crescente do capital comercial em coexistência com regimes sociais muito diversos com os que interage, mas que ainda não domina,[173] e o capital enquanto articulação do sistema de produção e de intercâmbio. Quando falamos de capitalismo histórico, não estamos nos referindo a capitalismos históricos. As escravidões são, igualmente, escravidões históricas, submetidas a evolução e adaptação, vinculadas a contextos com que se relacionam e dos quais adotam noções econômicas, técnicas e modalidades de organização produtiva. Não se concebe a história da escravidão em Cuba desde o final do século XVIII a 1886 sem incorporar esta perspectiva dual: a do capitalismo que se transforma e se estende – agora sim – para fazer-se atlântico com vocação global, e a da escravidão que pode aparentar continuidade e unicamente crescimento quantitativo, mas, no entanto, se transforma profundamente sem deixar de reproduzir relações sociais escravistas, que não são as mesmas que as do passado.

Desde meados do século XIX, distinguem-se duas modalidades de escravidão: a escravidão patriarcal e a escravidão de plantação. A distinção foi feita por Marx e se apoia na organização da produção conforme sua destinação: o consumo interno – ou a uma prestação de serviços – ou o mercado mundial.[174] A natureza dos vínculos foi entendida de forma diferente: no primeiro caso, propensa a um tratamento mais "humano", e, no segundo, mais brutal, por estar submetida a ritmos de produção coletivos. É mais próxima da primeira a possibilidade de manumissão, e muito difícil ou impossível na segunda. Os dois modelos parecem nos remeter a níveis diferentes de desenvolvimento econômico e da função que o escravo desempenhava em cada sociedade, conforme o nível de evolução desta ou da degradação da posição econômica do proprietário, incapaz de empregar sua propriedade de forma intensiva ou de impor uma disciplina excessiva. Uma interpretação linear, através de fases sucessivas, prescinde da existência de *plantations* no Caribe espanhol no século XVI e de sua reedição nada patriarcal no século XVIII, ou das características exibidas pelo tráfico de africanos e por sua exploração sem cerimônias desde o começo da colonização no Nordeste do Brasil e no Norte da América, para mencionar áreas onde a escravidão teve continuidade até que o século XIX estivesse muito avançado.

Admitindo-se que o nível de submissão e exploração do escravo africano foi uma constante que tinha diversos níveis de manifestação, e que era mais evidente quando se encontrava em relação com a produção de artigos destinados ao comércio mundial, é possível encontrar etapas históricas no regime de *plantation* segundo o nível de colonização, o provisionamento de mão de obra, o volume de capitais investidos e, especialmente, as condições do mercado, isto é, a demanda e o preço da mercadoria. As últimas grandes sociedades escravistas, nas quais se conhece a mais ampla e eficaz utilização do trabalho escravo com elevados rendimentos econômicos até 1863-1888, desenvolvem-se ao mesmo tempo que se verifica a Revolução Industrial na Grã-Bretanha, que se estende depois a boa parte do Ocidente, ao centro da Europa e ao Norte da União americana, coincidindo com o colapso da escravidão no continente hispano-americano pelas guerras de independência e nas Antilhas inglesas.

Dale Tomich propôs conceituar essa nova e última fase como segunda escravidão, e ofereceu sólidas análises para tal:[175] a produção de artigos deixava de estar orientada pelo capital mercantil e associava-se à demanda maciça de bens e à introdução, para produzir esses bens, de nova tecnologia que modificava a estrutura e a capacidade produtiva dos territórios provedores de *commodities*, matérias-primas tanto para a indústria moderna (algodão) quanto para o consumo (açúcar, café, fumo, o primeiro e o terceiro destinados também a fábricas em que se elaborava o produto final). A sociedade nascente, com sua demanda, aumenta e condiciona a produção de matérias, e, ao introduzir nova tecnologia em seu processamento nas próprias regiões produtoras, cria as condições para um desenvolvimento qualitativamente diferente do trabalho escravo empregado em seu cultivo. A escravidão, nesse sentido, deixa de ser uma modalidade de trabalho colonial e se transforma num produto do capitalismo, já que se torna inseparável dos processos manufatureiros da Europa e do Norte dos Estados Unidos, aos quais proporciona matérias a baixo custo e torna possíveis processos de fabricação maciça que, entre outras exigências, ocasionam uma crescente proletarização do trabalho e a definição do trabalhador livre assalariado, que se constrói em referência ao trabalhador escravo.

A segunda escravidão deu continuidade à instituição no Sul dos Estados Unidos, em Cuba, Porto Rico e no Brasil, e, de forma residual, até 1848, no Caribe francês e em outras pequenas colônias europeias da área. Proporcionou continuidade porque, apesar da aparência, era substantivamente diferente, na realidade, como a escravidão da Europa e África começou também a ser diferente ao se introduzir na América no século XVI, e conheceu modificações qualitativas no século XVII e no começo do XVIII, ao estender-se o novo regime de plantação. As reflexões de Marx sobre o desenvolvimento da escravidão plantacionista em estreita união com a expansão do capitalismo industrial iam nessa direção, até o ponto em que a escravidão "moderna", evoluída, em sociedades nas quais predomina uma concepção capitalista – como a do Sul do Estados Unidos – é incorporada a esse modo de produção como uma anomalia no mercado mundial, com a persistência da produção de mercadorias por meio de trabalho forçado.[176] O que significa ser uma "anomalia" do sistema, e até que ponto ela se confunde ou cresce junto com o sistema, em íntima relação? A diferença está no sentido de reciprocidade de que se reveste a relação escravidão-industrialização, já que a sociedade industrial não se limita a preservar a produção de mercadorias por meio de escravos para assegurar o fornecimento de matéria – e em função disso afeta sua organização como parte da divisão internacional do trabalho; mas que também alimenta sua capacidade produtiva e, consequentemente, alenta a reorganização do sistema escravista, que em nossa opinião coexiste com o capitalismo e toma dele determinados empréstimos, mas conserva e desenvolve uma lógica interna específica a partir das relações sociais estabelecidas nos limites da *plantation*. O resultado é um regime socioeconômico não capitalista, pré-capitalista em inúmeros sentidos, com a particularidade evidente de que o prefixo não supõe que o sistema antecede o capitalismo em termos evolutivos, mas que se sujeita a condições que eludem o capitalismo predominante, como o que ocorre com a agricultura familiar ou de subsistência depois da irrupção do capitalismo, ao que não obstante se subordina.[177] No caso da escravidão, a subordinação é, na realidade, integração ao sistema, integração nem sequer secundária ou subordinada: a escravidão moderna, a segunda escravidão, seria parte do mesmo sistema. À luz desta aproximação, com matizes e discrepâncias sobre a natureza efetiva das relações sociais, a interpretação da escravidão e do mundo escravo em Cuba no século XIX oferece novas e grandes possibilidades.

Notas

1. O texto escrito no marco do projeto HAR2012-36481 da Dirección General de Investigación Científica y Técnica (MINECO) e do Programa Prometeo 2013/023 da Generalitat Valenciana para Grupos de Excelencia.
2. Alejandro de la Fuente, *Una nación para todos. Raza, desigualdad y política en Cuba, 1900-2000*. Madri: Colibrí, 2001, pp. 350-373 e 382-383.
3. Fidel Castro, *La experiencia cubana. Informe al Primer Congreso (1975) y otros documentos*. Barcelona: Editorial Blume, 1976, pp. 21-28. O reforço da ideolo-

gia racista durante a ocupação norte-americana, em De la Fuente, *Una nación para todos*, pp. 67-74.
4. Tomás Fernández Robaina, "Un balance necesario: la lucha contra la discriminación al negro en Cuba de 1959 al 2009", *in*: *Encuentro de la Cultura Cubana*, 53-54 (2009), p. 59.
5. José Antonio Saco, *La supresión del tráfico de esclavos africanos en la isla de Cuba examinada en relación con su agricultura y su seguridad*. Paris: Panckoucke, 1845; e *Historia de la esclavitud desde los tiempos más remotos hasta nuestros días*. Impr. Paris: Lahure, 3 vols., 1875-1877. Continuada a partir do tomo IV como *Historia de la esclavitud de la raza africana en el Nuevo Mundo y en especial en los países américo-hispanos*. Barcelona: Impr. de Jaime Jepús, 1879.
6. Fernando Ortiz, *Los negros esclavos. Estudio sociológico y de derecho público* [1916]. Havana: Ciencias Sociales, 1988, pp. 26-31.
7. Walterio Carbonell, *Crítica: Cómo surgió la cultura nacional*. Havana: Ediciones Yaka, 1961. Citamos a edição da Biblioteca Nacional José Martí. Havana, 2005, pp. 10-19 e 47-53.
8. Pedro de la Hoz, "Lección y linaje de Walterio Carbonell", *La Jiribilla. Revista de cultura cubana,* 19 a 25 de abril de 2008, disponível em: <http://www.lajiribilla.cu/2008/n363_04/363_17.html>.
9. *Contributions au 1er Congrès des écrivains et artistes Noirs*, Paris: Présence Africaine, 1958.
10. Publicado em Havana em 1942, com tradução de Lydia Cabrera por Molina y Cía.
11. Para situar os debates sobre a africanidade em Cuba e o momento pan-africanista, ver Carlos Moore, *Castro, the Blacks, and Africa*. Los Angeles: University of California, 1988, p. 71; e Alberto Abreu, "Esperar por el destino es mágico y patético. Entrevista a Juan Benemelis", disponível em: <http://afromodernidades.wordpress.com/2010/03>. Moore e Benemelis, ambos exilados, são abertamente críticos à atitude da Revolução quanto à questão racial. Para a inserção nos debates sobre a identidade nacional, ver Roberto Zurbano, "El triángulo invisible del siglo XX cubano: raza, literatura y nación", *in: Temas*, 46 (abril-junho de 2006), pp. 111-123 (p. 114).
12. Manuel Moreno Fraginals, "La historia como arma", *Casa de las Américas*, 40 (1967), pp. 20-28. Citamos aqui *La historia como arma y otros estudios sobre esclavos, ingenios y plantaciones*. Barcelona: Crítica, 1983, pp. 11-23.
13. Comissão Nacional Cubana da Unesco. Havana, 1964.
14. Pouco tempo depois, publicou-se uma obra de fatura semelhante com referência ao Brasil, à qual a historiografia em espanhol não deu suficiente valor e com a

qual a cubana tampouco dialogou. Emília Viotti da Costa, *Da senzala à colônia*. São Paulo: Difusão Europeia do Livro, 1966.

15. Citamos Moreno Fraginals, *El ingenio. Complejo económico social cubano del azúcar*. Havana: Ciencias Sociales, 1978, tomo I, p. 9.
16. Manuel Moreno Fraginals, *José A. Saco. Estudio y bibliografía*. Havana: Universidad Central de Las Villas, 1960, p. 76. Publicado anteriormente sob o título "Nación o plantación (el dilema político de José Antonio Saco)", *in*: Julio Le Riverend et al. *Estudios históricos americanos: homenaje a Silvio Zavala*. México: El Colegio de México, 1953, pp. 242-272.
17. Gervasio García, "La nación en la orilla antillana: ¿historia o fantasía?", *Historia Social*, 52 (2005), pp. 59-72. En 1968, Moreno inclui Saco no anexionismo ao considerar que este lhe proporciona um programa, mesmo quando não era coerente com ele. Despojado de espírito patriótico, em 1995, classifica-o como mero "porta-voz da plantocracia".
18. Manuel Moreno Fraginals, "La historia como arma", p. 14. Ver a crítica a Cepero feita por Sergio Aguirre, "En torno a la revolución de 1868", *Islas*, 9 (1968) (reproduzida em María Cristina Llerena (comp.), *Sobre la guerra de los 10 años, 1868-1878*. Havana: Instituto Cubano del Libro, 1973, pp. 44-50).
19. Raúl Cepero Bonilla, *Azúcar y abolición*. Barcelona: Crítica, 1976, pp. 30-31.
20. Ver a edição *Los ingenios de la Isla de Cuba*, texto de Justo G. Cantero com ilustrações de Eduardo Laplante (1853). Edição de Luís Miguel García Mora e Antonio Santamaría. Madri: Fundación Mapfre Tavera/ Ediciones Doce Calles/ CSIC/ Ministerio de Fomento, 2005.
21. Laird W. Bergad, *Cuban Rural Society in the Nineteenth Century. The Social and Economic History of Monocultur in Matanzas*. Princeton: Princeton University Press, 1990, pp. 264-265, 293-297.
22. Sobre as mudanças e a combinação de velhos sobrenomes e comerciantes enriquecidos durante a guerra, ver Fe Iglesias García, *Del ingenio al central*. San Juan: Universidad de Puerto Rico, 1998.
23. Raúl Cepero Bonilla, *Azúcar y abolición*, pp. 31-32.
24. Roland T. Ely, *Cuando reinaba su majestad el azúcar: estudio histórico-sociológico de una tragedia latinoamericana: el monocultivo en Cuba. Origen y evolución del proceso*. Buenos Aires: Editorial Sudamericana, 1963, oitava parte, "La sociedad del azúcar". Manuel Moreno Fraginals, *Cuba/España, España/Cuba. Historia común*. Barcelona: Crítica, 1995, pp. 170-189 ("La sociedad que el azúcar formó"). Para a primeira época, ver Manuel Moreno Fraginals, *El ingenio*.
25. Ver os movimentos de capitais sob a rubrica de transferência de patrimônio em Ángel Bahamonde e José Cayuela, *Hacer las Américas. Las elites coloniales*

españolas en el siglo XIX. Madri: Alianza Editorial, 1992. As consequências dessa diversificação na renovação da indústria açucareira estão em José A. Piqueras, *Cuba, emporio y colonia. La disputa de un mercado interferido (1878-1898)*, Madri, Fondo de Cultura Económica, 2003, pp. 187-214.

26. Raúl Cepero Bonilla, *Azúcar y abolición*, p. 207.
27. Ramiro Guerra, *Azúcar y población en las Antillas* (1929). Havana: Ciencias Sociales, 1970, pp. 62-63.
28. Jorge Castellanos, "Raíces de la ideología burguesa en Cuba", *Cuadernos de Historia de Cuba 1*. Havana: Editorial Páginas, 1944, pp. 49-103, conforme a tradução ao espanhol, em 1941, de *El marxismo y el problema nacional y colonial*, em que foi baseado.
29. Jorge Castellanos e Isabel Castellanos, *Cultura afrocubana. 1, El negro en Cuba, 1492-1844*. Miami: Ediciones Universal, 1998.
30. Leví Marrero, *Cuba: Economía y Sociedad*. Madrid: Playor, 15 volumes, 1971-1992.
31. Fernando Ortiz, *Contrapunteo cubano del tabaco y el azúcar* (1940). Barcelona: Ariel, 1973, p. 285. O capítulo específico sobre este cultivo é intitulado "Del capitalismo privilegiado que siempre ha sido el ingenio de azúcar".
32. Enrique López Mesa, "Tabaco, mito y esclavos en Cuba", *Revista Brasileira do Caribe*, 19 (2009), pp. 53-78. Gloria García, "Esclavos estancieros versus trabajo libre en La Habana (1760-1800)", *in:* José A. Piqueras (Org.), *Trabajo libre y coactivo en sociedades de plantación*. Madri: Siglo XXI, 2009, pp. 141-150.
33. Raúl Cepero Bonilla, *Azúcar y abolición*, pp. 63-65.
34. Ramón de La Sagra, *Historia física, política y natural de la Isla de Cuba*. Paris: Librería de Arthus Bertrand, 1842, tomo I, p. 263.
35. Carlos Funtanellas, em "Nota preliminar" a Sergio Aguirre, *Eco de caminos*. Havana: Ciencias Sociales, 1974, pp. 11-12.
36. Blas Roca, *Los fundamentos del socialismo en Cuba*. Havana: Ediciones Populares, 1960.
37. Oscar Zanetti, *Isla en la Historia. La historiografía de Cuba en el siglo XX*. Havana: Ediciones Unión, 2005, p. 48.
38. "Discurso pronunciado pelo Comandante Fidel Castro Ruz, Primeiro Secretário do Partido e Primeiro-Ministro do Governo Revolucionário no resumo do evento comemorativo dos cem anos de luta efetuada em La Demajagua, Manzanillo, Oriente, 10 de outubro de 1968", *in:* María Cristina Llerena (compiladora), *Sobre la guerra de los 10 años*, pp. 3-23 (citações nas pp. 14-17).
39. Direção Política das FAR (Jorge Ibarra), *Historia de Cuba*. Havana: MINFAR, 1967, pp. 153-154.

40. Yaíma Martínez Alemán, "La función ideológica de la historiografía cubana en la década del sesenta del siglo XIX", *Latin American Research Review*, 48: 3 (2013), pp. 168-179, seguindo as apreciações de Graziela Pogolotti (*Polémicas culturales de los 60*, p. 177).
41. Sobre a Academia, o que segue procede de Orieta Álvarez Sandoval e Alfredo A. Álvarez Hernández, "Las Ciencias Sociales en la Academia de Ciencias de Cuba (1962-1981)", *Tiempos de América*, 9 (2002), pp. 59-78.
42. José Luciano Franco, *Comercio clandestino de esclavos*. Havana: Ciencias Sociales, 1980. Não localizamos os investigadores da segunda linha, desenvolvida mais tarde por Gabino La Roza Corzo em "Los palenques en Cuba: elementos para su reconstrucción histórica", in: Academia de Ciencias de Cuba, *La esclavitud en Cuba*. Havana: Editorial Academia, 1986, pp. 86-123; e *Los palenques del oriente de Cuba: Resistencia y acoso*. Havana: Editorial Academia, 1991.
43. Juan Pérez de la Riva, "Cuadro sinóptico de la esclavitud en Cuba y de la cultura occidental", *Actas del Folklore*, 5 (1961).
44. Ver Lydia Cabrera, *El monte. Igbo finda, ewe orisha, vititi nfinda (Notas sobre las religiones, la magia, las supersticiones y el folklore de los negros criollos y del pueblo de Cuba)*. Havana: Ediciones CR, 1954.
45. Ver o balanço e a análise de María del Carmen Barcia, "La 'línea del color' en la historiografía cubana del siglo XX", *La Gaceta de Cuba*, 3 (2010), pp. 3-8.
46. José Luciano Franco, *Afroamérica*. Havana: Junta Nacional de Arqueología y Etnología, 1961; *La conspiración de Aponte*, Archivo Nacional de Cuba, Havana, 1963; *La presencia negra en el Nuevo Mundo*. Havana: Casa de las Américas, 1968; *La diáspora en el Nuevo Mundo*, Havana: Ciencias Sociales, 1975.
47. Pedro Deschamps Chapeaux, *El negro en la economía habanera del siglo XIX*. Havana: UNEAC, 1971.
48. Ver o reconhecimento de María del Carmen Barcia, "Pedro Deschamps Chapeaux: la sencillez académica", *La Gaceta de Cuba*, 5 (2013), pp. 4-5.
49. Pedro Deschamps Chapeaux e Juan Pérez de la Riva, *Contribución a la historia de la gente sin historia*. Havana: Ciencias Sociales, 1974 (edição espanhola: Juan Pérez de la Riva, *Para la historia de la gente sin historia*. Barcelona: Ariel, 1976).
50. Uma breve nota biográfica em Oscar Zanetti Lecuona, "Juan Pérez de la Riva, el adelantado", *La Gaceta de Cuba*, 5 (2013), pp. 6-9. A procedência e implicação trotskista, in: Rafael Soler Martínez, "Los orígenes del trotskismo en Cuba. Los primeros trotskistas cubanos", *En defensa del marxismo*, 20, 1998, disponível em: <http://prensa.po.org.ar/archivo/edm/edm20/losor.htm>.
51. Oscar Zanetti Lecuona, "Juan Pérez de la Riva, el adelantado", p. 9.

52. Juan Pérez de la Riva, *Los culíes chinos en Cuba (1847-1880). Contribución al estudio de la inmigración contratada en el Caribe*. Havana: Ciencias Sociales, 2000. As referências às diferentes fases do livro foram tomadas da apresentação escrita por sua esposa, Sarah Fidelzait, pp. VI-IX.
53. Sergio Aguirre, "La trampa que arde", *Revolución y cultura*, 19 (1974). Citamos pelo texto de Félix Julio Alfonso López, que nos permite situar a controvérsia e a observação crítica de Ibarra: "Las armas secretas de la Historia. Balance, perspectivas y desafíos de la historiografía cubana en cincuenta años de Revolución", 2010, disponível em: <http://laventana.casa.cult.cu/modules.php?name=News&file=print&sid=5721>.
54. Jorge Ibarra, "Análisis de la historiografía cubana", *Memorias: programa profesional XVI Feria Internacional del Libro de La Habana*. Havana: Ciencias Sociales, 2007, pp. 26-36. *Ibidem*.
55. Gabriel García Márquez, "Operación Carlota: el papel de Cuba en la victoria de Angola", *Boletín Tricontinental*, 53 (1977), pp. 4-25.
56. Manuel Moreno Fraginals, "Manuel de Angola", *Granma*, 12 de março de 1976 (recompilado em *La historia como arma*, pp. 172-178).
57. Jorge Camacho, "La falsificación de la Historia en *La última cena* de Gutiérrez Alea y Moreno Fraginals", *Islas. Quarterly Journal of Afro-Cuban issues*, 21 (2012), pp. 58-67. Camacho assinala que o episódio da sublevação referido em *El ingenio* é situado por Moreno no final do século XVIII, com referências à Revolução do Haiti. Em "Manuel de Angola", Moreno desloca-o para 1740, a fim de aproximá-lo da história de Manuel, e indicar que a indocilidade dos "angolas" se manifestou na citada rebelião e no posterior suicídio dos sobreviventes, sem que a informação histórica possa avaliar essa procedência geográfica. A rebelião na propriedade da Casa Bayona foi datada historicamente de 1727.
58. Fidel Castro, "Discurso por el XV Aniversario de la Victoria de Playa Girón (19 de abril de 1976)", *in: Discursos. 3*. Havana: Ciencias Sociales, 1979, p. 180. Citamos por meio da referência de Jorge Camacho, "La falsificación de la Historia".
59. No âmbito etnológico: Rafael López Valdés, "Problemas del estudio de los componentes africanos en la historia de Cuba", *Revista de la Biblioteca Nacional José Martí*, 3ª época, 22: 3 (1980), pp. 155-177; *Componentes africanos en el etnos cubano*. Havana: Ciencias Sociales, 1985.
60. Manuel Moreno Fraginals, "¿Abolición o desintegración? Algunas preguntas en torno a un centenario", *Granma*, 23 de janeiro de 1980, reeditado em *La historia como arma*, p. 50.
61. Hubert H. S. Aimes, *A History of Slavery in Cuba, 1511-1868*. Nova York: G. P. Putnam's Sons, 1907.

62. Roland T. Ely, *Cuando reinaba su majestad el azúcar* (edición cubana: Imagen Contemporánea, Havana, 2001, pp. 473-501).
63. Arthur F. Corwin, *Spain and the Abolition of Slavery in Cuba, 1817-1886*. Austin: University of Texas Press, 1967.
64. Frank Tannenbaum, *Slave and Citizen: the Negro in the Americas*. Nova York: A. A. Knopf, 1947. Stanley M. Elkins, *Slavery. A Problem in American Institutional and Intellectual Life*. Chicago: University of Chicago Press, 1959.
65. Herbert S. Klein, *Slavery in the American. A comparative study of Virginia and Cuba*. Chicago: The university of Chicago Press, 1967. Uma breve síntese do último, publicado na Argentina, está em "Sociedades esclavistas en las Américas. Un estudio comparativo", *Desarrollo Económico*, 6: 22/23 (1966), pp. 227-245. O autor dedicou ao tema religioso um artigo específico em que ampliava a sua análise: "Anglicanism, Catholicism and the Negro Slave", *Comparative Studies in Society and History*, 8: 3 (1966), pp. 295-327.
66. Hubert H. S. Aimes, "Coartación: A Spanish Institution for the Advancement of Slaves into Freedmen", *The Yale Review*, 17 (1909), pp. 412-431.
67. Herbert S. Klein, "Sociedades esclavistas en las Américas. Un estudio comparativo", p. 244. Há uma interpretação muito diferente em Manuel Moreno Fraginals, "Aportes culturales y deculturación", in: *África en América Latina*. México: Siglo XXI-Unesco, 1977 (citamos a partir de *Órbita de Manuel Moreno Fraginals*, pp. 263-291.)
68. As referências bibliográficas deste parágrafo e uma crítica à interpretação de Verlinden sobre a escravidão europeia e sua exportação podem ser encontradas em José A. Piqueras, "Coacción, voluntariedad y libertad en el trabajo colonial: una historia atlántica", in: José A. Piqueras (Org.), *Trabajo libre y coactivo en sociedades de plantación*, pp. 3-50. Em relação às modalidades de trabalho coercitivo na tradição inglesa, ver Robert J. Steinfeld, *The invention of free labor. The employment relation in English and American law and culture, 1350-1870*. Chapel Hill: University of North Caroline Press, 1991.
69. Claudia Varella, "Esclavos y alquilados. Intersecciones", in: José A. Piqueras (Org.), *Trabajo libre y coactivo en sociedades de plantación*, pp. 311-344; e *Esclavos a sueldo. La coartación cubana en el siglo XIX*, tese de doutoramento. Castellón: Universitat Jaume I, 2010.
70. Verena Martínez-Alier, *Marriage, Class, and Colour in Nineteenth Century Cuba*. Cambridge: Cambridge University Press, 1974 (Verena Stolke, *Racismo y sexualidad en la Cuba colonial*. Madrid: Alianza Editorial, 1992). E os adiantamentos: "Color, clase y matrimonio en Cuba en el siglo XIX", *Revista de la Biblioteca Nacional José Martí*, 10: 2 (1968), pp. 47-112; e "El honor de la

mujer en Cuba en el siglo XIX", *Revista de la Biblioteca Nacional José Martí*, 13: 2 (1971), pp. 29-62.
71. Javier Laviña, *Cuba. Plantación y adoctrinamiento*. Santa Cruz de Tenerife: Ediciones Idea, 2007; Mercedes García Rodríguez, *Misticismo y Capitales. La compañía de Jesús en la economía habanera del siglo XVIII*. Havana: Ciencias Sociales, 2002; Adriam Camacho Domínguez, "De la iglesia a la plantación: tras la huella de los betlemitas en La Habana (1704-1842)", *Hispania Sacra*, 65: 31 (2013), pp. 239-274.
72. Sobre a escravidão na Espanha e na América espanhola, com particular atenção ao século XIX cubano, oferecemos nossa interpretação em José Antonio Piqueras, *La esclavitud en las Españas. Un lazo trasatlántico*. Madri: La Catarata, 2012.
73. Manuel Moreno Fraginals, "Peculiaridades de la esclavitud en Cuba", *Islas*, 85 (1986), pp. 3-12 (reproduzido em *Órbita de Manuel Moreno Fraginals*, pp. 154-167).
74. Manuel Moreno Fraginals, Herbert S. Herbert e Stanley L. Engerman, "El nivel y estructura de los precios de los esclavos de las plantaciones cubanas a mediados del siglo XIX: algunas perspectivas comparativas", *Revista de Historia Económica*, 1 (1983), pp. 97-120.
75. Manuel Moreno Fraginals, "Peculiaridades de la esclavitud en Cuba".
76. Kenneth F. Kiple, *Blacks in colonial Cuba: 1774-1899*. Gainesville: The University Presses of Florida, 1976.
77. Franklin W. Knight, *Slave society in Cuba during the nineteenth century*. Madison, The University of Wisconsin Press, 1974, pp. XV-XVI, 78.
78. Ver Eric Williams, *El negro en el Caribe y otros textos*. Havana: Casa de las Américas, 2011, pp. 397-402, para as "Palabras de elogio"; sem paginação para a correspondência com Ortiz datada de 10 de janeiro de 1945. A relação entre Ortiz e Williams remontava a 1940.
79. Para os debates sobre os modos de produção, ver Carlos Sempat Assadourian et al., *Modos de producción en América Latina*. Buenos Aires: Cuadernos Pasado y Presente, 1973; Roger Bartra et al., *Modos de producción en América Latina*. Lima: Delva, 1976. Em grande parte, este debate foi originado pela tradução e difusão de Karl Marx e Eric J. Hobsbawm, *Formaciones económicas pré-capitalistas*. Córdoba: Cuadernos de Pasado y Presente, 1971 (com inúmeras edições posteriores no México pela editora Siglo Veintiuno). Uma aproximação à renovação da história social latino-americana sobre estes diálogos pode ser encontrada em José Antonio Piqueras, "Eric Hobsbawm en América Latina: una revisión", *Historia Mexicana*, 249 (2013), pp. 359-409.

80. Eugene D. Genovese, *The Political Economy of Slavery. Studies in the Economy & Society of the Slave South*. Nova York: Random House, 1967 (*Economía política de la esclavitud*. Barcelona: Península, 1970); *The World the Slaveholders Made. Two Essays in Interpretation*. Nova York: Pantheon, 1969; e *Roll, Jordan, Roll. The world the slaves made*. Nova York: Pantheon, 1974. E a compilação revisada de Elizabeth Fox-Genovese e Eugene D. Genovese, *Fruits of merchant capital. Slavery and bourgeois property in the rise and expansion of capitalism*. Nova York: Oxford University Press, 1983.

81. Robert W. Fogel e Stanley L. Engerman, *Time on the Cross. The Economics of American Negro Slavery*. Nova York: Norton, 1974 (*Tiempo en la Cruz. La economía esclavista en los Estados Unidos*. Madri: Siglo XXI, 1981). Herbert G. Gutman, *Slavery and the Numbers Game: A Critique of Time on the Cross*. Urbana: University of Illinois Press, 1975.

82. Herbert G. Gutman, *The Black Family in Slavery and Freedom, 1750-1925*. Nova York: Pantheon Books, 1976. Elizabeth Fox-Genovese e Eugene D. Genovese, "The Political Crisis of Social History: A Marxian Perspective", *Journal of Social History*, 10: 2 (1976), pp. 205-220, reelaborado posteriormente em "The Political Crisis of Social History: Class Struggle as Subject and Object", *in: Fruits of merchant capital*, pp. 179-212 ("La crisis política de la historia social. La lucha de clases como objeto y como sujeto", *Historia Social*, 1 (1988), pp. 77-110).

83. Andrés Gunder Frank, *Capitalismo y subdesarrollo en América Latina*. Havana: Ciencias Sociales, 1970, pp. 399-402. A resenha foi publicada em *Pensamiento Crítico*, em 1967, e assinada por Sebastián Elizondo. A segunda obra que assentava as bases da teoria da dependência a partir do campo sociológico quase não teve repercussão nas ciências sociais cubanas. F. H. Cardoso e Enzo Faletto, *Dependencia y desarrollo en América Latina*. México: Siglo XXI, 1969.

84. Immanuel Wallerstein, *The Modern World-System I: Capitalist Agriculture and the Origins of the European World-Economy in the Sixteenth Century*. San Diego e Nova York: Academic Press Inc., 1974 (*El moderno sistema mundial, 1. La agricultura capitalista y los orígenes de la economía-mundo europea en el siglo XVI*. Madri: Siglo XXI, 1979). Alheia ao debate proposto, a historiografia cubana prescindiria também da segunda parte da obra, disponível em espanhol uma década mais tarde. *El moderno sistema mundial. II, El mercantilismo y la consolidación de la economía-mundo europea, 1600-1750*. Madri: Siglo XX, 1984.

85. Immanuel Wallerstein, "The Scholarly Mainstream and Reality: Are We at a Turning Point?", *in:* Immanuel Wallerstein (Org.), *The Modern World-System in the Longue Durée*. Londres: Paradigm Publishers, 2004, p. 222.

86. Octavio Ianni, *Esclavitud y capitalismo*. México: Siglo XXI, 1976; Jacob Gorender, *O escravismo colonial*. São Paulo: Ática, 1978. Dois textos metodológicos situavam a escravidão no núcleo da revisão das formações sociais na América, Ciro Flamarion Santana Cardoso, "Sobre los modos de producción coloniales de América" e "El modo de producción esclavista colonial en América", *in:* Carlos Sempat Assadourian et al., *Modos de producción en América Latina*, pp. 135-159 e 193-242, respectivamente, e o segundo foi publicado em 1971 em Paris como parte de sua tese de doutorado *La Guayane française (1715-1817). Contribution à l'études des societés esclavagistes d'Amerique*.
87. Oscar Pino-Santos, *Aspectos fundamentales de la historia de Cuba*, citado aqui a partir da segunda edição reunida no volume *Cuba: economía y sociedad*. Havana: Ciencias Sociales, 1983, pp. 63-70, 97, 108-113, 118-119.
88. Julio Le Riverend, *Historia económica de Cuba*. Barcelona: Ariel, 1972, pp. 40 e 131-135.
89. Sergio Guerra Vilaboy e Eduardo Torres-Cuevas, "La historia bajo la impronta de la Revolución Cubana. Conversación entre historiadores con José A. Tabares del Real", *Debates Americanos*, 2 (julho-dezembro 1996), pp. 98-101.
90. Oscar Zanetti Lecuona, *Isla en la historia*, p. 53.
91. *Sobre Política Científica Nacional*, citado em Orieta Álvarez Sandoval e Alfredo A. Álvarez Hernández, "Las Ciencias Sociales en la Academia de Ciencias de Cuba", p. 69.
92. Oscar Zanetti Lecuona e Alejandro García Álvarez, *Caminos para el azúcar*. Havana: Ciencias Sociales, 1987. A gênese do livro está nas pp. 1-2. Em 1977 e 1978, foram publicados adiantamentos do livro.
93. Adelaida Zórina, "On the Genesis of Capitalism in Nineteenth-Century Cuba", *Latin American Perspectives*, 2: 4 (1975), pp. 7-20 (sobre la génesis del capitalismo en Cuba en el siglo XIX", *in:* Academia de Ciências da URSS, Historia de Cuba. Havana: Ciencias Sociales, 1982, I, pp. 98-111. Existe uma versão anterior em russo: América Latina vista por los científicos soviéticos. Moscou: Academia de Ciências da URSS, 1973).
94. Oscar Zanetti Lecuona e Alejandro García Álvarez, *Caminos para el azúcar*, pp. 113-115.
95. Franklin W. Knight, *Slave society in Cuba during the nineteenth century*, pp. 31-39.
96. Julio Le Riverend, "El esclavismo en Cuba. Perspectivas del tema", *Revista de la Biblioteca Nacional José Martí*, 3ª época, 22: 3 (1980), pp. 33-51. Citamos a partir de sua reedição, *in:* Julio Le Riverend et al., *Temas de acerca de la esclavitud*, p. 19.

97. María del Carmen Barcia, *Burguesía esclavista y abolición*. Havana: Ciencias Sociales, 1987.
98. María del Carmen Barcia, "Algunas cuestiones teóricas necesarias para el análisis del surgimiento y la crisis de la plantación esclavista", *Revista de la Biblioteca Nacional José Martí*, 3ª época, 22: 3 (1980), pp. 53-87. Disporemos de uma nova versão, publicada em Cuba e na Espanha, à qual se incorpora uma referência introdutória ao trabalho de Gunder Frank, a suas contribuições e limitações, que não se encontra nas versões da revista e do livro. Ver "La esclavitud en las plantaciones. Una relación secundaria", *in:* Julio Le Riverend et al., *Temas de acerca de la esclavitud*. Havana: Ciencias Sociales, 1988, pp. 96-116; e *in: Rábida*, 5 (1989), pp. 54-61.
99. Roger Bartra, *El modo de producción asiático. Antología de textos sobre problemas de la historia de los países coloniales*. México: Ediciones Era, 1969; María del Carmen Barcia, *Primeras sociedades de clase y modo de producción asiático*. Havana: Ediciones R, 1971; e *Historia de las formaciones precapitalistas*. Havana: Ministerio de Educación Superior, 1975.
100. María del Carmen Barcia, *Burguesía esclavista y abolición*, pp. 5-29; "La esclavitud en las plantaciones. Una relación secundaria", p. 105.
101. María del Carmen Barcia, *Burguesía esclavista y abolición*, p. 21.
102. Eduardo Torres-Cuevas e Eusebio Reyes, *Esclavitud y Sociedad. Notas y documentos para la historia de la esclavitud en Cuba*. Havana: Ciencias Sociales, 1986, p. 19. A conceptualização havia sido apontada na introdução de Eduardo Torres-Cuevas e Arturo Sorhegui ao livro de José Antonio Saco, *Acerca de la esclavitud y su historia* (Havana: Ciencias Sociales, 1982), em que, depois de diferenciar o produtor escravista de outras camadas sociais – o pequeno produtor com alguns escravos e os comerciantes burgueses –, e de assinalar a contradição de produzir para o mercado mundial capitalista com mão de obra escrava (pp. 9-19), os autores optam pela expressão "burguesia escravista" (p. 36) para definir o sujeito social.
103. Instituto de Historia de Cuba, *Historia de Cuba. 1, La colonia. Evolución socioeconómica y formación nacional de los orígenes hasta 1867*. Havana: Editora Política, 1994. Seus principais redatores, isto é, coordenadores e supervisores, foram María del Carmen Barcia, Gloria García e Eduardo Torres-Cuevas.
104. Olga Cabrera e Isabel Ibarra, "Fragmentos de una conversación interrumpida. Manuel Moreno Fraginals entrevisto", *Encuentro de la Cultura Cubana*, 10 (1998), pp. 3-10 (p. 7). No decorrer da entrevista, concedida no exílio, Moreno afirma que "a circulação do livro foi proibida; argumentavam que dizia coisas contrárias à revolução". Trata-se provavelmente de uma reinterpretação do pas-

sado, embora possa ter razão quanto ao fato de que um livro com essas características não estivesse de acordo com as prioridades político-ideológicas que mencionamos, e concordava com uma interpretação altamente conflituosa sobre o passado ao defender que a contradição principal é a contradição escravista.

105. Manuel Moreno Fraginals, *El ingenio. Complejo económico social cubano del azúcar*. Havana: Ciencias Sociales, 1978, I, p. 21.
106. *Ibidem*, I, pp. 48-49.
107. A obra mais esclarecedora a respeito: Reinaldo Funes Monzote, *De bosque a sabana. Azúcar, deforestación y medioambiente en Cuba: 1492-1926*. México: Siglo XXI, 2004.
108. Manuel Moreno Fraginals, *El ingenio*, I, pp. 52 e 54. Para essa questão é essencial o livro de Imilcy Balboa Navarro, *De los dominios del rey al imperio de la propiedad privada. Estructura y tenencia de la tierra en Cuba (siglo XVI-XIX)*. Madri: CSIC, 2013.
109. Manuel Moreno Fraginals, *El ingenio*, I, pp. 126-131.
110. *Ibidem*, I, pp. 296-298.
111. *Ibidem*, II, pp. 7-29.
112. Nossa interpretação está em José A. Piqueras, "Las Islas de Ultramar y el 98. El movimiento reformista en la metrópoli: logros y resistencias. La abolición de la esclavitud y el fracaso del proyecto autonomista de Maura", *in:* J. M. Jover Zamora (Org.), *La época de la Restauración (1875-1902). El Estado, la política, las Islas españolas de Ultramar*. Madri: Espasa-Calpe, 2000, pp. 739-758. Um excelente estudo: Christopher Schmidt-Nowara, *Empire and Antislavery: Spain, Cuba, and Puerto Rico, 1833-1874*. Pittsburgh: University of Pittsburgh Press, 1999.
113. Manuel Moreno Fraginals, "Azúcar, esclavos y revolución (1790-1868)", *Casa de las Américas*, 50 (1968), pp. 35-45 (reproduzido em María Cristina Llerena (compiladora), *Sobre la guerra de los 10 años, 1868-1878*, pp. 122-130.
114. Juan Pérez de la Riva, "La contradicción fundamental de la sociedad colonial cubana: trabajo esclavo contra trabajo libre", *Economía y desarrollo*, 2 (1970), pp. 144-154.
115. Manuel Moreno Fraginals, "Desgarramiento azucarero e integración nacional", *Casa de las Américas*, 62 (1970), pp. 6-22 (citamos a partir de *Órbita de Manuel Moreno Fraginals*, pp. 86-89, 93-95 e 101-107).
116. *Ibidem*, pp. 114-116.
117. Manuel Moreno Fraginals, "Plantaciones en el Caribe: el caso Cuba-Puerto Rico-Santo Domingo (1860-1940)", *in: La historia como arma y otros estudios sobre esclavos, ingenios y plantaciones*, pp. 56-117; "The Development of Capitalism in Cuban Sugar Production, 1860-1900", *in:* M. Moreno Fraginals, F.

Moya Pons e S. L. Engerman, *Between Slavery and Free Labor: The Spanish--Speaking Caribbean in the Nineteenth Century*. Baltimore: The Johns Hopkins University Press, 1985, pp. 54-75; "Economías y sociedades de plantaciones en el Caribe español (1860-1900)", *in*: Leslie Bethell (editora), *América Latina: economía y sociedad, c. 1870-1930*, volume 7, da *Historia de América Latina Cambridge*. Barcelona: Crítica, 1991, pp. 163-201.

118. Fe Iglesias García, *Del ingenio al central*, pp. 1-5, 21, 115-117. Ver também "The Development of Capitalism in Cuban Sugar Production, 1860-1900", *in*: M. Moreno Fraginals, F. Moya Pons e S. L. Engerman (Orgs.), *Between Slavery and Free Labor*, pp. 54-75; "Changes in Cane Cultivation in Cuba, 1860-1900", *Social and Economic Studies*, 37: 1-2 (1988), pp. 341-363; "El desarrollo capitalista de Cuba en los albores de la época imperialista", Instituto de Historia de Cuba, *Historia de Cuba. 2, Las luchas por la independencia nacional y las transformaciones estructurales, 1868-1898*. Havana: Editora Política, 1996, pp. 156-208.

119. Fe Iglesias García, "Características de la población cubana en 1862", *Revista de la Biblioteca Nacional José Martí*, 3ª época, 22 (1980), pp. 89-110; "El censo cubano de 1877 y sus diferentes versiones", *Santiago*, 34 (1979), pp. 167-211; "Cuba, la abolición de la esclavitud y el 'canal de la inmigración jornalera' (1880-1895)", *in*: José A. Piqueras (Org.), *Azúcar y esclavitud en el final del trabajo forzado*. Madri: Fondo de Cultura Económica, 2002, pp. 93-111.

120. Fe Iglesias García, "Algunas consideraciones en torno a la abolición de la esclavitud", *in*: Academia de Ciencias de Cuba, *La esclavitud en Cuba*. Havana: Editorial Academia, 1986, pp. 59-85; as referências do texto estão nas pp. 60 e 83.

121. Gloria García, "El mercado de fuerza de trabajo en Cuba: El comercio esclavista (1760-1789)", *in*: Academia de Ciencias de Cuba, *La esclavitud en Cuba*, pp. 124-148.

122. Gloria García, "El auge de la sociedad esclavista en Cuba", e Gloria García e Orestes Gárciga, "El inicio de la crisis de la economía esclavista", *in*: *Historia de Cuba. 1*, pp. 225-264 e 360-400.

123. Gloria García, "El auge de la sociedad esclavista en Cuba", pp. 229-233 e 263, 246-247.

124. Ver Gloria García, "Tradición y modernidad en Arango y Parreño", estudo introdutório a Francisco Arango e Parreño, *Obras*. Havana: Imagen Contemporánea, I, pp. 1-56.

125. Gloria García, *Conspiraciones y revueltas. La actividad política de los negros en Cuba (1790-1845)*. Santiago de Cuba: Ediciones Oriente, 2003, p. 11.

126. Rebecca J. Scott, *Slave Emancipation in Cuba: The Transition of Free Labor, 1860-1899*. Princeton: Princeton University Press, 1985 (*La emancipación de los esclavos en Cuba. La transición al trabajo libre, 1860-1899*. México: Fondo de Cultura Económica, 1989). A menção ao texto está em Laird W. Bergad, Fe Iglesias García e María del Carmen Barcia, "Introduction" a *The Cuban Slave Market, 1790-1880*, p. 12.

127. Rebecca J. Scott, *La emancipación de los esclavos en Cuba*, pp. 14-15, 27-28 e 327-330.

128. *Ibidem*, pp. 25, 30 e 44.

129. Comunicação pessoal de Moreno Fraginals ao autor (Valência, setembro de 1997).

130. María del Carmen Barcia, *Burguesía esclavista y abolición*, p. 176.

131. Manuel Moreno Fraginals, Herbert S. Klein e Stanley L. Engerman, "El nivel y estructura de los precios de los esclavos de las plantaciones cubanas a mediados del siglo XIX", pp. 97-120.

132. Laird W. Bergad, "Slave Prices in Cuba, 1840-1875", *Hispanic American Historical Review*, 67: 4 (1987), pp. 631-655; "The Economic Viability of Sugar Production Based on Slave Labor in Cuba: 1859-1878", *Latin American Research Review*, 24: 1 (1989), pp. 95-113; *Cuban Rural Society during the Nineteenth Century*.

133. Manuel Moreno Fraginals, *El ingenio*, tomo II, pp. 11-29, para a contradição escravidão-industrialização; "Plantaciones en el Caribe: el caso Cuba-Puerto Rico-Santo Domingo (1860-1940)", *in: La historia como arma y otros estudios sobre esclavos, ingenios y plantaciones*. Barcelona: Crítica, 1983, pp. 57-81; "Economías y sociedades de plantaciones en el Caribe español, 1830-1930", *in:* Leslie Bethell (Org.), *Historia de América Latina, 7. América Latina: Economía y Sociedad, c. 1870-1930*. Barcelona: Crítica, 2000, p. 75.

134. Hernán Vengas Delgado, "Aproximaciones y diferencias al desarrollo económico-social de Las Villas. 1750-1878", tese de doutorado, Universidad de La Habana, 1989. Ver também: "Acerca del proceso de concentración y centralización de la industria azucarera en la región remediana a fines del siglo XIX", *Islas*, 73 (1982), pp. 63-121; e "Plantación, plantaciones: Cuba en los 1880", *Caravelle*, 85 (2005), pp. 63-84.

135. Jorge Ibarra Cuesta, "Crisis de la esclavitud patriarcal cubana", *Anuario de Estudios Americanos*, 43 (1986), pp. 391-417; "Regionalismo y esclavitud patriarcal en los departamentos Oriental y Central de Cuba", *Estudios de Historia Social*, 44-47 (1988), pp. 115-135.

136. Juan Pérez de la Riva, "El monto de la inmigración forzada en el siglo XIX", *Revista de la Biblioteca Nacional José Martí*, 65:1 (1974), pp. 77-110 (reprodu-

zido em *Para la historia de la gente sin historia*, pp. 97-140; reeditado de forma independente em Ciencias Sociales, Havana, 1979).

137. Herbert S. Klein, "The Cuban Slave Trade in a Period of 1790-1843", *Revue française d'histoire d'Outre-mer*, 62: 226/227 (1975), pp. 67-89.
138. David Eltis, Stephen Behrendt, David Richardson e Herbert S. Klein, *The Trans-Atlantic Slave Trade. A Database.* Nova York: Cambridge University Press, 1999. CD-ROM, divulgado posteriormente na internet, disponível em: <http://www.slavevoyages.org>.
139. Laird W. Bergad, Fe Iglesias García e María del Carmen Barcia, *The Cuban Slave Market, 1790-1880.* Nova York: Cambridge University Press, 1995. A propósito de *El ingenio*, os autores assinalaram que a obra continha informações errôneas que viriam a influenciar estudos posteriores: entre outras, que os dados não justificavam a afirmação de que entre 1800 e 1840 o valor do escravo se multiplicara por três, o que Moreno destacava para insistir na inviabilidade do sistema. O presente estudo demonstra que o preço foi reduzido nesse período em 17% e que se pode falar de estabilidade no custo do fator trabalho entre 1800 e 1850 (p. 11).
140. Rafael Duharte Jiménez, *El negro en la sociedad colonial.* Santiago de Cuba: Editorial Oriente, 1988. Olga Portuondo Zúñiga, *Entre esclavos y libres de Cuba colonial.* Santiago de Cuba: Editorial Oriente, 2003.
141. Alejandro de la Fuente, "El mercado esclavista habanero 1580-1699: las armazones de esclavos", *Revista de Indias*, 189 (1990), pp. 371-396; "Los ingenios de azúcar en La Habana del siglo xvii (1640-1700): estructura y mano de obra", *Revista de Historia Económica*, 9:1 (1991), pp. 35-67. Por fim, seu livro *Havana and the Atlantic in the Sixteenth Century.* Chapel Hill: The University of North Carolina Press, 2008, em particular as pp. 147-185, dedicadas à escravidão e à criação de uma ordem racial.
142. Gloria García Rodríguez, *La esclavitud desde la esclavitud: la visión de los siervos.* México: Centro de Investigación Científica Jorge L. Tamayo, 1996, p. 28 (Edição cubana em Ciencias Sociales, Havana, 2003).
143. Eugene Genovese, "Ulrich Bonnell Phillips as an Economic Historian" (1968), *in*: John David Smith e John C. Inscoe (Orgs.), *Ulrich Bonnell Phillips. A Southern Historian and His Critics.* Nova York: Greenwood Press, 1990, pp. 203-206.
144. Eugene Genovese, *Roll, Jordan, Roll: The World the Slaves Made*, pp. 658-660.
145. Sidney W. Mintz, "Slavery by Stanley M. Elkins", *American Anthropologist*, New Series, 63:3 (1961), pp. 579-587.
146. Karl Marx, *Trabajo, asalariado y capital.* Madri: Ricardo Aguilera Editor, 1968, pp. 37-38.

147. Eric Hobsbawm, "Historia de la clase obrera e ideología", *El mundo del trabajo. Estudios históricos sobre la formación y evolución de la clase obrera*. Barcelona: Crítica, 1987, pp. 17-18.
148. Gloria García, *Conspiraciones y revueltas. La actividad política de los negros en Cuba (1790-1845)*. Santiago de Cuba: Ediciones Oriente, 2003.
149. Manuel Barcia, *Con el látigo de la ira. Legislación, represión y control en las plantaciones cubanas, 1790-1879*. Havana: Ciencias Sociales, 2000.
150. Manuel Barcia, *Seeds of Insurrection. Domination and Resistance on Western Cuban Plantation, 1808-1848*. Baton Rouge: Louisiana State University Press, 2008.
151. Manuel Barcia, "West African Islam in Colonial Cuba", *Slavery & Abolition: A Journal of Slave and Post-Slave Studies*, 2013, disponível em: <http://dx.doi.org/10.1080/0144039X.2013.865335>.
152. Robert Paquette, *Sugar is Made with Blood. The Conspiracy of La Escalera and the Conflict between Empires over Slavery in Cuba*. Middletown, Conn: Wesleyan University Press, 1988; Matt D. Childs, *The 1812 Aponte Rebellion in Cuba and the Struggle against Atlantic Slavery*. Chapel Hill: The University of North Carolina Press, 2006 (edição cubana: *La rebellion de Aponte de 1812*, Ciencias Sociales, Havana, 2012). Matt D. Childs e Manuel Barcia são autores e uma síntese sobre a escravidão na ilha: "Cuba", *in:* Mark M. Smith e Robert L. Paquette (Orgs.), *The Oxford Handbook of Slavery in the Americas*. Oxford: Oxford University Press, 2010, pp. 90-110.
153. Michael Craton, *Testing the Chains. Resistance to Slavery in the British West Indies*. Ithaca: Cornell University Press, 2009.
154. Manuel Barcia, *Seeds of Insurrection*, pp. 103-104. A referência citada de Arnold A. Sio, "Interpretations of slavery: the slave status in the Americas", *Comparative Studies in Society and History*, 7: 3 (1965), pp. 289-308, em Barcia, p. 88.
155. Alejandro de la Fuente, "La esclavitud, la ley y la reclamación de derechos en Cuba: repensando el debate de Tannenbaum", *Debates y perspectivas*, 4 (2004), pp. 37-68.
156. María del Carmen Barcia, *Los ilustres apellidos: negros en La Habana colonial*. Havana: Ediciones Boloña, 2009; "Negros en sus espacios: vidas y trabajos en La Habana colonial (espacios físicos, espacios sociales, espacios laborales)", *in:* José A. Piqueras (Orgs.), *Trabajo libre y coactivo en sociedades de plantación*. Madri: Siglo XXI, 2009, pp. 283-310.
157. María del Carmen Barcia Zequeira, "Una mirada social a las familias. Su reflejo en censos y padrones (1870-1919)", *Revista de Indias*, 219 (2000), pp. 453-475;

La otra familia. Parientes, redes y descendencia de los esclavos en Cuba. Havana: Casa de las Américas, 2003.
158. María del Carmen Barcia, *La otra familia*, pp. 137-139, 145-150 e 174.
159. Aisnara Perera Díaz e María de los Ángeles Meriño Fuentes, *Esclavitud, familia y parroquia en Cuba. Otra mirada desde la microhistoria*. Santiago de Cuba: Editorial Oriente, 2006. María de los Ángeles Meriño Fuentes e Aisnara Perera Díaz, *Matrimonio y familia en el ingenio: una utopía posible. La Habana (1825-1886)*. San Antonio de Baños: Editorial Unicornio, 2007; e *Para librarse de lazos, antes buena familia que buenos brazos. Apuntes sobre la manumisión en Cuba*. Havana: Ciencias Sociales, 2009.
160. Aisnara Perera e María de los Ángeles Meriño, *Esclavitud, familia y parroquia en Cuba*, p. 114.
161. Herbert G. Gutman, *The Black Family in Slavery and Freedom*.
162. Elizabeth Fox-Genovese e Eugene D. Genovese, "The Political Crisis of Social History", pp. 179-212, sem citar Gutman explicitamente.
163. Herbert S. Klein, *La esclavitud Africana en América Latina y el Caribe*. Madri: Alianza, 1986, pp. 102-105.
164. José Antonio Piqueras, "Censos *lato sensu*. La abolición de la esclavitud y el número de esclavos en Cuba", *Revista de Indias*, 251 (2011), pp. 193-230.
165. María de los Ángeles Meriño Fuentes e Aisnara Perera Díaz, *Un café para la microhistoria: estructura de posesión de esclavos y ciclo de vida en la llanura habanera (1800-1886)*. Havana: Ciencias Sociales, 2008.
166. Mercedes García Rodríguez, *Entre haciendas y plantaciones. Orígenes de la manufactura azucarera en La Habana*. Havana: Ciencias Sociales, 2007. Há uma síntese em "Ingenios habaneros del siglo XVIII. Mundo agrario interior", *América Latina en la Historia Económica*, 26 (2006), pp. 43-75. Anterior a ela, sobre os bens dos jesuítas, *Misticismo y Capitales. La compañía de Jesús en la economía habanera del siglo XVIII*. Havana: Ciencias Sociales, 2002.
167. Mercedes García Rodríguez, *Entre haciendas y plantaciones*, pp. 7-8.
168. *Ibidem*, pp. 243-324 (escravidão); pp. 248-256 (estrutura social interna); pp. 257-259 (rentabilidade escrava).
169. Modesto González Sedeño, *Último escalón alcanzado por la plantación comercial azucarera esclavista (1827-1886)*. Havana: Ciencias Sociales, 2003; Ernesto Pereira Gómez, "Los barracones para esclavos en la provincia de Villa Clara. Patrimonio de la plantación azucarera esclavista del siglo XIX en Cuba", *Islas*, 47: 146 (2005), pp. 119-138.
170. Jorge Ibarra Cuesta, *Marx y los historiadores ante la hacienda y la plantación esclavistas*. Havana: Ciencias Sociales, 2008, pp. 10-15 e 21-22.

171. Ver, por exemplo, Márcia Berbel, Rafael Marquese e Tâmis Parron, *Escravidão e política. Brasil e Cuba, c. 1790-1850*. São Paulo: Hucitec, 2010, a partir da perspectiva de estudos da segunda escravidão.
172. Sidney W. Mintz, "Was the Plantation Slave a Proletarian?", *Review*, 2: 1 (1978), pp. 81-98.
173. Ver Steve Stern, "Feudalism, Capitalism, and the World-System in the Perspective of Latin America and the Caribbean", *The American Historical Review*, 93: 4 (1988), pp. 829-872 ("Feudalismo, capitalismo y el sistema mundial en la perspectiva de América Latina y el Caribe", *Revista Mexicana de Sociología*, 49: 3 (1987), pp. 3-58). E a seguinte controvérsia: Immanuel Wallerstein, "Feudalism, Capitalism, and the World-System in the Perspective of Latin America and the Caribbean: Comments on Stern's Critical Tests", *The American Historical Review*, 93: 4 (1988), pp. 873-885 ["Comentarios sobre las pruebas críticas de Stern", *Revista Mexicana de Sociología*, 51: 3 (1989), pp. 329-346]. A réplica de Stern: "Todavía más solitarios", *Revista Mexicana de Sociología*, 51: 3 (1989), pp. 347-361.
174. Karl Marx, *El Capital*, edição de Pedro Scaron. Madri: Siglo XXI, 1981 (2ª edição), livro I, vol. 3, p. 949 (economia "mais ou menos patriarcal" *versus* "um sistema comercial de exploração"), e livro III, vol. 8, p. 1022 (autoconsumo *versus* mercado mundial).
175. Dale Tomich, "The 'Second Slavery': Bonded Labor and the Transformations of the Nineteenth-Century World Economy", *in:* Francisco O. Ramirez (Org.), *Rethinking the Nineteenth Century: Movements and Contradictions*. Westport: Greenwood Press, 1988, pp. 103-117 (compilada em *Thought the Prism of Slavery. Labor, capital, and World Economy*. Lanham-Oxford: Rowman & Littlefield Publishers, 2004).
176. Karl Marx, *Líneas fundamentales de la crítica de la economía política (Grundrisse)*, OME-21. Barcelona: Crítica, 1977, p. 467. Em *O Capital*, Marx apresenta a questão de forma reiterada: o avanço da fiação de algodão, afirma, não apenas fez crescer o cultivo de algodão nos Estados Unidos, como também o tráfico de africanos e a criação de escravos (I, vol. 2, p. 540).
177. Desenvolvemos os argumentos a propósito da consideração econômica do escravo no contexto da abolição em José A. Piqueras, "El capital emancipado. Esclavitud, industria azucarera y abolición en Cuba", *in:* José A. Piqueras (Org.), *Azúcar y esclavitud en el final del trabajo forzado*, pp. 214-251.

5. Seres humanos escravizados como sinédoque histórica: imaginando o futuro dos Estados Unidos a partir de seu passado

Edward E. Baptist
Tradução de Angélica Freitas

No verão de 2013, fiz uma longa viagem de carro com minha filha Lillian. Nosso objetivo era ver de que forma a escravidão estava presente ou ausente nos espaços públicos do Sul. Lillian levou sua câmera, e eu, um caderno e um gravador para fazer entrevistas. Viajamos pela velha trilha dos traficantes de escravos, a artéria que povoou o Sul algodoeiro nos anos entre a Revolução Americana e a derrota da república separatista dos senhores de escravos em 1865. No início desse período, na década de 1780, a escravidão parecia ser uma instituição moribunda nos Estados Unidos. Embora 800 mil pessoas, quase 20% da população não indígena da república pós-colonial, se encontrassem escravizadas, e embora a instituição da escravidão mercantil existisse na lei e de fato em cada um dos treze Estados Unidos, a escravidão enquanto força econômica e política estava em retração.[1]

Começamos nossa viagem numa cidade no norte do estado de Nova York, fundada em torno do ano de 1800 por proprietários e seus escravos. Mas nessa cidade, conhecida como Ithaca, a existência da escravidão tinha cessado já na década de 1810. Em cada um dos estados do

Norte, a escravidão havia sido extinta, ou estava em vias de extinção naquele momento. No Sul, em Chesapeake, nas Carolinas e na Geórgia, as pessoas escravizadas eram muito mais numerosas em relação à população total. Mas nesses lugares a escravidão também parecia desaparecer. Em Chesapeake, muitos escravistas concederam manumissão voluntariamente a seus cativos na década de 1780. Alguns o fizeram porque a instituição parecia não ter futuro político num mundo em que o autor do documento fundador da nação, que também era dono de escravos, não apenas insistira no fato de que todas as pessoas tinham direito à vida e à liberdade, como também tentara deter a expansão do escravismo para o interior da nação, zona de seu futuro crescimento. Alguns concederam a manumissão a seus escravos porque a instituição parecia não ter futuro econômico – certamente não um futuro que justificasse investimentos posteriores de capital nas enormes proporções necessárias para fazer a escravidão se expandir.

Economicamente, a escravidão no Sudeste parecia estar em decadência. A demanda mundial por tabaco desabou na década de 1780, na mesma época em que os produtores de Chesapeake começaram a perceber que a maioria deles estava profundamente endividada. Mercados para outros produtos agrícolas, como o milho e o trigo consumido pelos escravos nas Antilhas, encontravam-se fechados para os produtores americanos, pois a administração imperial britânica estava determinada a fazer os americanos pagarem pela ofensa de terem conquistado sua independência. Quando a Revolução Haitiana eclodiu, em 1791, muitas pessoas instruídas na Europa e na América acreditavam que o velho modelo de escravidão havia acabado. Para elas, os custos do açúcar e de outras mercadorias podiam se tornar altos demais se o reabastecimento contínuo das *plantations* americanas dependesse de um tráfico de escravos vindo da África que trazia rebeldes para as colônias. Portanto, muitos aderiram à tentativa de abolir o tráfico no Atlântico, e era comum acreditarem que dessa forma também acabariam com a escravidão.[2]

Mas o mundo deu voltas. A era que parecia ser da emancipação acabou assistindo ao crescimento da escravidão num ritmo sem precedentes. O Sul escravista, que um dia havia sido apenas uma faixa estreita de *plantations* junto à costa, iria se tornar um enorme complexo de proporções continentais, aprisionando quatro milhões de pessoas numa jaula cada vez maior, construída com o aço do interesse econômico dos brancos na escravidão e com seu comprometimento político com a instituição. O interesse econômico era real, compartilhado e sempre crescente, porque os escravistas do Sul encontraram no algodão *upland* um artigo que poderia ser produzido com muito mais eficácia pelo trabalho que eles impunham aos escravos do que pelo trabalho livre. Em grande medida devido ao ritmo de produtividade sempre crescente dos escravos afro-americanos, esse produto tornou-se a matéria-prima mais importante da Primeira Revolução Industrial. Quando a economia mundial, ou pelo menos alguns de seus setores, começou a romper as barreiras malthusianas de organização econômica e social humana que cerceavam as sociedades nos quase oitenta séculos desde a invenção da agricultura, o ritmo do consumo do algodão só acelerou.[3]

O movimento forçado dos escravos afro-americanos, das partes mais antigas do Sul para as novas, tornava toda essa expansão possível. Durante o período de uma vida, dos anos 1780 a 1860, senhores e traficantes americanos levariam um milhão de pessoas pelas trilhas escravistas que iam do Sudeste ao Sudoeste. Alguns foram por terra, outros pelo mar. Outros tantos, pelos rios. Outros ainda foram com seus primeiros proprietários. Muitos mais foram com traficantes profissionais de escravos, uma classe de empresários que surgiu com toda a força no início da década de 1820. A maioria dos imigrantes forçados era jovem, tendo sido separada de seus entes queridos e suas comunidades de origem. Sua experiência era uma ferida coletiva gigante no corpo social e cultural da vida afro-americana. Essa cicatriz, visível nos mapas de produção algodoeira, na população escrava de 1860 e mesmo nos votos para Barack Obama em 2008 e 2012, deveria certamente ser visível também na forma como as pessoas conversavam sobre o passado e como o lembravam ao longo daquele caminho.[4]

Se a rota dos traficantes de escravos tivesse um ponto de partida específico, ele certamente estaria na região de Chesapeake – Maryland e Virgínia –, mas de modo geral o movimento forçado dos escravos começou nos estados mais antigos do Sul e continuou na direção Sudoeste, ao Vale do Mississippi. Dessa forma, de Ithaca fomos até o Distrito de Colúmbia, a capital nacional dos Estados Unidos. Seguimos rumo ao Sul, atravessando Richmond e a região do Piedmont na Virgínia e na Carolina do Norte. Depois cruzamos o esporão meridional das grandes montanhas dos Apalaches. Quando chegamos à região do Black Belt, no Alabama, onde o solo rico mostrara aos empresários migrantes, muito tempo antes, a possibilidade de produzir quantidades inacreditáveis de algodão, e onde a população de origem africana, ainda numerosa, mostra que os escravistas levaram legiões de seus ancestrais até lá, sabíamos que estávamos em outro lugar. Essa impressão não mudou quando atravessávamos todo o Mississippi para encontrar outro desembarcadouro em Natchez, o primeiro grande centro algodoeiro e financeiro do interior do Sudoeste, colonizado primeiro pelos franceses e depois pelos senhores anglo-americanos. Havia cem anos que a cidade ganhava o seu dinheiro como a meca do turismo do "Velho Sul", o destino do que é chamado literalmente de A Peregrinação de Natchez – uma oportunidade para pessoas brancas visitarem uma grande série de mansões de época bem-preservadas. Faltava só um lugar para visitar ao sairmos de Natchez, se estivéssemos interessados em ver como o passado do Sul era lembrado. Não tivemos outra opção a não ser continuar na direção sul até Nova Orleans. E foi o que fizemos, concluindo nossa viagem no ponto onde o rio Mississippi envolve uma cidade tão vital quanto uma ferida em processo de cicatrização.[5]

Não tivemos problemas em encontrar pessoas dispostas a falar sobre a história e a cultura de Nova Orleans, o que não deve surpreender quem já visitou a cidade. Mas eram muito poucas as que conseguiam incorporar às suas narrativas o fato de que Nova Orleans era o ponto final de quase toda a rota doméstica de tráfico de escravos. De fato, não havia nenhum memorial público das dezenas de jaulas dos traficantes escravistas que se alinhavam nos bulevares do CBD, ou Central Business District, onde agora há cafés entre tribunais federais e hotéis-butique. Não havia nenhum tipo de memorial nas ruas da moda do Faubourg

Marigny, onde hipsters brancos e profissionais gays criaram os imóveis mais desejados da cidade com um toque da sua varinha mágica das renovações. E não havia indicação, no dique de contenção que acompanha as margens do rio no French Quarter, de que aquele era o lugar onde muitos dos ancestrais dos habitantes negros da Louisiana, do Mississippi e do Texas haviam sido descarregados dos navios negreiros. Alguns tinham vindo do Kentucky ou do Missouri, descido o rio, ou então pela rota terrestre que Lillian e eu percorremos de carro. Alguns haviam chegado pela rota marítima, pelos portos de Richmond, ao leste, que parecem ter transportado mais de 200 mil pessoas através de Nova Orleans em apenas quatro décadas e meia, depois de 1815 – quase todas por aquele dique. Nova Orleans tem um bairro chamado Irish Channel, cujo nome lembra os imigrantes irlandeses que vieram trabalhar nos armazéns de algodão das cidades e cavar seus canais de drenagem. Mas não encontramos o nome "Dique do Tráfico Negreiro Internacional" para a faixa de terra e pedras empilhadas que protege a cidade do rio, e que já lhe serviu de principal desembarcadouro.[6]

De fato, por todos os lugares onde Lillian e eu passamos nessa viagem, descobrimos duas coisas. Primeiro, que a rota era invisível. Era invisível no mapa, e, em quase todos os lugares, invisível na memória. Segundo, que a rota era invisível porque a maioria das histórias contadas em público sobre a história da escravidão nos Estados Unidos dava importância a outras coisas, ainda que a pulsação da expansão da escravidão em direção ao Sul algodoeiro pudesse ser sentida nas histórias que os sobreviventes da escravidão contavam. Mas embora as histórias sobre a escravidão nos Estados Unidos tenham mudado muitas vezes desde o fim do século XIX, elas nunca foram realmente sobre a escravidão. Essas histórias têm sido determinadas pela natureza específica do engajamento dos negros americanos na economia política do país no momento em que são contadas. Em outras palavras, a historiografia da escravidão nos Estados Unidos é uma série de sinédoques. Uma sinédoque é uma pequena história que deve representar uma maior, uma que é mais importante para quem a está contando. E assim, a história da escravidão foi utilizada repetidamente como uma sinédoque do status econômico-político das pessoas afro-americanas – e de como o contador daquela história em particular acha que seu futuro status deve ser.

Período 1: do fim da Reconstrução a Kenneth Stampp

É bastante conhecido o fato de que a Confederação do Sul foi derrotada no campo de batalha, entre 1861 e 1865, mas ganhou a guerra muito mais longa relacionada ao controle da maneira como a história das causas e resultados da guerra seria contada. No final da década de 1890, o Norte havia abandonado completamente o seu brevíssimo comprometimento com uma versão rica da emancipação, segundo a qual os antigos escravos e seus descendentes teriam participado da União como cidadãos políticos e atores econômicos iguais. Em vez disso, por uma série de razões, inclusive porque o racismo era uma parte profundamente arraigada da identidade branca tanto no Norte como no Sul, o Norte permitiu que os atores políticos brancos sulistas retomassem o controle da economia política do Sul na década de 1870.

Dentro de alguns anos, entretanto, outra transformação surpreendente começou a ocorrer. A vitória da União tinha sido fonte de orgulho e de identidade para milhões de pessoas no Norte. Porém nos anos de 1880 e 1890, os brancos do Sul lançaram uma campanha maciça para relembrar e justificar não apenas a Confederação – erigindo estátuas, investindo orçamentos estaduais inteiros para apoiar os veteranos da Guerra de Secessão – mas para fazer o mesmo pela escravidão. O argumento era de que a escravidão não era errada, de que era desinteressada em vez de exploradora, tornou-se um artigo de fé em alguns círculos históricos conhecidos. E então, o que havia sido dito em discursos políticos locais e em romances do movimento da Lost Cause aos poucos se elevou até chegar aos novíssimos programas de Ph.D. em História que começavam a aparecer em universidades de elite do Norte. Esse processo, descrito pelos historiadores David Blight, Peter Novick, Gaines Foster e outros, mostra como a primeira geração de historiadores profissionais começou a pintar um quadro da escravidão americana como uma "escola" em que selvagens africanos eram treinados para a civilização. A instituição era paternalista e benigna – ao menos para as pessoas escravizadas, que amavam seus senhores e suas senhoras, e não possuíam o desejo de liberdade até que a serpente abolicionista adentrou o Éden da *plantation* eterna. Talvez a escravidão não tivesse sido tão benigna para os brancos do Sul, com sua abnegada escolha de manter seus escravos naturalmente preguiçosos e incivilizados na gentil instituição da *plantation* – que esses historiadores retrataram como economicamente pré-moderna e não lucrativa. O Sul pastoril ficou atrás do Norte industrializado, liderado por astutos ianques para os quais o lucro era mais importante que as pessoas.[7]

Entre os líderes dessa nova história ideológica estavam nomes famosos como Ulrich B. Phillips, pioneiro na coleção e no uso dos documentos pessoais e de negócios dos senhores de escravos; John Dunning, que treinou uma geração de historiadores para insistirem que o processo de Reconstrução depois da guerra foi fatalmente prejudicado pelo fato de o Norte ter possibilitado uma "dominação negra" sobre os brancos, mais civilizados; e Woodrow Wilson – que foi o primeiro presidente da Universidade de Princeton e depois dos Estados Unidos. É tristemente célebre o pronunciamento de Wilson em Gettysburg, durante o 50º aniversário do discurso de Lincoln – o qual afirmara que o que definiria os Estados Unidos daquele momento em diante não seria apenas a emancipação, mas a igualdade. Wilson implicitamente repreendeu Lincoln.[8]

Essa historiografia revisionista tinha um propósito e, já no início do século XX, exibia resultados claros. O "treinamento" dos negros na escravidão poderia ter sido inútil, muitos desses historiadores diziam de forma implícita, pois eles claramente duvidavam de que pessoas de uma raça tão inferior pudessem viver como iguais dos brancos. Ainda menos bem-sucedida era a interferência dos brancos do Norte no relacionamento entre as raças. O abolicionismo, a "agressão do Norte", que levara à Guerra Civil, e a Reconstrução radical supostamente falharam e tinham, de fato, tornado a vida pior para os negros americanos. Os historiadores e políticos brancos do Sul insistiam em que provas claras do que argumentavam poderiam ser encontradas na era da pós-emancipação. Nessa época, supostamente, os homens negros que haviam dado ouvidos às afirmações dos brancos do Norte, de que as raças eram iguais, tomaram isso como uma licença para liberar sua natureza selvagem numa pretensa epidemia de estupros de mulheres brancas. Assim os historiadores justificaram a espantosa epidemia de linchamentos que varreu o Sul após 1890. E assim também ofereceram uma justificativa para o Jim Crow, a segregação espacial da vida no Sul. A criação de serviços públicos separados, como bebedouros diferentes para brancos e para negros, a proibição de acesso ao transporte público, e acima de tudo a recusa em conceder igual acesso econômico e acadêmico faziam parte de uma tentativa de desmoralizar os negros e de convencê-los a se comportar como se fossem inferiores. (Também foi uma tentativa de impedir que obtivessem independência econômica, que tivessem acesso à mobilidade ou o que mais fosse necessário para deixarem de ser os cortadores de lenha e carregadores de água no trabalho duro que constituía a base da economia agrícola do Sul.)[9]

A nova historiografia também trabalhava para justificar a onda de cassações que atravessou os estados do Sul no mesmo período. Em cada estado, políticos e ativistas políticos brancos conspiravam para afastar maciçamente os negros das listas de votantes. Com as cláusulas dos avós, os testes de alfabetização, os impostos de votação e as eleições primárias exclusivas para brancos, conseguiram reduzir dramaticamente o voto negro. As novas leis cassaram o direito ao voto de muitos brancos, também. Na eleição presidencial de 1904, apenas 29% de todos os homens adultos, brancos e negros, votaram no Sul, em comparação com 65% no Norte.[10] A cassação desses brancos não foi acidental, é claro, já que, apesar do estereótipo dos brancos pobres como portadores das formas mais lívidas de racismo contra os negros, os brancos meeiros que não possuíam propriedades e outros que foram economicamente cassados pelas transformações do pós-guerra no Sul eram os que com mais probabilidade se juntariam aos eleitores negros em movimentos de partidos independentes como os Readjusters e os Populists. Mas para compensar todos os brancos pela enorme mudança no poder local e estadual, das mãos de muitos para as mãos de poucos, estados e municípios também implementaram de forma integral as complexas leis e os costumes que chamamos de Jim Crow, ou de segregação.[11]

Assim, entre os anos 1890 e 1910, os brancos do Sul continuaram a empurrar os negros em direção a um status tão parecido ao da escravidão quanto fosse possível. Claro, a realidade é que, sem os vínculos legais e sociais da era do pré-guerra, muitos negros tinham mobilidade suficiente para deixar o Sul, ou pelo menos trocar de empregadores, enquanto outros podiam exercer o direito de ter uma propriedade. O Jim Crow e a escravidão eram diferentes. Mas a influência que o Sul racista exercia sobre a imaginação da nação era forte. Durante os cinquenta anos seguintes ou mais, a percepção que os historiadores tinham do negro como alguém que deveria ser mantido no Sul, com o status de cidadão de terceira classe, e na base da pirâmide econômica, era amplamente aceita em toda a nação. Supostamente, a história da escravidão, a emancipação e a Reconstrução "provaram" que a igualdade era desperdiçada com raças naturalmente inferiores – especialmente os negros. "O país inteiro só aprendeu, depois de anos de uma experiência custosa e amarga", escreveu James Ford Rhodes, em oposição à Reconstrução e à cidadania negra, que "a política de tentar tornar os negros inteligentes por meio de atos legislativos" estava condenada. A identidade biológica, imutável, tornou um esforço inútil para toda a nação branca a possibilidade de conceder aos negros qualquer forma significativamente soberana de cidadania. Esta foi a lição de Wilson em 1913: a luta na Guerra Civil não tinha produzido um novo nascimento da liberdade. Em vez disso, tinha sido um erro gigantesco.[12]

A influência da longa era dos direitos civis na historiografia da escravidão

Depois da Segunda Guerra Mundial, porém, a forma como os historiadores americanos escreviam sobre a experiência e o legado da escravidão começou a mudar drasticamente. Recentemente, estudiosos do movimento pelos direitos civis começaram a falar sobre uma "longa era dos direitos civis" que começara muito antes da decisão da Suprema Corte dos Estados Unidos, em 1954, em relação ao caso Brown contra o Conselho de Educação. O veredito contra escolas separadas porém "iguais" também tem sido visto como o início do próprio movimento dos direitos civis, mas, para outros pesquisadores, remontam de mesmo antes da Primeira Guerra as raízes do compromisso antissegregação por parte da Conferência de Lideranças Cristãs do Sul e do Congresso de Igualdade Racial, bem como movimentos populares a exemplo das manifestações pacíficas e do boicote aos ônibus em Montgomery. Também precisamos estar conscientes de que livros como *The Peculiar Institution: Slavery in the Ante-Bellum South* (1956), de Kenneth Stampp, começaram a ser produzidos muito antes de seus autores se sentarem para pesquisar nos arquivos e colocarem a caneta no papel.[13]

Devemos também fazer uma pausa para reconhecer a ironia: grande parte do vasto arquivo em que as múltiplas revisões da historiografia da escravidão seriam baseadas, desse ponto em diante, tinha sido colecionada pelos arquitetos da defesa a posteriori da escravidão. Incentivados por Ulrich B. Philips, o maior historiador da classe dominante (o maior até que Eugene Genovese mudasse de time e se juntasse à ruidosa máquina da direita nos anos 1990), os arquivistas do Sul se espalharam pela região nos anos 1920 e 1930 e juntaram grandes quantidades de documentos ainda existentes dos senhores de escravos. Para a maioria desses arquivistas, seu trabalho era o de preservação do legado da nobre classe dos senhores do Sul, e muitos – como o maior deles, talvez, J. G. de Roulhac Hamilton, da Coleção Histórica do Sul da Universidade da Carolina do Norte – eram historiadores reconhecidamente racistas. Com o passar do tempo, enquanto alguns estudiosos continuavam a utilizar esse vasto arquivo da forma como Philips e Hamilton pretendiam, números cada vez maiores de pesquisadores colocariam as fontes contra a intenção autocomplacente dos autores.[14]

Enquanto isso, as entrevistas da Works Progress Administration (WPA) com antigos escravos – que no início dos anos 1970 se tornariam componentes essenciais do arquivo de que muito se valeria a nova historiografia inspirada pelos movimentos de protesto negro – faziam parte de um amplo afastamento, nos anos 1930, de uma narrativa nacional ditada pela elite empresarial norte-americana. Dentro de muitos dos escritórios que coordenavam as diferentes campanhas estaduais para entrevistar os sobreviventes da escravidão – cerca de dois mil indivíduos –, os entrevistadores que desejavam documentar a brutalidade da escravidão bateram de frente com aqueles que queriam juntar provas de que os escravos amavam os seus senhores. E aqueles que acreditavam que nas tradições populares (também da população negra) estavam depositados séculos de sabedoria das pessoas comuns datilografavam suas anotações sobre as entrevistas e as enviavam aos diretores que também empregavam racistas declarados, os quais pressionavam os entrevistados a satirizar a memória de seus próprios ancestrais e de seus pares.[15]

O primeiro ponto de vista – o das pessoas entusiasmadas pela grande reavaliação do capitalismo nas eras da Depressão e da Frente Popular – foi ratificado pela experiência completamente transformadora da Segunda Guerra Mundial. Envolvidos na maior guerra da História, contra dois inimigos que abertamente endossavam ideologias genocidas de superioridade racial, o presidente Franklin Roosevelt e os Estados Unidos decidiram vestir o manto da igualdade e dos direitos humanos. Isso exigia que os racistas do Sul e de outros lugares diminuíssem a intensidade da defesa pública do seu regime de segregação racial. Nem todos colaboraram com o programa, mas Roosevelt – pressionado por movimentos e organizações ativistas negros – usou o poder do Estado para impor a dessegregação nos principais locais do esforço de guerra. Nas fábricas onde se forjavam as armas para derrotar o Eixo, o governo federal impôs pelo menos a dessegregação *de jure*.[16] E depois da guerra, enquanto as revelações sobre a campanha do Estado alemão de genocídio racista contra judeus europeus e outros povos chocava soldados americanos e de outros países, os racistas brancos do Sul enfureceram o governo federal com uma série de ataques cruéis aos soldados negros americanos. Em resposta a esse novo clima, o sucessor de Roosevelt, Truman, impôs a integração nas forças armadas. E enquanto a nação voltava a ligar os motores de seu complexo militar-industrial para o que se mostrou ser uma longa guerra fria contra o bloco soviético, o governo federal e todos os que buscavam justificar a hegemonia internacional dos Estados Unidos sabiam que a permanência da segregação era incompatível com a alegação de que a parte americana do mundo era "livre".[17]

Foi nesse ambiente que começaram a aparecer novos trabalhos sobre a história da escravidão nos Estados Unidos, e também sobre o seu fim. O primeiro não foi de Stampp, cuja posição axiomática de que os negros escravizados não eram diferentes de "homens brancos com pele negra" talvez tenha sido mal interpretada como uma tentativa de direcionar a história da sobrevivência e da resistência negra americana para os canais mais amplos do nacionalismo liberal americano. Stampp quis dizer que estava se livrando daquela velha afirmação de que os escravos, pela natureza de sua raça, eram felizes como escravos e não estavam aptos de fato à cidadania integral – e tampouco os seus descendentes. Como os estudantes que estiveram na manifestação pacífica ocorrida na lanchonete King's Sandwich Shop, em Durham, Carolina do Norte, em 1957, ele insistia que os negros reivindicavam os mesmos direitos que os brancos. E mesmo se esses direitos fossem negados das formas mais brutais possíveis, como na escravidão, aquelas pessoas ainda estavam conscientes da justiça de suas reivindicações de seu direito à vida, à liberdade e à busca da felicidade.[18]

De fato, o primeiro historiador dessa linhagem deveria ser John Hope Franklin, cuja posição sobre esses assuntos nunca mudaria. E era a seguinte: que os escravos negros americanos não estavam felizes em ser escravos e eram os objetos de uma brutalidade infligida por um grupo instável e militarista de brancos violentos do Sul. Desde o seu primeiro livro, *The Free Negro in North Carolina*, a um de seus últimos, *Runaway Slaves* (com Loren Schweninger), Franklin argumentava que, ao longo dos anos, a oposição à escravidão era constante e tornara-se possível por meio de alianças entre negros americanos livres e outras pessoas. Também digna de nota é a forma como essas histórias, principalmente a de Stampp, examinavam cuidadosamente a dimensão do trabalho e reconheciam que a violência, inclusive aquela das *plantations* de algodão, era um acessório essencial do sistema escravista. De fato, essa violência deu certo a curto prazo, pois permitiu o desenvolvimento de um sistema de expansão problemático e lucrativo que Stampp descreveu em termos gerais ao longo de quase um capítulo.[19]

Embora nem Stampp nem Franklin pudessem ser descritos como historiadores do processo de trabalho, eles reconheciam a sua existência. É claro, não afirmavam que a escravidão equivalesse ao capitalismo, ou que sua prática constituísse um estágio formativo dialeticamente vinculado às grandes transformações do mundo anglo-atlântico, e mesmo do restante do mundo no século XIX. (Essa tarefa foi deixada para W. E. B. Dubois e C. L. R. James, embora sua influência fosse ainda mais segregada da história da escravidão americana do século XIX.)[20] Mas talvez fosse inevitável que, ao crescer e encontrar oposição cada vez mais violenta no início dos anos 1960, o movimento dos direitos civis evitasse uma análise essencialmente econômica da desigualdade afro-americana. Enquanto os movimentos locais pressionavam por igual acesso aos empregos ou à possibilidade de dispor de crédito e comprar casas, o movimento mais amplo tinha de apelar a uma maioria de americanos conhecida por evitar soluções redistributivas, ainda mais as socialistas. A historiografia então corrente da escravidão nos Estados Unidos no século XIX, que terminou numa explosão de emancipações ordenadas pelo governo federal (comparável, em seu caráter e nos resultados duvidosos, às vacilantes defesas dos ativistas de 1960 por funcionários federais), concentrou-se em outros assuntos que não a forma como a riqueza era produzida durante a escravidão, e aonde ela foi parar.

De fato, a tendência era retratar a escravidão como insensatez econômica. Mas em vez disso, a historiografia primeiro ruminou a questão de como a mudança ocorreu. O modelo para a mudança, para a resistência à opressão, que está profundamente enraizado na psique americana, é o de uma rebelião violenta e inflexível contra pretensos tiranos. Para uma nação que nasceu de uma revolução contra um monarca estrangeiro, rebelião supostamente motivada por um compromisso com a autodeterminação da nação e do cidadão, qual poderia ser a hipótese principal? E voltando no tempo até fundadores como Sam Adams, havia uma hipótese corolária: que aqueles que estavam dispostos a morrer de velhice enquanto sujeitos da tirania não eram dignos de viver como homens livres.²¹

Mas os escravos eram suficientemente rebeldes para serem levados a sério como cidadãos em potencial? Alguns argumentavam que eles *tinham* se rebelado. Herbert Aptheker, marxista fervoroso, vasculhou durante décadas e de maneira acrítica jornais e documentos de tribunais anteriores à emancipação e produziu um grosso livro, *American Negro Slave Revolts*, que listava centenas de supostas rebeliões e conspirações de escravos. No entanto, como certa vez afirmou o historiador africano David Johnson, os brancos do pré-guerra dados à conspiração "enxergavam uma revolta de escravos toda vez que viam dois negros conversando atrás de uma árvore, e Aptheker aceitava o seu raciocínio".²²

Enquanto isso, usando um argumento falso retirado de um precedente falso, Stanley Elkins afirmava em *American Slavery: A Problem in Intellectual and Institutional Life* (1959) que, assim como as vítimas dos campos de concentração alemães, as pessoas escravizadas nos Estados Unidos caíam num estado infantilizado e não se opunham à escravidão. A analogia foi uma carona, inspirada por um prazo a cumprir, do relato de Bruno Bettelheim sobre os campos de extermínio. Isso, por sua vez, assim como a afirmação de que os prisioneiros dos campos se identificavam com seus captores renunciavam ao senso moral e se submetiam de boa vontade à morte, tem sido seriamente questionado por aqueles que duvidam da ética de investigação de Bettelheim e a real existência de seu testemunho. Muito antes da descoberta dos métodos antiéticos de Bettelheim, porém, a história de Elkins provocara uma tempestade de afirmações sobre a natureza da resistência negra durante a escravidão. E isso aconteceu justamente quando a frustração com a lentidão das mudanças para os negros dos Estados Unidos no final dos anos 1960 alcançava o ponto de ebulição.²³

Enquanto líderes políticos progressistas eram abatidos por assassinos, e os custos políticos, fiscais e monetários da Guerra do Vietnã faziam desmoronar os planos de Lyndon Johnson de uma Grande Sociedade, uma resistência maciça dos brancos à autoafirmação negra começou a abalar e a fragmentar os vários elementos do protesto pelos direitos civis. Muitos jovens líderes afro-americanos se despiram do manto do protesto não violento e abraçaram as ideias do nacionalismo negro. Alguns até pegariam em armas, como os Panteras Negras, que defenderam suas comunidades das atividades de "aplicação da lei" no Alabama, em Oakland, em Chicago e em outros lugares. Outros flertavam com facções revolucionárias internacionais, liam Mao, mudavam-se para Cuba, e assim por diante. A guinada Black Power nos protestos e nas reformas afro-americanas foi ignorada ou lamentada pelos historiadores como o declínio do movimento liderado por King. Mais recentemente, uma nova geração de historiadores produziu uma série de trabalhos brilhantes que colocou esses movimentos lado a lado com uma vibrante explosão de formas criativas culturais que, por sua vez, fertilizaram os últimos cinquenta anos da incessante inovação cultural afro-americana. E eles incentivaram os leitores a ver os movimentos Black Power não só como uma resposta à agressão branca e à diminuição da eficácia do protesto não violento – especialmente em cidades do Norte, contra as quais pouca pressão poderia ser exercida, em comparação com as cidades do Sul – mas como uma posição que contava com uma herança profunda. O nacionalismo negro tinha estado presente desde David Walker, ou até mesmo antes dele, e afirmara continuamente não apenas a igualdade e a necessidade de manter a violência com o chicote se os brancos não aceitassem a cenoura da reconciliação e permitissem uma mudança radical, mas também a riqueza da vida afro-americana, de sua sociedade e cultura.[24]

Em resposta a um ambiente em mudança, em que a autoafirmação cultural e o flerte com a autodefesa revolucionária desviaram as manchetes da confrontação não violenta da Southern Christian Leadership Conference (SCLC) à segregação violenta, os historiadores seguiram as correntes políticas e começaram a estudar a resistência afro-americana à escravidão. O imperativo por trás dessa nova movimentação era o desejo de rejeitar a afirmação de Elkins de que os negros americanos escravizados eram "Sambos" submissos que renunciavam a seus próprios interesses em favor daqueles de seus "senhores". John Blassingame, Robert Starobin e outros encontraram resistência revolucionária em vários lugares. E foi incrível como eles fizeram Nat Turner e Denmark Vesey parecerem os radicais do fim dos anos 1960, retratando-os como rebeldes nacionalistas que tinham em vista uma rebelião pan-africana contra não apenas a escravidão, mas também o capitalismo. Tudo o que os autores precisavam era de aliados, mais do que Turner tinha sido capaz de se vangloriar. Mais uma vez temos o aparecimento da sinédoque: historiadores retratando seus sujeitos como modelos dos papéis do presente e do futuro para os negros americanos.[25]

O problema, claro, era que os radicais do fim dos anos 1960 afirmavam que algum tipo de revolução teria chance. Nat Turner nunca fez isso, como qualquer um pode ver. Enquanto isso, a grande maioria, gerações após gerações, tinha morrido na escravidão antes que a liberdade chegasse. De fato, conforme os historiadores cavavam mais fundo e aprendiam mais sobre a escravidão no restante do Novo Mundo, aos poucos ficava aparente que os Estados Unidos tiveram menos grandes rebeliões que a maioria das outras sociedades escravistas. O próprio Elkins lançou mão dos estudos de Frank Tannembaum e outros, que compararam as sociedades escravistas católicas do Brasil e do Caribe hispânico com os Estados Unidos anglo-protestantes. No último, eles descobriram, as taxas de manumissão eram minúsculas. Havia poucas vias legais para que os brancos reconhecessem e libertassem seus filhos mestiços, ou suas mães, e de qualquer forma as normas culturais pareciam ditar contra isso. Para esses historiadores, as igrejas protestantes – a espinha dorsal do movimento pelos direitos civis em muitos lugares do Sul, e um dos componentes principais da organização política negra no Norte – pareciam menos prestativas que a Igreja católica nas sociedades ibero-católicas, onde os santos podiam esconder deuses africanos e confrarias negras ofereciam redes sociais fora do controle dos escravizadores. Isso se comparava favoravelmente às igrejas das *plantations*, onde os brancos escolhiam a dedo o pregador negro e assistiam aos seus sermões.[26]

Para derrubar a alegação de que os escravos eram submissos, dóceis e cúmplices, e portanto ancestrais medíocres para os nacionalistas e radicais negros que queriam valer-se de uma tradição de resistência, os historiadores teriam que demonstrar que os escravos resistiram, e de forma significativa. Escolheram, então, argumentar que os negros americanos escravizados resistiram no âmbito da cultura: especificamente, que eles criaram uma cultura separada e resistente que amalgamava pessoas trazidas de vários cantos da África num povo que se identificava entre si. Essa característica já era visível na crítica de John Blassingame a Elkins, mas apareceu com mais clareza no livro *The Slave Community* (1972). Mais trabalhos se seguiriam a esse, argumentando que os negros americanos eram os portadores da tradição africana, que seu discurso, sua dieta, sua vida familiar, suas histórias, tradições e práticas religiosas tinham origem africana – e mais tarde, que essa retenção cultural em si constituía uma resistência à escravidão. Essa era uma luta contra Elkins, mas também contra todas as estupidezes da supremacia branca pós-Reconstrução que ele retransmitiu. O argumento de Blassingame era o mais claro: se os povos escravizados viam-se uns aos outros como a alteridade significativa em suas próprias vidas, se eles rejeitavam os valores e costumes de seus escravizadores, e se insistiam que a resistência, quando presente, era moralmente justificável, então eles estavam de fato engajados numa resistência significativa.[27]

Seguiram-se inúmeros estudos, muitos retratando a mistura de tradições africanas e adaptações locais que definia determinadas comunidades. Os historiadores viam o mundo que os escravos construíram, como no subtítulo do famoso *Roll, Jordan, Roll* de Eugene Genovese, como um mundo à parte. Esse mundo noturno idílico surgia ao pôr do sol e durava até o amanhecer, para fazer uma referência ao título do livro de George Rawick, *From Sundown to Sunup: The Making of the Black Community*. E a maior parte deles utilizou vastas pesquisas de fontes primárias para trazer à luz histórias profundas que certamente representaram consolo verdadeiro e sobrevivência para milhares de pessoas escravizadas. *Ar'n't I A Woman*, de Debora Gray White, finalmente convenceu os historiadores a olhar para as experiências das mulheres escravizadas. *Down By the Riverside*, de Charles Joyner, usou antropologia e folclore para descrever a vida na Costa do Arroz da Carolina do Sul. *Black Family in Slavery and Freedom*, de Herbert Gutman, enfrentou o Relatório Moynihan, de 1965, cujo autor, Daniel P. Moynihan, viria a se tornar senador democrata. O relatório havia identificado um problema social – uma ausência crescente da figura paterna negra nos Estados Unidos contemporâneos – e alegou que esse fenômeno tinha a escravidão como causa. Embora o Relatório Moynihan não afirmasse que o racismo e a discriminação eram irrelevantes, certamente deu a entender que a "patologia cultural", profundamente arraigada nas famílias negras, dificultava a adaptação dos negros americanos à vida estável da classe média, de famílias com pai e mãe, casa própria e cercas de madeira. Isso poderia ser usado como argumento de que, não importava quanto lutassem por igual acesso a direitos e oportunidades, os negros americanos não conseguiriam usufruir desses elementos. Gutman argumentou que as taxas de monoparentalidade entre famílias afro-americanas no início dos anos 1970 eram completamente diferentes do que vira nas fontes sobre as grandes *plantations* do século XIX. Nesses documentos, insistia, a maioria das famílias era nuclear, e a família estendida também sustentava filhos e outros parentes. Novamente, isso permitiu uma "resistência cultural", estabelecendo um mundo quase separado em que os meninos cresciam admirando o seu pai, e não o dono da *plantation*.[28]

Entretanto, poucos desses trabalhos, pelo menos aqueles cujo foco era o século XIX, tinham muito a dizer sobre o que acontecia entre o nascer e o pôr do sol. (Aqueles que tinham algo a dizer faziam-no como em *Down By the Riverside*, de Joyner Brown, que retratava o trabalho por tarefas nos campos alagados de arroz como um compromisso negociado entre negros e brancos, o que permitia aos escravos estabelecer um mundo em que capatazes e donos não precisavam supervisionar muito. A discussão do trabalho era uma forma de demonstrar algo sobre a cultura, não um fim interpretativo em si.) *Roll, Jordan, Roll*, de Genovese, um ex-stalinista no processo de mudança para o extremo oposto do espectro, um conservadorismo católico no estilo Opus Dei, anunciava que seu foco estava no modo como as pessoas escravizadas construíram uma nação. No momento em que escrevia, ele conseguia ver essa nação no horizonte, na forma de organização radical e de protesto nos guetos negros das cidades americanas, e de suas volumosas anotações extraiu uma profunda história anterior daquela nação embrionária. Mas, dentro do mundo da comunidade da *plantation*, nem o trabalho nem o tráfico doméstico de escravos ganharam muitas páginas das aproximadamente setecentas que sua *magnum opus* contém. (O trabalho, porém, provavelmente era comunitário e baseado em tradições africanas. As *plantations* e seus donos estavam no capitalismo, mas não eram do capitalismo.) Tudo em sua argumentação acabaria levando à conclusão de que os escravos viam a si mesmos e a seu Deus cristão, de que tinham se apropriado, como fontes de valor. Eles criaram uma cultura que celebrava tais coisas, e essa criação os amparava contra as forças que, supunha Elkins, poderiam tê-los destruído. Mas no final, é claro, o rio Jordão fazia a curva. E nós vimos que, ao aceitar o senhor como um companheiro – embora sendo um cristão pecador e insensível –, o escravo aceitava o dever de não matar seu irmão errante enquanto este dormia. Isso obrigava os escravos, por sua vez, a viver dentro das regras exteriores ao mundo da *plantation*, e mesmo enquanto construíam sua rica vida interior, eles viviam dentro da "hegemonia" das restrições estabelecida pela classe dos senhores. Eles podiam não adotar os padrões culturais do senhor em sua vida cotidiana, mas certamente estavam sob seu poder.[29]

Os historiadores da comunidade escrava tiveram pouco a dizer sobre a migração forçada e o tráfico de escravos. Eles extraíram a maior parte do seu material de base do Sudeste. Havia muito pouco sobre o algodão, que (ao contrário do arroz) não era produzido pelo sistema de tarefas acordado entre senhores e escravos. O único corpo de estudo que se apoiou fortemente na documentação deixada pelos senhores relativa ao trabalho e às finanças, material de base que foi criado para registrar e calibrar a exploração do trabalho afro-americano, era o chamado trabalho cliométrico concentrado em Stanley Engerman e Robert Fogel. Estes historiadores econômicos empregaram turmas de assistentes de pesquisa e sistematizavam os dados dos campos de trabalho escravo forçado por meio de cartões perfurados em enormes computadores mainframe. O que saiu de lá não eram fios de algodão ou caldo de cana, mas médias e medianas, coeficientes de regressão e similares. Os pesquisadores descobriram muitos dados importantes, como a lucratividade extremamente alta dos campos de trabalho escravo nos estados algodoeiros – lucrativas mesmo em comparação com fábricas do Norte ou fazendas comerciais de trabalho livre. Tais descobertas deveriam ter acabado com o velho argumento de que a escravidão não dava lucros e era alheia à história do capitalismo. Em vez disso, Fogel e Engerman escolheram direcionar suas energias, ao menos a princípio, a uma série de afirmações não tão defensáveis que resultou num argumento de que os antecessores dos negros de 1974 eram neoliberais e efetuavam um cálculo racional para seu bem-estar econômico. O sucesso e a sobrevivência da escravidão, Fogel e Engerman sugeriam, dependiam da habilidade dos escravistas de inculcar uma ética de trabalho quase puritana nos escravizados. Eles afirmavam que incentivos positivos também eram importantes, enquanto sua obra-prima, *Time on the Cross*, realizou uma leitura equivocada de um único documento para afirmar que o escravo médio na *plantation* média tinha de suportar apenas 0,5 açoitamento por ano, supostamente.[30]

Inicialmente, *Time on the Cross* atraiu elogios da imprensa neoliberal – até mesmo um artigo na revista *Time* – mas depois enfrentou uma enxurrada de críticas de historiadores. Parte delas foi motivada pelas suposições problemáticas do estudo, em parte ditadas pelo templo neoclássico a que os autores se acorrentavam. Mas outro aspecto da crítica foi, ao longo do tempo, motivado pela suposição cada vez mais forte de que as coisas mais importantes a serem conhecidas sobre a escravidão e mesmo sobre a história em geral não se encontram na economia, mas na dimensão da cultura. E isso já era óbvio na guinada em direção à cultura escrava como o lugar de criação autônoma dentro da comunidade escrava, na "resistência" ao poder, no lugar onde as pessoas escravizadas tinham "agência", para usar um tema que em seguida seria empregado com uma frequência impensada. Como apontou Walter Johnson num brilhante ensaio de 2003, mais e mais os historiadores voltavam a provar repetidamente nessa época o que já era em si evidente: que os escravos "afirmavam sua humanidade". Em sua avaliação, essa não era realmente uma História transformadora, pois ela meramente provava a proposição de que a = a. Mas a virada que estava por vir teve os seus motivos. Essa mudança veio dos debates no campo, daqueles que tentaram impor uma interpretação da história na qual as pessoas escravizadas eram passivas e se comportavam como o tropo sub-humano dos racistas e paternalistas que defendiam a escravidão. Veio da mudança no movimento político e social pelos direitos dos negros americanos, também.[31]

Em parte, a virada cultural na história da escravidão nos Estados Unidos surgiu de uma tendência visível na sociedade americana: uma virada em direção à crença de que uma pessoa poderia escolher a que se afiliar, e à ideia de que poderia escapar de afiliações de classe, especialmente por escolha. O historiador do trabalho Jefferson Cowie argumenta que uma mudança cultural a partir da qual as pessoas passaram a se identificar com os heróis da cultura popular que rejeitavam suas emaranhadas raízes de classe trabalhadora e fugiam para um horizonte de consumo e de escolha foi uma das principais forças que minaram o movimento trabalhista organizado dos Estados Unidos nos anos 1970. De fato, num sentido thompsoniano, isso desfez a classe trabalhadora americana, pois, se fora um processo de experiência interpretada que fizera a classe no século XIX, os americanos agora se recusavam a interpretar a sua experiência da mesma forma.[32]

E se críticos como Bertram Wyatt-Brown ou Clarence Walker acusavam que as mesmas pessoas que exaltavam as virtudes e os êxitos da resistência escrava capaz de construir uma cultura de oposição estavam apagando as realidades que faziam da escravidão uma forma de opressão brutal – bem, era possível ver como chegaram a essa ideia. A esperança dos movimentos dos anos 1960 se transformou nas decepções de uma derrota política progressiva no início dos anos 1970. As sinédoques do escravo como cidadão-comum e do escravo como Pantera Negra, que pareciam tão relevantes naquele período da longa era dos direitos civis, começavam a se apagar. Em seu lugar, a face do sujeito escravizado voltou-se para dentro de um círculo, em que se olhava apenas para seus pares. Para alguns, a expectativa quanto ao futuro das relações raciais era uma na qual os negros americanos seguiriam seu próprio caminho e criariam suas próprias instituições.[33]

As conquistas do discurso

A guinada do estudo da escravidão americana na direção da cultura conservou o impulso gerado pelo ressurgimento do nacionalismo negro – que também tinha uma longa história – no final dos anos 1960, e também era motivada pelas correntes culturais mais amplas de uma nação em choque com o fim do domínio econômico quase total de que os Estados Unidos desfrutavam desde 1945.

Após 1980, um conjunto de atitudes importadas da crítica literária e da filosofia pós-estruturalista continental correu os departamentos de História americanos como um incêndio num canavial. Àquela altura os críticos dessa filosofia já a chamavam de "desconstrução", termo criado por Jacques Derrida, um dos maiores proponentes de uma nova forma de compreender textos. A desconstrução afirmava que, se é possível generalizar sobre um fenômeno vasto, os textos estavam cheios de lutas políticas. Que os autores tentavam impor significações, mas que se o leitor desmontasse os textos, veria que todos eram instáveis. Que os leitores podiam moldar interpretações conforme sua leitura progredia, que nossas maneiras de ler os textos dão forma a nossos mundos, e que ao entender como esses processos ocorrem, todos somos moldados também pela linguagem instável de dentro dos textos. E que, por fim, não havia significado, porque isso era afinal uma tentativa de impor um logos ou sistema fixo de significados à linguagem, um jogo em que o significado sempre recuava com evasiva futilidade. Como argumentou um dos discípulos americanos de Derrida, "a desconstrução não é um desmantelamento da estrutura do texto, mas uma demonstração de que ele já se desmantelou. Seu chão aparentemente sólido não é uma rocha, mas o nada".[34]

Os arquitetos – bem, talvez não devamos usar um termo metafórico que implique construção – dessa tendência filosófica ganharam status de superestrelas nos anos 1970 e 1980. Seus cânones estavam cheios de uma devoção que parecia contraditória, dado o seu reiterado projeto de minar o status do autor como alguém que cria uma verdade emocional e psicológica. Invocar seus nomes trazia um poder maior do que aquele conferido pelas formas mais usuais de verdade. Suas pessoas foram agraciadas com passagens aéreas internacionais de primeira classe e jovens seguidores, tanto graduandos quanto da pós-graduação, de todos os sexos e sexualidades. E os jovens que se dirigiam à pós-graduação corriam para estudar "Teoria" já pensando em um dia dividir o palco com um Derrida, um Lyotard, uma Kristeva, um Fish; e viver a vida de uma Butler ou de um Jameson.[35]

A tempestade da desconstrução e do pós-estruturalismo convulsionou a crítica literária, "desestabilizando" (um de seus termos favoritos) o papel do autor, fazendo projetos tradicionais como "descobrir o que Ralph Ellison realmente queria dizer" parecerem estranhos. Pois ninguém pode de fato querer *significar* qualquer coisa em particular, e certamente nenhum texto tem um significado em particular, todos sendo afinal o produto de muitas tentativas concorrentes e infrutíferas de estabelecer um significado. Depois, ela invadiu o campo da Antropologia, que estava muito aberto à conquista – alegando ser uma ciência social, mas confiando na tentativa pessoal, interpretativa, de estabelecer regras transculturais. Essa tendência consumiu muito da história da ciência, numa tentativa sistemática de minar suas alegações de atingir a verdade objetiva por meio do método experimental. Redesenhou o mundo que levou (por exemplo) de Galileu a Newton, a Einstein, a Oppenheimer, como um movimento de um paradigma a outro – motivado por fatores socioculturais, não por um processo de revelar gradualmente a verdade objetiva, física e imutável. E depois a desconstrução chegou à História.[36]

Ora, os historiadores da escravidão certamente estavam muito conscientes de que a política dos textos dava forma às suas fontes. As narrativas da WPA são alguns dos melhores exemplos, e já na década de 1980 um exaltado debate discutia como usar esses documentos, considerando que os negros idosos entrevistados nos anos 1930 diziam coisas muito diferentes – pelo menos superficialmente –, dependendo da raça da pessoa que os entrevistava.[37] Os historiadores sempre souberam que documentos devem ser lidos em seu contexto, que o que é documentado e como é documentado também constitui um mapa das realidades políticas e sociais, e que neles muitas vezes podemos ver estratégias e lutas, brados e reclamações estruturadas pelas ideias e pelo poder. Os primeiros artigos pós-estruturalistas sobre a "História" geralmente se desenrolavam dentro deste script de um primeiro contato: um crítico literário que decidira escrever sobre um fenômeno histórico em seu segundo livro examinou algumas fontes – um ou dois livros, um conjunto de documentos institucionais – e agora estava pronto para admoestar os historiadores por pensarem que o "arquivo era transparente".[38]

Em seguida, porém, a teoria pós-estruturalista começou a influenciar os historiadores – principalmente aqueles que tratavam da cultura popular, ou aqueles que se baseavam na teoria pós-colonial para mostrar como as culturas e as raças eram estudadas e como eram amplamente criadas e consumidas no processo de colonização. De modo geral, a implementação da Teoria dentro da história concentrou suas forças em torno de questões sobre as políticas de identidade. O trabalho mais famoso é o de Michel Foucault sobre a história da sexualidade, o qual afirmava que a identidade era "construída". Isso significava que a identidade dos membros de uma classe, de um gênero ou de um grupo racial era um sistema de ideias, não de características inatas, objetivas ou fixas. Isso também significava que a melhor maneira de estudar a identidade era por meio da leitura dos textos lidos pelo tipo de pessoas que não apenas liam os textos, mas também os escreviam. Além disso, as ideias sobre identidade nesses tipos de texto eram profundas e inconscientes, e se revelavam nas regras que seus autores tentavam obedecer e impor, porque a vontade de poder se confundiu completamente com a vontade de saber. Essa identidade era muito importante, porque supostamente estruturava quem poderia participar do exercício do poder na sociedade e da formação da identidade por meio da linguagem. O fato de que as ideias sobre identidade poderiam mudar tornou essas atitudes teóricas *pós*-estruturalistas, e justificou um compromisso com uma política de identidade tanto dentro quanto fora da sala de aula. Estranhamente, algumas dessas batalhas não pareciam mudar no decorrer dos séculos, pelo menos de acordo com os trabalhos de críticos literários e historiadores. Os racistas continuavam fazendo as mesmas coisas durante centenas de anos de história, por exemplo.[39]

O que muitas vezes estava ausente nessas histórias, enquanto começavam a dar forma à disciplina de História através de investigações minuciosas como o estudo da Revolução Francesa ou a história da medicina, era a política no sentido tradicional. Também estavam ausentes a macroeconomia, a demografia, as doenças reais – era possível ler uma crítica séria à ideia de que a febre amarela tivesse realmente existido, pois afinal tudo o que encontramos nas fontes era só um conjunto de sintomas e uma vontade de conhecer a doença como uma entidade única. Isso aconteceu antes que Alan Sokal frustrasse algumas das pretensões daqueles (ou de alguns daqueles) que insistiam que tudo era construído: causa, efeito, realidade, conhecimento, texto. E o trabalho – em declínio como tema de estudo histórico, mesmo quando o trabalho organizado se enfraquecia enquanto força no mundo político – também estava claramente ausente.[40]

Estudiosos da história da escravidão americana, como Winthrop Jordan e Edmund Morgan, argumentaram durante anos que a identidade racial nos Estados Unidos havia sido imposta por lei e, portanto, fora construída. Historiadores da escravidão sempre tenderam pelo menos a reconhecer a centralidade do trabalho no processo de criação da identidade. Na história, muitos foram os que não tiveram a permissão de tomar decisões cruciais sobre suas próprias vidas, ou mesmo de viver por muito tempo. Eram pobres, famintos, alvos de violência. Mas é possível que as regras que estruturavam o que as pessoas diziam nos livros fossem apenas uma das causas que deram forma àquelas realidades.[41]

Em todo caso, a nova virada linguística na História, forma como algumas pessoas, no início dos anos 1990, chamavam a incursão dos métodos pós-estruturalistas, por muito tempo não teve grande influência na história da escravidão nos Estados Unidos. Ao contrário, a virada que propunha ver a identidade como um tipo de escolha cultural de afiliação, e isso, por sua vez, como o tema principal da História (ao contrário do trabalho, da economia, da política, do surgimento de uma nação, de uma classe etc.), seguiu seu próprio caminho. Essa movimentação ainda era estimulada pela luta pela identidade negra, e o sujeito escravizado das histórias que os historiadores contavam nos anos 1980 e 1990 ainda era a sinédoque normativa para o negro americano de agora e do futuro.

Alguns críticos contemporâneos consideraram aqueles anos o "Segundo Nadir" das relações raciais nos Estados Unidos, comparando os anos de Reagan e de Bush pai à década de 1890.[42] Naquela época, um Partido Republicano que já estava bem-treinado em organizar campanhas antagonizando os negros para o delírio dos eleitores brancos definiu os contornos da política nacional. Eles cortaram a verba de cidades, extinguiram programas de apoio social em nome da redução da dependência, e provocaram uma recessão que pode ter acabado com a inflação e as altas taxas de juros, mas também danificou as células mais vulneráveis da economia política nacional. O aumento da dependência de drogas, a ruína de comunidades de bairro e da infraestrutura física, o assassinato de homens jovens em números não vistos desde a luta dos homens brancos por moeda política e por honra no Sul escravista, a redução da educação pública a uma piada de mau gosto, enquanto deveria ser uma escada ascendente, e a ruína das famílias nucleares eram apenas sintomas do cruzamento de duas doenças mais profundas.[43]

A primeira foi o rápido colapso do setor manufatureiro, parte de uma longa separação em camadas dentro da economia americana de 1970 a 2008. Já na década de 1980, grande parte do padrão estava clara: o terço superior da força de trabalho continuou a experimentar ganhos reais de renda (e o 1% superior, ganhos extraordinários), enquanto os dois terços restantes deslizavam para trás. Alguns deles despencaram, na verdade, especialmente nas cidades das antigas regiões fabris, de população totalmente negra. Nesses locais, as margens eram menores, porque as condições financeiras do agregado familiar e das redes com as quais o trabalhador mantinha contato não eram suficientemente fortes para sustentar a perda de um emprego. E, ao mesmo tempo, os múltiplos processos de segregação residencial intencional por parte dos legisladores e do mercado imobiliário, a fuga de brancos causada pelo medo das escolas que se tornaram "negras demais" para manter o prestígio social necessário a fim de levar seus filhos até os 10% superiores, onde os ganhos reais aconteciam, e as incessantes notícias com foco no crime – todos esses fatores abandonaram os afro-americanos à própria sorte para lutar com os mais novos imigrantes, em blocos desolados de concreto onde embalagens plásticas voavam ao vento e cacos de vidro de garrafas quebradas estalavam sob as solas dos sapatos.[44]

Desse mundo é que surgiu o Public Enemy. Aqui, não me refiro apenas ao grupo de rap que transformou o hip-hop em força política com sua visão nacionalista influenciada pela Nação do Islã. Dirijo-me a um movimento mais amplo, voltado para a celebração de uma identidade afro-americana de oposição, com foco nas crises do presente e nas continuidades históricas. Essa atitude abraçou uma posição que existia muito antes, a do elemento excluído, separado, acusado injustamente, inassimilável na sociedade e na cultura dos Estados Unidos. Isso aconteceu paralelamente à ascensão, dentro do hip-hop, forma cultural emergente e característica da época, do segundo elemento dentro da antiga dialética da música negra: aquela relação entre a popularidade – criadores e artistas negros adaptavam-se às convenções da mídia branca a fim de conquistá-las e reescrevê-las, obtendo um resultado final em que não negros sinceramente apreciavam a performance da negritude – e a autenticidade, que exigia familiaridade com o mundo interior secreto, uma identidade acessível apenas àqueles que tinham a negritude como língua materna. Então, ao canonizar os heróis culturais dos anos 1960 e 1970 – Malcom X, os Panteras Negras, Muhammad Ali, Bob Marley, assim como alguns nacionalistas mais obscuros e teóricos da conspiração –, um florescimento de atividades culturais irrompeu nos bairros mais devastados de Nova York, Los Angeles e outras cidades, para desafiar os relatos da cultura afro-americana feitos por brancos. Por volta de 1990, havia pingentes com o formato da África, em vermelho, preto e verde, em todos os lugares. O Public Enemy familiarizava o mundo com as teorias mais peculiares de Elijah Muhammad.[45]

Mas o Public Enemy também mencionava Vesey, Prosser, Nat Turner. E, ao mesmo tempo, um impulso "afrocêntrico" que colocou a África no centro da compreensão da América africana mudava a maneira como a história era ensinada no final da década de 1980. O foco de muitos novos estudos – ou pelo menos daqueles que tiveram mais publicidade – voltou-se para a identificação das origens africanas, tanto dentro das estruturas sociais e das práticas culturais afro-americanas quanto das brancas. *Black Athena*, de Martin Bernal, enfureceu os conservadores culturais com sua afirmação de que os egípcios geraram os gregos, e, logo, que a África criara a civilização ocidental. Em menor escala, os trabalhos de Sterling Stuckey, Margaret Washington, Michael Gomez, Robert Farris Thompson, John Thornton, e de tantos outros, contribuíram para urdir os fios dos antecedentes africanos na trama da cultura escrava.[46] A afirmação de que os antecedentes africanos levaram à cultura afro-americana repetiu, de certa forma, a visão hermética do afrocentrismo populista, que raramente flertava com a fantasia supremacista (apesar da fantasia verdadeiramente supremacista de conservadores brancos que estavam mais que dispostos a fazer publicidade das afirmações ultrajantes de Leonard Jeffries).[47] Mais perigosa para os conservadores brancos, ou pelo menos assim eles pareciam crer, era a possibilidade de que o multiculturalismo se tornasse a prática comum da historiografia americana e também a maneira como esta era ensinada nas escolas. É possível supor que, se isso acontecesse, eles saberiam que sua branquitude não contaria mais como um trunfo a cada interação. Eles ainda lançaram uma campanha infrutífera para forçar os historiadores a retomarem a ideia, anterior aos direitos civis, da História como um desfile de homens brancos.[48]

O enfoque nas origens africanas para encontrar padrões culturais negros, tais como sociedades secretas, pode parecer trivial, e os praticantes mais extremados, de fora da academia, podiam ser vistos como excêntricos. Mas a busca pelas continuidades africanas mudou o ensino sobre a escravidão no país. Era impossível ignorar a cultura africana nos relatos da escravidão. Os estudantes afro-americanos eram apresentados à ideia de uma herança alternativa, e não inferior. A política das salas de aula do fim dos anos 1980 também se transformou. Empoderados e até radicalizados pelos novos conhecimentos, estudantes negros desafiavam instrutores e colegas. Mais de uma aula de história se transformou num debate acalorado que opunha brancos ignorantes, apologistas do tráfico de escravos (visto como uma oportunidade afortunada para os africanos transportados para o Novo Mundo, em vez de ficarem presos num ambiente repleto de doenças como o da África Ocidental, por exemplo), e afro-americanos empunhando o *Black Athena*.[49]

Contudo, em outros aspectos os modos de discussão e análise conseguiram resistir à virada cultural por muitos anos, ou pelo menos àquela variação gerada na rue de Sorbonne, não na Lenox avenue. Mas a teoria cultural, pelo menos a variante da virada linguística, sempre teve mais persuasão nos registros mais baixos. Movia-se, de maneira incomum, em harmonia com outras mudanças na sala de aula, na academia e em outros espaços de acesso burguês no país. De início, essas mudanças iam de encontro à realidade inferior das comunidades negras dos Estados Unidos pós-Grande Migração. Mais tarde, com ajuda do *boom* econômico do governo Clinton, mais negros puderam escapar de núcleos urbanos pobres e dos distritos rurais do Sul onde estiveram aprisionados por tanto tempo. Ascendendo no sistema educacional a despeito de todas as dificuldades, tendo às vezes que superar o fracasso dos próprios pais, eles ingressavam nos interstícios de uma economia que oferecia mais pontos de acesso a afro-americanos persistentes e bem-instruídos do que cinquenta anos antes. Alguns fizeram seu caminho no mundo acadêmico. Entre alguns desses, e entre alguns de seus contemporâneos brancos que começaram a publicar no fim da década de 1990, uma nova curva na virada cultural acabou revelando um cruzamento em que a história da escravidão encontraria o pós-estruturalismo. Ou pelo menos uma versão em particular deste último, que permitia aos leitores dos trabalhos desses historiadores construir, de forma acertada ou não, uma sinédoque do escravo como o estudante afro-americano astuto que conseguia ascender em meio a um mundo branco hostil.[50]

Nas novas Histórias, identidade e ação eram complexas; documentos são textos que revelam contestação, ou seja, a tentativa do escravista de impor seu controle é revelada pela própria instabilidade dessa tentativa de imposição. Trazer à tona essa afirmação, que procede de um conjunto de pressupostos teóricos acerca do que é importante saber sobre a História, e de como podemos sabê-lo, foi a principal realização de *Soul by Soul*, de Walter Johnson, seguramente o trabalho mais aclamado nos anos Clinton-Bush sobre a escravidão nos Estados Unidos. Seu livro não era uma simples "leitura" literário-acadêmica de alguns documentos, com exercícios teóricos previsíveis e evoluções semelhantes à de um programa a ser executado em aparelhos de ginástica. Entre todos os muitos documentos sobre o tráfico interno de escravos no século XIX, ele deu especial enfoque às narrativas de escravos fugidos e aos documentos da corte dos casos de Nova Orleans em que compradores tentavam alegar que determinados escravos eram defeituosos. E nesses documentos ele descobriu que a identidade sempre era uma máscara, que perguntas e respostas eram estratégias de finta, ataque e retirada. Era comum que alunos e outros leitores se impressionassem com um capítulo em particular da metade do seu livro. Nele, Johnson discutia como os escravos tentavam vender a si mesmos nos mercados dos traficantes, argumentando que seriam capazes de corresponder às expectativas dos compradores brancos de refazer seu mundo se comprassem os escravos certos. Dessa forma, os escravos criavam melhores negócios para si mesmos, com compradores mais gentis e promessas de bom tratamento. Essas estratégias e histórias mais tarde se transformariam em situações sobre as quais teriam mais controle. Esse relato, embora não constituísse o núcleo de seu argumento, era o que as pessoas lembravam com mais frequência, devido à ressonância que encontrava no espírito daquela época.[51]

Entre outros estudiosos importantes a liderar esse caminho estava Paul Gilroy – que não era historiador, mas crítico literário e cultural. Em seu *The Black Atlantic*, as pessoas mais interessantes no primeiro século de escravidão anglo-atlântica não eram as massas de cativos sob as escotilhas ou nos campos, mas aquelas que se tornaram livres e que em alguns casos serviram como marinheiros nos navios negreiros.[52] De modo geral, a pequena minoria de africanos que fugiu à regra e atravessou diversas vezes o Atlântico foi a criadora de uma nova cultura moderna que estava continuamente mudando. Vincent Carretta foi pouco mais longe com uma série de "desmascaramentos" que teria levantado o véu de ortodoxia piedosa em torno dos escravos afro-americanos enquanto sujeitos históricos. (Outro passo adiante foi a revisitação de Michael Johnson a documentos e literatura secundária sobre a ameaça de insurreição escrava de Denmark Vesey em Charleston, em 1822.) Apesar de Carretta ter sido tímido demais para apresentar o argumento com tantas palavras – outros demonstrariam menor modéstia –, ele obteve muita publicidade com a espetacular afirmação de que Olauduh Equiano havia nascido na Carolina do Sul. Para alguns, a alegação parecia minar a pretensão de Equiano de falar com autoridade sobre o tráfico de escravos. Equiano também era uma das principais fontes usadas pelos historiadores para entender a cultura do Sudeste nigeriano no século XVIII, sua alegada terra natal. Com a desmistificação e deslegitimação de sua biografia, seria difícil estabelecer antecedentes da cultura escrava daquela parte da África.[53]

Certamente não foi por acaso que a nova geração de historiadores escreveu sobre relações complexas e cheias de matizes entre indivíduos escravizados e identidade racial (e outras formas relacionadas a status) – relacionamentos que se alteravam como uma imagem numa sala de espelhos e nos quais afirmações conclusivas sempre estavam fora de alcance. A Teoria estava lá, era parte da educação acadêmica daquela geração. Os seminários da pós-graduação nos anos 1990 exigiam grande atenção à política cultural sempre cambiante. Tendências mutáveis que estivessem na moda do ponto de vista teórico também eram importantes. Esperava-se, pelo menos por parte de alguns professores e colegas, que o estudante conhecesse seu Homi Bhabha e seu Edward Said – e talvez não o antagonista de Said, Noam Chomsky –, mas que também soubesse quem derrotou quem. Irreverência à parte, devemos reconhecer que fatores estruturais na história intelectual da profissão, naquela época, levaram as pessoas a adotar uma nova postura interpretativa. Mesmo durante a rápida ressegregação das escolas americanas nas décadas de 1980 e 1990, os historiadores que escolheram estudar a escravidão nas melhores escolas de pós-graduação americanas eram desproporcionalmente passíveis de terem experimentado contextos, no ensino secundário e na universidade, em que um número limitado de estudantes afro-americanos muito exitosos haviam conseguido entrar por portas que tinham estado fechadas a gerações anteriores. Em alguns casos, eles mesmos haviam sido aqueles estudantes afro-americanos; em outros, eles haviam sido os estudantes brancos que testemunharam os confrontos sobre a política da identidade que deram forma à breve era do Public Enemy e do *Black Athena*. Esses confrontos podiam ser estabelecidos entre brancos e negros, mas também ocorriam entre alunos negros. Estes últimos, em particular, podiam ser a respeito de questões de solidariedade de grupo contra comunidades estudantis de maioria branca abertamente hostis. Muitas vezes a questão que os estudantes negros apresentavam entre si era compreendida desta forma: você vai ficar do nosso lado – e protestar do nosso lado – ou você vai se integrar?[54]

Então, quando os historiadores – em sua maioria jovens – tinham histórias pessoais impregnadas de conquistas individuais negras em universidades brancas, e histórias pessoais em que tanto racistas brancos quanto nacionalistas negros eram grandessíssimos chatos, não foi uma surpresa que esses estudiosos questionassem o que agora já eram velhas interpretações sobre a comunidade escrava como uma só coisa e a identidade afro-americana como essencialmente uniforme. Não foi surpreendente que eles não apenas desconstruíssem tais ideias, mas que também mostrassem pessoas escravizadas tentando desconstruir as estruturas opressivas e irritantes ao seu redor. Os heróis e heroínas escravizados de seus relatos podiam ser lidos, portanto, como sinédoques deles próprios e de seus amigos, enquanto deixavam a adolescência e se tornavam adultos. Eles passaram primeiro pelas escolas secundárias de estilo suburbano das cidades universitárias ou pelas *magnet schools* ("escolas-ímã") das grandes cidades, ou por colégios internos particulares (estes últimos ocultos, em alguns casos, sob a falsa modéstia com que os estudantes de pós-graduação resolviam suas hierarquias sociais) e depois por universidades de elite que se gabavam de ter chegado a 6% de negros em seu corpo estudantil.

A realidade, claro, era que a solidariedade negra nas universidades de elite era sempre muito menos forçada do que a solidariedade branca poderia ser. Mas a unidade negra era vista como um problema social. Nos anos 1990 e no início dos 2000, pessoas de origem africana que criticavam o mito da unidade negra desde dentro não raro conseguiam encontrar um grande público. É claro, a maior parte dos *think-tanks* conservadores havia muito mantinham um intelectual conservador negro residente para se inocularem contra eventuais acusações de racismo. Agora, o que eles estavam conduzindo era um amplo ataque intelectual, não um conjunto de baluartes políticos erigido contra os resultados lógicos do liberalismo pós-New Deal. Em vez de resistir às claras implicações políticas a serem tiradas de a) um comprometimento nacional com o acesso à oportunidade para todos e b) prova de exclusão, as forças políticas conservadoras perceberam que o impulso para realizar as promessas implícitas do liberalismo já havia passado. Então elas também aceitaram a ideia de que a identidade pode ser escolhida, de que textos – como o texto das nossas vidas – são maleáveis, e de que portanto aqueles que fracassaram no jogo da vida tinham escolhido fracassar, adotando identidades sociais como "bandido" ou "mãe solteira".[55]

Estranhamente, o que os novos historiadores escreviam encontrava por vezes uma inacreditável ressonância entre aqueles que queriam declarar o fim das raças. Entre os que tinham agora a coragem de repudiar publicamente qualquer alegação de que a política do governo federal para o bem-estar era sistematicamente racista, ou que a política de combate ao crime em Nova York era evidentemente uma violação dos direitos constitucionais. Claro, a forma como eles eram lidos muitas vezes não correspondia ao que haviam dito. Dylan Peningroth, que estudava os conflitos nas comunidades negras, concordava com Peter Kolchin e Wilma Dunaway sobre a necessidade de uma nova revisão do "branqueamento" dos conflitos internos. Como Brenda Stevenson, em seu relato sobre mulheres e famílias negras do Norte da Virgínia, ele atacava os historiadores que presumiam a existência de algum tipo de "comunidade" escrava da qual todas as pessoas escravizadas faziam parte. Peningroth conseguiu ser ouvido, e o que escreveu foi utilizado para apoiar a ideia de que nos locais onde a violência, a desagregação familiar e a devastação em geral existissem na sociedade afro-americana contemporânea, os afro-americanos deveriam ser mais culpabilizados, e o racismo branco, a política do governo ou a história da escravidão deveriam ser menos culpabilizados. Mas ele também forçava os historiadores a confrontar sua aparente predileção por entender e considerar a natureza das "relações de raça" o tema central da história das pessoas escravizadas.[56]

Da mesma forma, com exceção de alguns estudiosos que escreveram sobre o tráfico de escravos, ninguém parecia interessado em alterar as suas histórias da escravidão (menos ainda do capitalismo nos Estados Unidos) em função do argumento mais abrangente de Johnson: que no Sul anterior à Guerra Civil todos os escravos sempre estavam à venda no mercado. Em vez disso, os pesquisadores se concentraram na imagem da negociação realizada pelos próprios escravos à venda para argumentar que tudo se resumia a uma constante interação entre senhor e escravo. Obviamente, nem tudo cabe nessa categoria de histórias de exceções, de negociações e ambivalência, de indivíduos que construíam a identidade individual como a história principal dentro da História. O relato devastador da violência e escravidão na Jamaica do século XVIII feito por Vincent Brown – assim como o trabalho de Stephanie Smallwood sobre o tráfico transatlântico de escravos – usa o método de *close readings* dos textos de uma forma claramente moldada pela antropologia pós-estruturalista e por outras influências, mas se recusa a deixar o leitor acreditar que todos os significados eram maleáveis e que tudo se tratava de um texto. A cabeça arrancada do corpo de um escravo rebelde continuava sendo a evidência de um ato de extraordinária imoralidade. Agora, porém, nós entendíamos por que havia sido arrancada. Já o trabalho de Stephanie Camp sobre a resistência, especialmente a feminina, mapeou um tipo de solidariedade negra à qual o filósofo Tommie Shelby ofereceria depois uma forma filosófica. O trabalho reconhecia interesses conflitantes e até mesmo conflitos entre escravos. Ainda assim, mesmo que algumas pessoas escravizadas – a maioria, na verdade, em algum ou outro momento – não pudessem ou não quisessem arriscar tudo pela resistência, todas entendiam entretanto que as forças que as confrontavam eram implacáveis e tinham todos os escravos como alvo.[57]

Seria injusto dizer que os novos autores desejavam todos os usos que foram feitos de seus trabalhos, ou mesmo que todas as interpretações eram razoáveis. Com Ann Patton Malone, e com o estudo devastador de William Dusinberre sobre a mortalidade nas "comunidades" escravas das *plantations* de arroz da Carolina e da Geórgia, Peningroth lembrava os leitores do enorme sofrimento das crianças e de todos aqueles que estavam vulneráveis ao ambiente de desnutrição, doenças e desagregação familiar da escravidão americana. Mas a sua visão sobre as devastações físicas da escravidão não parecia atraente ou útil a algumas daquelas pessoas seduzidas por sua alegação de que os negros americanos eram indivíduos e de que a ideia de uma comunidade escrava poderia ser uma forma de coerção interna. Num ambiente em que políticos e figuras da mídia apareciam na televisão todas as noites afirmando falar por quarenta milhões de pessoas de ascendência africana, esse argumento poderia ser usado para complicar o debate público de maneiras úteis. Mas poderia ser mal empregado com igual frequência para alegar que, quando afro-americanos contemporâneos reclamavam da sistemática privação de seus direitos civis nos processos políticos, ou de sua sistemática exclusão dos benefícios de uma economia em crescimento, eles estavam disseminando alegações falsas.[58]

Esse tipo de movimentação já estava presente no fim dos anos 1990, pelo menos nas alturas rarefeitas das agências literárias de Manhattan, das redações de televisão e jornais e nos departamentos de História das universidades da Ivy League. O ceticismo em relação a afirmações de que a escravidão era responsável pela permanência da situação de igualdade dos negros era a nova moda. Autores de sucesso como Edwidge Danticat ou Fred D'Aguiar começaram a ouvir reclamações de que se envolviam demais com a "épica" da opressão racial. Por outro lado, mais interessantes eram os livros sobre os proprietários negros de escravos. Ou os trabalhos de uma série de autores cosmopolitas, como Zadie Smith, os livros mais recentes de Paul Gilroy, Colson Whitehead ou Kwame Anthony Appiah, os quais questionavam a necessidade de identificação com identidades africanas ou afro-americanas universalizantes. Sempre havia uma complicação, outro desdobramento, que eram engolidos pela América branca.⁵⁹

Açoitados pela Mão Invisível

Mas quando esses trabalhos finalmente foram impressos, o mundo tinha dado voltas novamente.

Em 2000, os Republicanos voltaram a empregar uma estratégia já comprovada, que dava certo desde 1968. Consiga o voto dos brancos do Sul, suprima os eleitores negros. Mas dessa vez eles poderiam conquistar a presidência derrotando um candidato Democrata impopular mediante apenas uma enorme fraude e a decisão mais indefensável da Suprema Corte em toda a sua história. Entre as muitas lições a serem tiradas da crescente dificuldade dos Republicanos em vencer eleições entre 1996 e 2008 está a da mudança demográfica. Em grande parte devido aos efeitos das mudanças na lei federal de imigração aprovada em 1965, os Estados Unidos estavam se tornando menos brancos, e o Departamento do Censo começou a prever que o número de "brancos" cairia para menos de 50% até 2040. Isso certamente tornaria as relações raciais entre negros e brancos menos cruciais para a identidade nacional. Também prometia enfraquecer a equação feita por tantos, de que branquitude = essência americana, que "branco" significava "americano" e vice-versa, e todos os demais tinham outras origens e identidades. Portanto, versões mais variadas da história da escravidão poderiam ser possíveis – versões que não estejam tão presas à ideia de enxergar no caráter da pessoa escravizada uma imagem diminuída e ultrapassada do futuro não apenas dos americanos negros, mas também dos americanos brancos. Se isso constituiria um desdobramento salutar é uma pergunta a ser debatida, mas é possível que a escravidão dos historiadores não seria mais sequestrada pelos debates contemporâneos que distorcem o passado, mas ao mesmo tempo não oferecem nenhuma estratégia que leve a oportunidades iguais, à reparação, ao acesso integral aos direitos ou à reconciliação.

Em segundo lugar, no dia 11 de setembro de 2001, fundamentalistas islâmicos assassinaram milhares de americanos. Seus ataques tornaram-se o pretexto para duas guerras, incluindo a do Iraque, realizada quase inteiramente sob pretextos falsos, a um enorme custo humano, financeiro e moral. A realidade daquele ataque, daquelas guerras, e a maneira como foram orquestrados foi um enorme choque. Este veio após uma década de complacência, em que autodenominados acadêmicos progressistas amiúde reclamavam que não havia uma diferença de política entre os dois partidos, e que eles haviam votado nos Democratas por causa das propostas culturais e políticas desse partido. Alguns começaram a considerar que a violência e a guerra poderiam ser agentes ou mesmo causas (embora a palavra "causa" ainda os deixassem nervosos) de uma transformação maciça. Essa transformação, obviamente, deu-se de forma repentina, numa escala e com uma intransigência diferentes daquele mundo do texto, cheio de matizes e contestações. Agora, a tortura e a prisão em massa pareciam questões mais imediatas para muitos progressistas brancos.

Tais questões não eram novidade para aqueles que estavam vivendo-enquanto-negros, é claro. Era estranho ouvir os que tinham passado suas carreiras minando valores morais absolutos com as ferramentas do relativismo moral e/ou epistemológico fazerem uma tentativa de estabelecer limites claros contra a tortura. Ainda mais estranho era ver os conservadores que nas duas décadas anteriores posavam como os defensores dos valores absolutos morais saírem do armário e se revelarem nietzschianos selvagens. Mais famoso é o caso do funcionário do governo Bush que zombou da queixa de um repórter de que cada palavra do governo sobre as armas de destruição em massa do Iraque havia sido falsa. Ele respondeu que o repórter e os Democratas estavam todos presos numa armadilha de "pensamento com base na realidade". "Nós criamos nossa própria realidade" – nosso próprio texto retórico, e depois o impomos ao mundo, que passa a acreditar nele. De uma hora para outra, os progressistas descobriram que o "pensamento com base na realidade", incluindo áreas anteriormente zombadas como a análise estatística e a ciência, continha verdades que eles prefeririam não desmontar e desmistificar.⁶⁰

O efeito do impulso na política progressista foi salutar e revigorante, ao menos por algum tempo. Velhos debates internos se acalmaram. Organizadores políticos e blogueiros esforçaram-se corajosamente para criar uma estrutura de comunicação e uma alternativa de debate à televisão e à mídia dominante – que havia sido conquistada, em sua maioria, pela direita e pelos seus termos de argumentação. Assim, a organização política e a participação na prática, atividades em que a celebração da ambiguidade decididamente não conduzia ao sucesso, constituíam uma terceira força social que poderia estar forçando os historiadores da escravidão a repensar alguns hábitos persistentes de argumentação e retórica. Um número maior de pesquisadores poderia ter seguido as sugestões de Steven Hahn, Stephanie Camp e Walter Johnson: os historiadores deveriam examinar mais de perto as redes de pessoas escravizadas e repensar a política que cresceu e se espalhou através de tais redes.⁶¹

O enorme esforço de organização feito pela campanha Obama For America entre 2006 e 2008 mostrou que era possível organizar, ao menos sob as circunstâncias certas, uma enorme maioria popular mesmo com as vantagens dos Republicanos na mídia, as manipulações realizadas nos distritos eleitorais e os limites artificiais do eleitorado. A vitória de Obama, construída em torno de um brilhante orador com uma biografia cativante, também poderia ser vista como uma indicação de que os Estados Unidos tinham conseguido fazer exatamente o que o próprio Obama havia sugerido que seria possível. Ou seja, transcender finalmente a ideia central da branquitude: de que as pessoas de origem africana não eram iguais aos brancos e que cada aumento no acesso real aos seus direitos representava uma diminuição nos direitos, no poder e na liberdade das pessoas brancas.⁶²

Como os próximos anos viriam a demonstrar, o ressentimento dos brancos ainda não havia sido superado. E, nesse meio-tempo, ocorreu mais um fenômeno significativo, que também destacava a falta de habilidade das formas mais populares de pensamento sobre a história da escravidão para explicar os eventos que ocorriam nos Estados Unidos. Isso, é claro, detonou as bombas enterradas havia muito tempo no setor financeiro americano. A reação em cadeia causada por dívidas incobráveis de hipotecas securitizadas tinha sido gerada tanto pela ganância entre as pessoas com informação privilegiada sobre a indústria financeira, que já haviam somado uma riqueza incalculável, e por dogmas insensatos, completamente descontrolados, no âmbito regulatório. A tolice da ideia de que os mercados poderiam se autorregular, especialmente os mercados de dívida e crédito construídos de forma inovadora, foi demonstrada muitas vezes. Mas esse é justamente o tipo de erro que pode ser cometido quando historiadores não estudam a história econômica.[63]

Como todos sabem, a explosão nos mercados financeiros americanos em 2008 se espalhou por toda a economia mundial. A ampla crise econômica produziu tremores políticos e de outras ordens na Europa e em outros lugares. O consenso neoliberal de Washington, aceito – ou imposto – por grande parte da economia mundial desde 1991, foi questionado de muitas maneiras, e os questionamentos continuam sem resolução até o período da escrita deste capítulo. No entanto, a mensagem a ser lembrada pelos historiadores da escravidão americana deveria ser esta: deveríamos pensar mais seriamente sobre a história financeira e a história do capitalismo. Porque, para voltar ao início deste ensaio, a forma expansionista de escravidão que dominou o primeiro século da história americana estava profundamente enraizada na criação do sistema econômico capitalista mundial cuja tempestade mais recente gerou furacões que afetam pessoas ao redor do globo. E os eventos recentes deveriam nos fazer levar em consideração as implicações desse fato. Aqui estão algumas das principais implicações, nenhuma das quais pode ser inteiramente compreendida por meio de qualquer um dos paradigmas cultural-históricos que receberam a maior parte da atenção e da energia no último século ou mais de historiografia.

Em primeiro lugar, a escravidão nos Estados Unidos e a história da expansão do capitalismo estavam emaranhadas – principalmente depois que as fábricas de materiais têxteis feitos de algodão se tornaram o ponto central da destruição criativa que impulsionava o setor industrial emergente. E, é claro, depois que os escravistas americanos criaram um novo sistema de produção de algodão por meio do trabalho escravo, um sistema que abrangeria uma vasta região subcontinental, seria responsável por 80% do abastecimento mundial do seu produto mais amplamente comercializado, e tiraria de campo a maioria dos concorrentes. Esse emaranhamento, por sua vez, significa que a história da escravidão nos Estados Unidos deve ser entendida em relação com o desenvolvimento do capitalismo. São muitas as implicações disso, e requerem novos tipos de aprendizagem e novas ferramentas, um envolvimento muito maior com a história econômica mundial, mais atenção à economia política (incorporando cultura e retórica, é claro), mais reflexão sobre as consequências da escravidão nas transferências de riqueza a longo prazo, e sobretudo o envolvimento com essas três questões.

É preciso que os historiadores da escravidão nos Estados Unidos conheçam a história financeira. A expansão da escravidão nos Estados Unidos, tal como a expansão do consumo no país desde 1970, exigiu um tremendo crescimento e a transformação das capacidades e dos vínculos financeiros do mundo atlântico. O resultado foi uma série de transformações que moldaram sua escravidão, o conflito político que acabou derrubando-a, e as economias de todos os parceiros comerciais. Os efeitos ainda estão conosco e fazem parte da história de todos. De fato, o Lehman Brothers, banco de Wall Street cujo colapso provocou a reação em cadeia de setembro de 2008, começou a sua história como uma firma de comércio de algodão no Alabama durante a década de 1840. Sua fundação se deve à intenção de capitalizar uma oportunidade. O colapso de uma grande bolha de dívidas de hipotecas securitizadas – embora fossem hipotecas sobre escravos, não sobre casas no subúrbio – entre 1837 e 1839 havia criado uma tremenda oportunidade para as novas firmas absorverem fatias de mercado no comércio do algodão.

Em segundo lugar: o Lehman Brothers não existe mais – a exemplo de muitos bancos e empresas mercantis de Nova Orleans, Natchez e

Mobile (e de Nova York e da Filadélfia) que fizeram vastas fortunas e contraíram empréstimos ainda mais vastos durante os anos 1830, antes da crise. Mas a fonte do algodão, a *commodity* cujos rendimentos deveriam saldar as dívidas contraídas para comprar escravos e transferi-los para os estados do extremo Sul, era, claro, o trabalho dos próprios escravos. O trabalho como um tema central de análise na historiografia da escravidão americana desapareceu. No máximo, tem sido utilizado para fazer análises sociais e culturais, como, por exemplo, as alegações de que o trabalho escravo dependia de antecedentes de trabalho coletivo africano. Um olhar mais atento – até mesmo rápido – ao processo de trabalho na plantação de algodão revela não apenas o ridículo dessa análise, mas que o trabalho na plantação de algodão era de enorme significado para o desenvolvimento geral dos Estados Unidos, para a formação da cultura e da sociedade afro-americana, e para o crescimento do capitalismo moderno. Quer olhemos para a produção, para as finanças ou para o consumo, cada caminho viajado pelo comerciante de escravos, ou por um fardo de algodão, ou por uma letra de câmbio, ou por um documento de hipoteca, ou por um plano político para expandir geograficamente a escravidão – todos levam aos campos de algodão. E não entre o pôr do sol e o amanhecer, mas nas longas e duras horas do dia, durante as quais, dia após dia, ano após ano, milhões de pessoas eram sistematicamente roubadas.[64]

Em terceiro lugar, olhar para a escravidão americana da perspectiva da história do capitalismo vai exigir que reconsideremos a epistemologia e a hermenêutica de documentos históricos. A recente explosão econômica nos faz lembrar que o poder das dinâmicas econômicas não é inteiramente diferente das forças naturais. Faz-nos lembrar que números e fluxos podem agir como causas, de uma forma que não pode ser totalmente explicada pelas reivindicações de construcionismo social sobre as quais boa parte da virada linguística na História acabou dependendo. Isso não quer dizer que economia seja uma ciência como a física, não importa o que os economistas digam. Mas quer dizer que enquanto a cultura modifica a economia, a economia pode modificar a cultura, e pode usar forças (como a simples oferta e demanda) que não são palavras ou textos. Da mesma forma, as afirmações da economia comportamental, que podem dar a entender que estruturas físicas no cérebro têm efeitos sobre o comportamento, inclusive nas decisões sobre comprar ou poupar, ganhar e gastar – essas também merecem consideração.[65]

Ainda assim, é grande a resistência à necessária reflexão sobre a relação entre a mudança econômica e a maneira como fazemos História. Como muitos historiadores culturais já observaram, os paradigmas dão forma às regras do que pode ser conhecido ou dito. Contarei brevemente uma anedota. Apresentei, num seminário universitário, um artigo no qual defendia que o rápido aumento na produção de algodão nos anos 1830 tornou insolvível a dívida contraída pelos escravistas a fim de incrementar a produção. Os resultados compreendiam a já mencionada crise financeira de 1837-1839, o colapso de muitas empresas mercantis e de bancos, a perda de poder bancário do Sul, mudanças bruscas na vida de muitos escravos, e a emergência tanto do abolicionismo político quanto do secessionismo do Sul. Mais tarde, um historiador tão bem versado quanto eu nas complexidades da Teoria me chamou à parte e gentilmente explicou que eu tinha usado o termo "economia" de uma maneira não suficientemente problematizada. Eu havia escrito como se a economia fosse uma entidade que existisse de alguma forma objetiva. Mas como demonstrara o recente livro de Tim Mitchell sobre a produção de combustível e a economia política keynesiana depois da Segunda Guerra Mundial, o conceito de economia não estava realmente em uso pelos legisladores até aproximadamente os anos 1950.[66]

Quer isto seja uma análise acurada da história de um termo específico ou não, a suposição era clara – se não houvesse um conceito chamado "economia" em 1837, este não tem valor para nós como termo analítico para compreender 1837. Pois se não existia como termo, não poderia ter uma existência como objeto de estudo. E talvez exista outra suposição por trás daquela, por sua vez: se a economia não aparece na linguagem, não pode ter nenhuma influência nos pensamentos ou acontecimentos. Em tal quadro analítico, não há espaço para conceitos ou forças e fenômenos que atuem do lado de fora do mundo da linguagem e do texto. Na verdade, também pode estar implícito que não há espaço para conceitos que não sejam nominados e reconhecidos por pessoas importantes que escrevem textos.

Acho que essa visão da história não tem mais utilidade para nós. Ou melhor, não tem mais utilidade se o conceito hegemônico da história cultural, completamente envolvido com a trajetória da virada linguística, é o único sentido do objeto de estudo histórico aceitável pelos alunos mais inteligentes nos departamentos mais elitizados. Em vez disso, proponho que os historiadores da escravidão americana precisam se envolver com a história do capitalismo mundial, entender a história financeira, estudar o trabalho dos trabalhadores escravizados, e desafiar a hermenêutica da interpretação histórica que separa os historiadores das ciências sociais e naturais. A ironia é que aquilo que aprendemos sobre a história cultural vai nos ser muito útil ao longo desses caminhos. O modo como as pessoas entendem o mundo sempre molda suas próprias tentativas de moldá-lo, e a sua experiência disso. Todos esses pontos de partida conectariam a história da escravidão nos Estados Unidos mais efetivamente a outras sociedades da segunda escravidão. Sobretudo, nos levariam a entender melhor a maneira como os deslocamentos e o trabalho exaustivo das pessoas escravizadas, cuja chegada ao dique em Nova Orleans ainda não está sinalizada, são fundamentais para a história da ascensão da modernidade capitalista e dos Estados Unidos como o mais importante país do capitalismo. Uma história mais útil seria esta: algo que não é uma simples sinédoque daquilo que algumas pessoas acham que deve ser o futuro papel dos afro-americanos nos Estados Unidos ainda dominados pela branquitude.

Mas essas tarefas não serão fáceis. Seria agradável imaginar que as muitas transformações dos Estados Unidos entre os anos de 2001 e 2014 tivessem finalmente quebrado o vínculo entre a história da escravidão americana e a ideia de que os negros deveriam ser atores no roteiro de alguém. Esse movimento de sinédoque continuamente joga o ônus sobre os negros e os distancia, faz com que pareçam diferentes, e com uma trajetória histórica diferente daquela dos demais americanos. Seria muito bom imaginar que havíamos chegado ao fim da longa tendência de representação dos escravos como sinédoque de um negro americano idealizado, que não seria mais um "problema" em alguma data futura. Mas a última frase aponta para o cerne da questão: o fato de que a identidade nacional dos Estados Unidos inclui há séculos a ressalva de que os afro-americanos são diferentes. Se eles são alvo de insultos em toda a nação por parte de uma enorme maioria branca, se muitos brancos veem afro-americanos como destinatários da caridade nacional, ou se os brancos americanos alternam entre as duas posições desse ciclo, não tem muita importância. Qualquer que seja o ponto de vista mais imediatamente atual, ele tende a ser lido de trás para a frente, de forma a apoiar uma representação contemporânea dos problemas nacionais, principalmente a do estado da América negra e da vida dos negros americanos como produto da essência afro-americana. Essa é uma leitura a-histórica que regressa no tempo para moldar o passado de acordo com as necessidades do presente, como se fosse uma máquina de ficção científica. Sim, essas extraordinárias representações do passado ocorrem com frequência, mas a representação do passado somente em função das necessidades de alguns poucos no presente raramente é um bem genuíno – especialmente quando a necessidade do presente tem, com tanta frequência, sido aquela de encontrar bodes expiatórios, ou outros processos dos brancos. O repetido padrão de transformar o passado numa encenação atual da paixão de Cristo, com caras brancas pintadas de negro, também desvia o foco analítico e interpretativo de alguns processos específicos que necessitam de atenção. Porque eles ainda estão moldando a todos nós.

Penso, agora, que só ao chegar ao fim deste texto é que percebi onde deveria ter começado a minha viagem. Isso geralmente é sinal de que a reescrita se faz necessária, e sem dúvida esse é o caso desta versão do artigo em particular. Mas quando não encontrei nenhum reconhecimento, no dique de Nova Orleans, de que o eixo no qual o mundo girou estava ali, e que milhões de pessoas tinham sido esmagadas sob seu fulcro, minha mente se voltou para Richmond, Virgínia. Lá, dez dias antes de chegarmos a Nova Orleans, Lillian e eu descobrimos que os anos de empenho de políticos, ativistas, historiadores leigos e profissionais tinham construído uma "trilha dos escravos". Essa rede de sinais, memoriais e escavações, mapeada na internet e no papel, permitia que visitantes e estudantes aprendessem como o tráfico doméstico de escravos foi o negócio que fez a fortuna de Richmond no século XIX. Mostrava que as redes e os vínculos que constituíram o negócio também enriqueceram a muitos outros. E abriu uma janela para as experiências das pessoas confinadas naquela prisão, e também tornou o seu processo de emancipação muito mais significativo, tanto no sentido afetivo quanto no analítico. Lillian e eu sentamos ao lado do sítio de escavação da "prisão de escravos" de Robert Lumpkin e conversamos com Dolores McQuinn, a vereadora e deputada estadual que conduziu boa parte do processo da trilha dos escravos. E quando terminamos a conversa, os três caminhamos por cem metros até o aterro da I-95, uma enorme rodovia de concreto que vai de Boston e Nova York até Miami. Enquanto carros e caminhões trovejavam acima de nós, cheios de pessoas e mercadorias, seguindo suas viagens, vimos uma pequena placa que dizia que, em algum lugar sob os milhares de toneladas de cimento, areia e barras de ferro, jaziam os ossos do "Cemitério Africano" de Richmond. Ali haviam sido enterrados os enforcados após a tentativa de rebelião de Gabriel Prosser, em 1800, e ali também haviam sido enterrados aqueles que morreram nas prisões de escravos, esperando serem transportados até as *plantations* de algodão do Sudeste. Estávamos do outro lado do passado. Sabíamos que fomos feitos por ele.

Notas

1. Robert Olwell, *Masters, Slaves and Subjects: The Culture of Power In the South Carolina Low Country, 1740-1790*. Ithaca: Cornell University Press, 1998; Sylvia R. Frey, *Water From the Rock: Black Resistance In a Revolutionary Age*. Princeton: Princeton University Press, 1991; Douglas R. Egerton, *Death Or Liberty: African Americans and Revolutionary America*. Oxford: Oxford University Press, 2009; Gary B. Nash, *The Forgotten Fifth: African Americans In the Age of Revolution*. Cambridge, Massachusetts: Harvard University Press, 2006; Ira Berlin e Ronald Hoffman. *Slavery and Freedom In the Age of the American Revolution*. Charlottesville: Publicado para a United States Capitol Historical Society pela University

Press of Virginia, 1983; David Brion Davis, *The Problem of Slavery In the Age of Revolution, 1770-1823*. Ithaca: Cornell University Press, 1975; Donald L. Robinson, *Slavery In the Structure of American Politics, 1765-1820*. 1ª. ed. Nova York: Harcourt Brace Jovanovich, 1970; Arthur Zilversmit, *The First Emancipation: The Abolition of Slavery In the North*. Chicago: University of Chicago Press, 1967.

2. Sobre a escravidão pós-revolucionária: Christopher Leslie Brown, *Moral Capital: Foundations of British Abolitionism*. Chapel Hill: Publicado para o Omohundro Institute of Early American History and Culture, Williamsburg, Virginia, pela University of North Carolina Press, 2006; Davis, *Slavery in the Age of Revolution*; Eva Sheppard Wolf, *Race and Liberty In the New Nation: Emancipation In Virginia From the Revolution to Nat Turner's Rebellion*. Baton Rouge: Louisiana State University Press, 2006; Matthew Mason, *Slavery and Politics In the Early American Republic*. Chapel Hill: University of North Carolina Press, 2006; John Craig Hammond e Matthew Mason, *Contesting Slavery: The Politics of Bondage and Freedom In the New American Nation*. Charlottesville: University of Virginia Press, 2011.

3. Edward E. Baptist, *The Half Has Never been Told: Slavery and the Making of American Capitalism*. Nova York: Basic Books, 2014; Gregory Clark, *A Farewell to Alms: A Brief Economic History of the World*. Princeton, Nova Jersey: Princeton University Press, 2007; Kenneth Pomeranz, *The Great Divergence: Europe, China, and the Making of the Modern World Economy*. Princeton, Nova Jersey: Princeton University Press, 2000; Ira Berlin, *Generations of Captivity: A History of African-American Slaves*. Cambridge, Massachusetts: Belknap Press of Harvard University Press, 2003.

4. A discussão sobre a congruência entre eleições e os mapas da escravidão/algodão era notória na internet depois da eleição de 2008, apesar de ter gerado menos debate depois de 2012. Para um exemplo, ver Sasha Issenberg, *Boston Globe,* 30 de novembro de 2008, "The Ghost of Cotton: How Vanished Plantations Still Shape American Voting,". Disponível em: <http://www.boston.com/bostonglobe/ideas/graphics/113008_the_ghost_of_cotton>. Acesso em: 17 de fevereiro de 2014; Cf. Susan Schulten, "Visualizing Slavery," Opinionator Blog "Disunion", New York Times Online, 10 de dezembro de 2010, Disponível em: <http://opinionator.blogs.nytimes.com/2010/12/09/visualizing-slavery/?_php=true&_type=blogs&_r=0>. Acesso em: 17 de fevereiro de 2014).

5. Sobre Natchez, ver: Jack E. Davis, *Race Against Time: Culture and Separation In Natchez Since 1930*. Baton Rouge: Louisiana State University Press, 2001.

6. Para números e o tráfico escravista interno até Nova Orleans, ver: Michael Tadman, "The Demographic Cost of Sugar: Debates on Slave Societies and Natural Increase in the Americas", *American Historical Review*, 105: 5 (Dezembro de 2000), 1534-1575; Lawrence J. Kotlikoff, "The Structure of Slave Prices in New Orleans,

1804 to 1862", *Economic Inquiry*, 17 (Outubro de 1979), 496-518; Jonathan Pritchett, "Quantitative Estimates of the U.S. Interregional Slave Trade, 1820-1860", *Journal of Economic History* 61:2 (2001) 467-75; para uma perspectiva intrigante sobre a história da escravidão e a indústria da herança cultural em Nova Orleans, ver: Freddi Williams Evans, *Congo Square: African Roots In New Orleans*. Lafayette, Louisiana: University of Louisiana at Lafayette Press, 2011.

7. Peter Novick, *That Noble Dream: The "Objectivity Question" and the American Historical Profession*. Cambridge: Cambridge University Press, 1988; Gaines M. Foster, *Ghosts of the Confederacy: Defeat, the Lost Cause, and the Emergence of the New South, 1865 to 1913*. Nova York: Oxford University Press, 1987; David W. Blight, *Race and Reunion: The Civil War In American Memory*. Cambridge, Massachusetts: Belknap Press of Harvard University Press, 2003; Michael Perman, *Struggle for Mastery: Disfranchisement In the South, 1888-1908*. Chapel Hill: University of North Carolina Press, 2001.

8. Blight, *Reunion and Reaction*; para Phillips e outros ver: Ulrich Bonnell Phillips, *American Negro Slavery: A Survey of the Supply, Employment and Control of Negro Labor As Determined by the Plantation Régime*. Nova York: D. Appleton and Company, 1918; Ulrich B. Phillips, "The Central Theme of Southern History". *American Historical Review* 34 (1): 30-4 (1928); Joseph Grégoire de Roulhac Hamilton, *Reconstruction In North Carolina*. Nova York: Columbia University, 1914; e inúmeros outros estudos da escravidão de autoria de historiadores influenciados por Phillips, como James Glunt, Hamilton, James Sellers e Wendell H. Stephenson.

9. Sobre a ascensão do Jim Crow, ver: Edward L. Ayers, *The Promise of the New South: Life After Reconstruction*. Nova York: Oxford University Press, 1992; Glenda Elizabeth Gilmore, *Gender and Jim Crow: Women and the Politics of White Supremacy In North Carolina, 1896-1920*. Chapel Hill: University of North Carolina Press, 1996; Stephen David Kantrowitz, *Ben Tillman & the Reconstruction of White Supremacy*. Chapel Hill: University of North Carolina Press, 2000; sobre sua prática, ver: Pauli Murray, *States' Law on Race and Color*. University of Georgia Press. 2ª ed. 1997 (Davison Douglas, editor). Ver William Archibald Dunning, *Essays On the Civil War and Reconstruction: And Related Topics*. Nova York: The Macmillan Company, 1898; e ver: histórias escritas por uma grande quantidade de seus alunos e companheiros de viagem: James Ford Rhodes, John W. Burgess, Charles Ramsdell, W. W. Davis, Walter Fleming, Claude Bowers, C. Mildred Thompson, e E. Merton Coulter.

10. J. Morgan Kousser, *The Shaping of Southern Politics: Suffrage Restrictions and the Establishment of the One-Party South, 1880-1910*. New Haven: Yale University Press, 1974.

11. C. Vann Woodward, *Origins of the New South, 1877-1913*. Primeira edição em brochura [Baton Rouge]: Louisiana: Louisiana State University Press, 1966. Edward L. Ayers, *Promise of the New South*. Oxford: Oxford University Press: 2007.
12. Citado em Peter Novick, *That Noble Dream*, 75. Cambridge: Cambridge University Press, 1988; Blight, *Race and Reunion: The Civil War in American Memory*, 3-15. Harvard: Harvard University Press, 2001.
13. Kenneth M. Stampp, *The Peculiar Institution: Slavery In the Ante-Bellum South*. [1ª ed.] Nova York: Knopf, 1956; para alguns exemplos de estudos sobre o Longo Movimento pelos Direitos Civis, ver Barbara Ransby, *Ella Baker and the Black Freedom Movement: A Radical Democratic Vision*. Chapel Hill: University of North Carolina Press, 2003; Sarah Azaransky, *The Dream Is Freedom: Pauli Murray and American Democratic Faith*. Oxford: Oxford University Press, 2011; John D'Emilio, *Lost Prophet: The Life and Times of Bayard Rustin*. Nova York: Free Press, 2003; Glenda Elizabeth Gilmore, *Defying Dixie: The Radical Roots of Civil Rights, 1919-1950*. Nova York: W. W. Norton & Co., 2003; Adriane Danette Lentz-Smith, *Freedom Struggles: African Americans and World War I*. Cambridge, Massachusetts: Harvard University Press, 2009.
14. Edward E. Baptist, "The Unconquerable Archive". Artigo inédito apresentado em simpósio em homenagem ao 75° aniversário da Coleção Histórica do Sul, na Universidade da Carolina do Norte, em 18 de março de 2005.
15. Sobre os trabalhos públicos do New Deal e projetos de emprego integral em geral, ver: Jason Scott Smith, *Building New Deal Liberalism: The Political Economy of Public Works, 1933-1956*. Cambridge: Cambridge University Press, 2006; os melhores relatos das muito criticadas entrevistas da WPA ainda são os de Paul D. Escott, *Slavery Remembered: A Record of Twentieth-Century Slave Narratives*. Chapel Hill: University of North Carolina Press, 1979; e o material complementar em Charles L. Perdue, Thomas E. Barden e Robert K. Phillips. O livro *Weevils In the Wheat: Interviews with Virginia Ex-Slaves*. Charlottesville: University Press of Virginia, 1976 também é excelente.
16. Ira Katznelson, *Fear Itself: The New Deal and the Origins of Our Time*; Nova York: Norton, 2013; Glenda Elizabeth Gilmore, *Defying Dixie: The Radical Roots of Civil Rights, 1919-1950*. Nova York: W. W. Norton & Co., 2008; Gunnar Myrdal, Richard Sterner e Arnold Marshall Rose, *An American Dilemma: The Negro Problem and Modern Democracy*. Nova York: Harper & brothers, 1944; Gretchen Lemke-Santangelo, *Abiding Courage: African American Migrant Women and the East Bay Community*. Chapel Hill: University of North Carolina Press, 1996; David Welky, *Marching across the Color Line: A. Philip Randolph and Civil Rights In the World War II Era*. Nova York: Oxford University Press,

2013; Kevin Michael Kruse e Stephen G. N Tuck, *Fog of War: The Second World War and the Civil Rights Movement*. Nova York: Oxford University Press, 2012; e o relato em primeira mão desta luta está em Pauli Murray, *Song In a Weary Throat: An American Pilgrimage*. Nova York: Harper & Row, 1987.

17. Ver, de forma geral, Manning Marable, *Race, Reform and Rebellion: The Second Reconstruction In Black America, 1945-1982*. Jackson: University Press of Mississippi, 1984; sobre raça e a política externa da Guerra Fria, Mary L. Dudziak, *Cold War Civil Rights: Race and the Image of American Democracy*. Princeton, Nova Jersey: Princeton University Press, 2000; Penny M. Von Eschen, *Satchmo Blows Up the World: Jazz Ambassadors Play the Cold War*. Cambridge, Massachusetts: Harvard University Press, 2004; e Thomas Borstelmann, *The Cold War and the Color Line: American Race Relations In the Global Arena*. Cambridge, Massachusetts: Harvard University Press, 2001; sobre a integração militar, ver: Jon E. Taylor, *Freedom to Serve: Truman, Civil Rights, and Executive Order 9981*. Nova York: Routledge, 2012.

18. Kenneth M. Stampp, *The Peculiar Institution: Slavery In the Ante-Bellum South*. [1ª ed.] Nova York: Knopf, 1956; Manning Marable, *How Capitalism Underdeveloped Black America: Problems In Race, Political Economy, and Society*. Edição atualizada. Cambridge, Massachusetts: South End Press, 2000, p. 220; Peter Novick, *That Noble Dream: The "Objectivity Question" and the American Historical Profession*. Cambridge: Cambridge University Press, 1988, pp. 475-76.

19. John Hope Franklin, *From Slavery to Freedom: A History of American Negroes*. [1ª ed.] Nova York: A. A. Knopf, 1947, como um excelente exemplo. O trabalho de Carter G. Woodson (por exemplo, Carter Godwin Woodson, *The Education of the Negro Prior to 1861: A History of the Education of the Colored People of the United States From the Beginning of Slavery to the Civil War*. Nova York: G. P. Putnam's Sons, 1915; bem como a revista que fundou: *Journal of Negro History*) e Luther P. Jackson (por exemplo, Luther Porter Jackson, *Free Negro Labor and Property Holding In Virginia, 1830-1860*. Nova York: D. Appleton-Century Company, Incorporated, 1942), que igualmente ajudaram a juntar enormes quantidades de materiais de fonte para a história dos escravos, também é crucial. E é claro, W. E. B. Du Bois também foi um ponto de partida crucial para o estudo dos escravos: W. E. B. Du Bois, *The Suppression of the African Slave-Trade to the United States of America, 1638-1870*. Nova York: Longmans, Green and Co., 1896; W. E. B. Du Bois, *The Souls of Black Folk: Essays and Sketches*. 2ª ed. Chicago: A. C. McClurg & Co., 1903; W. E. B. Du Bois, *Black Reconstruction: An Essay Toward a History of the Part Which Black Folk Played In the Attempt to Reconstruct Democracy In America, 1860-1880*. Nova York: Harcourt, Brace and Company, 1935.

20. C. L. R. James, *The Black Jacobins: Toussaint L'ouverture and the San Domingo Revolution*. 2ª ed., revisada. Nova York: Vintage Books, 1963; Du Bois, *Black Reconstruction: An Essay Toward a History of the Part Which Black Folk Played In the Attempt to Reconstruct Democracy In America, 1860-1880*. Nova York: Harcourt, Brace and Company, 1935.
21. François Furstenberg, "Beyond Freedom and Slavery: Autonomy, Virtue, and Resistance in Early American Political Discourse", *The Journal of American History*, vol. 89, n. 4 (março, 2003), pp. 1295-1330; para relatos que dão ênfase ao mau desempenho e os limites definitivos do Sul escravista, ver: Gavin Wright, *The Political Economy of the Cotton South: Households, Markets, and Wealth In the Nineteenth Century*. Nova York: Norton, 1978; Douglas R. Egerton, "Markets without a Market Revolution: Southern Planters and Capitalism", *Journal of the Early Republic*, vol. 16, n. 2, *Special Issue on Capitalism in the Early Republic* (verão de 1996), pp. 207-221; Eugene D. Genovese, *The Political Economy of Slavery: Studies In the Economy & Society of the Slave South*. [Nova York]: Vintage Books, 1967.
22. Comunicação pessoal de David Johnson; Herbert Aptheker, *American Negro Slave Revolts*. Nova York: Columbia University Press, 1944; neo-Apthekerianos persistem, mas não os nomearei.
23. Relatos de Stanley Elkins e Bruno Bettelheim, e críticas a eles, também. Stanley M. Elkins, *Slavery: A Problem In American Institutional and Intellectual Life*. 2ª ed. Chicago: University of Chicago Press, 1968; Ann J. Lane, *The Debate Over Slavery: Stanley Elkins and His Critics*. Urbana: University of Illinois Press, 1971; um debate comparável àquele sobre o uso que William Styron fez de Nat Turner num peculiar romance psicanalítico: William Styron, *The Confessions of Nat Turner*. Nova York: Random House, 1967; John Henrik Clarke e Nat Turner. *William Styron's Nat Turner: Ten Black Writers Respond*. Boston: Beacon Press, 1968; Kirsten Fermaglich, "'One of the Lucky Ones': Stanley Elkins and the Concentration Camp Analogy in Slavery." Em Kirsten Lise Fermaglich, *American Dreams and Nazi Nightmares: Early Holocaust Consciousness and Liberal America, 1957-1965*. Waltham, Massachusetts: Brandeis University Press, 2006; James T. Patterson, *Freedom Is Not Enough: The Moynihan Report and America's Struggle Over Black Family Life: From LBJ to Obama*. Nova York: Basic Books, 2010.
24. Eis um grande exemplo da visão de consenso sobre o declínio, de um movimento coerente pelos Direitos Civis a um incoerente movimento Black Power, o que certamente descreve a experiência daquela transição para muitos liberais brancos: Godfrey Hodgson, *America In Our Time*. Nova York: Vintage Books, 1978; para a emergente historiografia do Black Power, ver: Elaine Brown, *A Taste of Power: A Black*

Woman's Story. 1ª edição da Anchor Books. Nova York: Anchor Books, 1994; Rhonda Y. Williams, *The Politics of Public Housing: Black Women's Struggles Against Urban Inequality*. Nova York: Oxford University Press, 2004; Hasan Kwame Jeffries, *Bloody Lowndes: Civil Rights and Black Power In Alabama's Black Belt*. Nova York: New York University Press, 2009; Peniel E. Joseph, *Waiting 'til the Midnight Hour: A Narrative History of Black Power In America*. Nova York: Henry Holt and Co., 2006; Peniel E. Joseph, (Org.). *The Black Power Movement: Rethinking the Civil Rights – Black Power Era*. Nova York: Routledge, 2006; Jeffrey Ogbonna Green Ogbar, *Black Power: Radical Politics and African American Identity*. Baltimore, Mariland: Johns Hopkins University Press, 2004; Peniel E. Joseph, *A Life,* Nova York: Basic Civitas Books, 2014.

25. John W. Blassingame, *The Slave Community: Plantation Life In the Antebellum South*. Nova York: Oxford University Press, 1972; Robert S. Starobin, *Denmark Vesey: The Slave Conspiracy of 1822*. Englewood Cliffs: Prentice-Hall, 1970; ver também relatos desses dramas em Peter J. Parish, *Slavery: History and Historians*. Nova York: Harper & Row, 1989; e Peter Novick, *That Noble Dream: The "Objectivity Question" and the American Historical Profession*. Cambridge: Cambridge University Press, 1988.

26. Frank Tannenbaum, *Slave and Citizen: The Negro In the Americas*. Nova York: A. A. Knopf, 1947; que de certa forma faz eco a Gilberto Freyre, *Casa-Grande & Senzala*: Formação da família brasileira sob o regime de economia patriarcal. 3ª ed. [Rio de Janeiro]: Schmidt, 1938.

27. Blassingame, *Slave Community*, seguiu a outros nessa linha: Leslie Howard Owens, *This Species of Property: Slave Life and Culture In the Old South*. Oxford: Oxford University Press, 1977; Nathan Irvin Huggins, *Black Odyssey: The Afro-American Ordeal In Slavery*. Nova York: Pantheon Books, 1977; John W. Blassingame, *Slave Testimony: Two Centuries of Letters, Speeches, Interviews, and Autobiographies*. Baton Rouge: Louisiana State University Press, 1977.

28. O livro de Gutman foi uma resposta exaustivamente pesquisada ao "Relatório Moynihan", também conhecido como *The Negro Family, the Case for National Action*. [Washington: À venda pelo Superintendente de Documentos, Imprensa Oficial do Governo dos EUA.], 1965. Herbert G. Gutman, *The Black Family In Slavery and Freedom, 1750-1925*. Nova York: Pantheon Books, 1976; outros estudos que incorporaram muitas das mesmas suposições incluem Deborah Gray White, *Ar'n't I a Woman?: Female Slaves In the Plantation South*. Nova York: Norton, 1985 (primeiro estudo sério, em forma de livro, sobre a vida das mulheres escravizadas); e Charles W. Joyner, *Down by the Riverside: A South Carolina Slave Community*. Urbana: University of Illinois Press, 1984; George

P. Rawick, *The American Slave: a Composite Autobiography*. Westport, Connecticut: Greenwood Pub. Co, 1972, especialmente o primeiro volume, *From Sundown to Sunup; The Making of the Black Community*, de G. P. Rawick.

29. Eugene D. Genovese, *Roll, Jordan, Roll: The World the Slaves Made*. 1ª ed. Nova York: Pantheon Books, 1974; Eugene D. Genovese, *The World the Slaveholders Made: Two Essays In Interpretation*. Nova York: Vintage Books, 1971; Eugene D. Genovese, *In Red and Black: Marxian Explorations In Southern and Afro-American History*. 1ª ed. Nova York: Pantheon Books, 1971; Eugene D. Genovese, *From Rebellion to Revolution: Afro-American Slave Revolts In the Making of the Modern World*. Baton Rouge: Louisiana State University Press, 1979.

30. Robert William Fogel e Stanley L Engerman, *Time On the Cross*. 1ª ed. Boston: Little, Brown, 1974; Herbert G. Gutman, *Slavery and the Numbers Game: A Critique of Time On the Cross*. Urbana: University of Illinois Press, 1975; Paul A. David, *Reckoning with Slavery: A Critical Study In the Quantitative History of American Negro Slavery*. Nova York: Oxford University Press, 1976. Depois dessa controvérsia, o estudo econômico da escravidão nos EUA (mas não do tráfico de escravos no Atlântico, ou por pouco tempo mais duradoura, da Reconstrução) retirou-se em grande parte para os departamentos de economia e publicações de economia e história econômica, e raramente era lido (ou assim parecia) pelos historiadores do "mainstream".

31. Walter Johnson, "On Agency", *Journal of Social History*, vol. 37, n. 1, Edição Especial (outono, 2003), pp. 113-124.

32. Jefferson Cowie, *Stayin' Alive: The 1970s and the Last Days of the Working Class*. Nova York: New Press, 2010; cf. E. P. Thompson, *The Making of the English Working Class*. Nova York: Pantheon Books, 1964; Herbert G. Gutman e Ira Berlin, *Power & Culture: Essays On the American Working Class*. Nova York: Pantheon Books, 1987.

33. Bertram Wyatt-Brown, "The Mask of Obedience: Male Slave Psychology in the Old South", *American Historical Review*, vol. 93, n. 5 (dezembro, 1988), pp. 1228-1252; Clarence Earl Walker, *Deromanticizing Black History: Critical Essays and Reappraisals*. Knoxville: University of Tennessee Press, 1991. Para os diversos tipos de políticas negras dos anos 1970, ver: Devin Fergus, *Liberalism, Black Power, and the Making of American Politics, 1965-1980*. Athens: University of Georgia Press, 2009; James Edward Smethurst, *The Black Arts Movement: Literary Nationalism In the 1960s and 1970s*. Chapel Hill: University of North Carolina Press, 2005; Scot Brown, *Fighting for US: Maulana Karenga, the US Organization, and Black Cultural Nationalism*. Nova York: New York University Press, 2003; Russell Rickford, "'Socialism From Below': A Black Scholar's Marxist Genealogy", *Souls*, 13:4 (2011).

34. J. Hillis Miller, "Stevens' Rock and Criticism as Cure", *Georgia Review* 30 (1976), p. 34; mas enquanto o fogo se alastrava, as críticas mais mordazes à nata irreflexiva da virada linguística apareceram em romances como: Richard Russo, *The Straight Man*. Nova York: Random House, 1997.
35. Ou talvez tudo isso tenha sido fruto da mente de David Lodge: David Lodge, *Small World: An Academic Romance*. Nova York: Macmillan Pub. Co., 1984; embora a mordaz caracterização de Chip em *The Corrections*, de Franzen, vá parecer verdadeira a quem tiver feito pós-graduação entre 1985 e 2000: Jonathan Franzen, *The Corrections*. Nova York: Farrar, Straus and Giroux, 2001.
36. Aqui valho-me das metáforas e análises de Thomas S. Kuhn, *The Structure of Scientific Revolutions*. 1ª ed. Phoenix. Chicago: University of Chicago Press, 1964; embora igualmente influentes, além dos trabalhos estritamente desconstrucionistas de Jacques Derrida e outros críticos literários, foram importantes sobretudo as histórias intelectuais pós-estruturalistas de Michel Foucault: Michel Foucault, *The Order of Things: An Archaeology of the Human Sciences*. Nova York: Vintage Books, 1973; e Michel Foucault, *The History of Sexuality*. 3 volumes. Nova York: Vintage Books, 1980. Ver também Daniel T. Rodgers, "Republicanism: The Career of a Concept," *Journal of American History*, 79:1 (junho, 1992), 11-38.
37. Paul D. Escott, *Slavery Remembered: A Record of Twentieth-Century Slave Narratives*. Chapel Hill: University of North Carolina Press, 1979; John Blassingame, "Introduction," in ST, xliii–lxii; Donna J. Spindel, "Assessing Memory: Twentieth-Century Slave Narratives Reconsidered," *Journal of Interdisciplinary History* 27 (1996): 247–261; Damian Alan Pargas, "The Gathering Storm: Slave Responses to the Threat of Interregional Migration in the Early Nineteenth Century", *Journal of Early American History* 2, n. 3 (2012): 286–315; Mia Bay, *The White Image in the Black Mind: African-American Ideas About White People, 1830–1925*. Nova York, 2000, especialmente pp. 113–116; George Rawick, "General Introduction", *The American Slave*, Suplemento 1, 11, xxxix; Edward E. Baptist, "'Stol' and Fetched Here': Enslaved Migration, Ex-Slave Narratives, and Vernacular History", em Edward E. Baptist e Stephanie M. H. Camp (Orgs.). *New Studies in the History of American Slavery*. Athens: 2006.
38. Nem todo esse trabalho que surge de perspectivas da crítica literária se encaixa nesta minha redução *ad absurdum* (embora em parte se encaixe): pelo lado positivo, eu reconheceria as inegáveis conquistas de trabalhos como Russ Castronovo, *Necro Citizenship: Death, Eroticism, and the Public Sphere In the Nineteenth-Century United States*. Durham: Duke University Press, 2001; Ian Baucom, *Specters of the Atlantic: Finance Capital, Slavery, and the Philosophy*

of History. Durham: Duke University Press, 2005; e especialmente Saidiya V. Hartman, *Lose Your Mother: A Journey Along the Atlantic Slave Route.* Nova York: Farrar, Straus and Giroux, 2007; e Saidiya V. Hartman, *Scenes of Subjection: Terror, Slavery, and Self-Making In Nineteenth-Century America.* Nova York: Oxford University Press, 1997. Mas quanto ao momento dessa explosão, tente procurar "New Americanist" no Ngram Viewer do Google. Disponível em: <http://bit.ly/1iAxLyD>. Acesso em: 30 de maio de 2014.

39. Michel Foucault, *History of Sexuality*; Ann Laura Stoler, *Race and the Education of Desire: Foucault's History of Sexuality and the Colonial Order of Things.* Durham: Duke University Press, 1995.

40. Alan D. Sokal, *The Sokal Hoax: The Sham That Shook the Academy.* Lincoln: University of Nebraska Press, 2000; Michael Bérubé, *Rhetorical Occasions: Essays On Humans and the Humanities.* Chapel Hill: University of North Carolina Press, 2006; Alan D. Sokal e J Bricmont. *Fashionable Nonsense: Postmodern Intellectuals' Abuse of Science.* 1ª ed. Nova York: Picador USA, 1998.

41. O estudo da escravidão colonial manteve um foco no desenvolvimento e implementação de sistemas de trabalho ao longo dos anos 1980 e 1990. Edmund S. Morgan, *American Slavery, American Freedom: The Ordeal of Colonial Virginia.* Nova York: Norton, 1975; Winthrop D. Jordan, *White Over Black: American Attitudes Toward the Negro, 1550-1812.* Chapel Hill: Publicado para o Institute of Early American History and Culture de Williamsburg, Virgínia, pela University of North Carolina Press, 1968; Kathleen M. Brown, *Good Wives, Nasty Wenches, and Anxious Patriarchs: Gender, Race, and Power In Colonial Virginia.* Chapel Hill: Publicado para o Institute of Early American History and Culture pela University of North Carolina Press, 1996; Kirsten Fischer, *Suspect Relations: Sex, Race, and Resistance In Colonial North Carolina.* Ithaca: Cornell University Press, 2002; Philip D. Morgan, *Slave Counterpoint: Black Culture In the Eighteenth-Century Chesapeake and Lowcountry.* Chapel Hill, Londres: Publicado para o Omohundro Institute of Early American History and Culture, Williamsburg, Virginia, pela University of North Carolina Press, 1998; Peter Coclanis, "How the Low Country Was Taken to Task: Slave-Labor Organization in Coastal South Carolina and Georgia", *Slavery, Secession, and Southern History*, Robert L. Paquette e Louis Ferleger (Orgs.). Charlottesville, 2000, pp. 59-78; Philip D. Morgan, "Task and Gang Systems: The Organization of Labor on New World Plantations", Stephen Innes (Org.). *Work and Labor in Early America.* Chapel Hill, 1988, pp. 189-220.

42. Manning Marable, *Race, Reform, and Rebellion: The Second Reconstruction and Beyond In Black America, 1945-2006.* 3ª ed. Jackson: University Press of Mississippi, 2007, p. 183.

43. Michelle Alexander, *The New Jim Crow: Mass Incarceration In the Age of Colorblindness*. Nova York: New Press, 2010; Daniel T. Rodgers, *Age of Fracture*. Cambridge, Massachusetts: Belknap Press of Harvard University Press, 2011; Mike Davis, *City of Quartz: Excavating the Future In Los Angeles*. 1ª ed. Vintage Books. Nova York: Vintage Books, 1992.
44. Algumas lentes de mais alcance sobre a segunda divergência: Jefferson Cowie e Nick Salvatore, "The Long Exception: Rethinking the Place of the New Deal in American History", *International Labor and Working-Class History* 74:1 (setembro de 2008), 3-32; Cowie, Stayin' Alive; Judith Stein, *Pivotal Decade: How the United States Traded Factories for Finance In the Seventies*. New Haven: Yale University Press, 2010; Davis, *City of Quartz*; e numa escala mais ampla, Thomas Piketty e Arthur Goldhammer. *Capital In the Twenty-First Century*. Cambridge, Massachusetts: The Belknap Press of Harvard University Press, 2014.
45. A historiografia emergente do hip-hop é, provavelmente, o melhor lugar para começar a aprender sobre estes anos, embora a maioria dos autores tenha os seus óbvios investimentos afetivos.
46. Sterling Stuckey, *Slave Culture: Nationalist Theory and the Foundations of Black America*. Nova York: Oxford University Press, 1987; Robert Farris Thompson, *Flash of the Spirit: African and Afro-American Art and Philosophy*. Nova York: Random House, 1983; Margaret Washington Creel, *A Peculiar People: Slave Religion and Community-Culture Among the Gullahs*. Nova York: New York University Press, 1988; Michael Angelo Gomez, *Exchanging Our Country Marks: The Transformation of African Identities In the Colonial and Antebellum South*. Chapel Hill: University of North Carolina Press, 1998; William Dillon Piersen, *Black Legacy: America's Hidden Heritage*. Amherst: University of Massachusetts Press, 1993; John Thornton, *Africa and Africans In the Making of the Atlantic World, 1400-1680*. Cambridge: Cambridge University Press, 1992.
47. Muitos livros foram publicados para explicar e definir a "Afrocentricidade", tais como: Molefi Kete Asante, *Kemet, Afrocentricity, and Knowledge*. Trenton, Nova Jersey: Africa World Press, 1990; cf. Amy J. Binder, *Contentious Curricula: Afrocentrism and Creationism In American Public Schools*. Princeton, Nova Jersey: Princeton University Press, 2002; mas nenhum gerou tanta ira conservadora quanto um livro publicado por um inglês branco estudioso da China: Martin Bernal, *Black Athena: The Afroasiatic Roots of Classical Civilization*. Londres: Free Association Books, 1987; como fica evidente em: Mary R. Lefkowitz, *Not Out of Africa: How Afrocentrism Became an Excuse to Teach Myth As History*. Nova York: Basic Books, 1996.
48. Ver a aprovação conservadora de Arthur M. Schlesinger, *The Disuniting of America*. Nova York: Norton, 1992; por exemplo, Malcolm S. Forbes Jr. (29 de março de 1993).

"Incredibly diverse melting pot", Forbes, 151, 26; e a controvérsia sobre os Padrões da História Nacional: Sandra F. VanBurkleo, "The National History Standards and the Culture Wars of Our Time", *Michigan Historical Review* 22:2 (outono de 1996), pp. 167-188; Gary B. Nash, Charlotte A. Crabtree e Ross E. Dunn, *History On Trial: Culture Wars and the Teaching of the Past*. Nova York: A. A. Knopf, 1997.

49. Martin Bernal, *Black Athena*; Mary Lefkowitz, *Not Out Of Africa*; ou histórias da cultura afro-americana na linha das continuidades-africanas, por exemplo: William Dillon Piersen, *Black Legacy: America's Hidden Heritage*. Amherst: University of Massachusetts Press, 1993; Michael Angelo Gomez, *Exchanging Our Country Marks: The Transformation of African Identities In the Colonial and Antebellum South*. Chapel Hill: University of North Carolina Press, 1998. Enquanto isso, o início dos anos 1990 testemunhou uma breve eflorescência dos "estudos da branquitude" – aqueles inspirados por Du Bois frequentemente surgiam de histórias de trabalho e imigração, como David R. Roediger, *The Wages of Whiteness: Race and the Making of the American Working Class*. Londres: Verso, 1991; Noel Ignatiev, *How the Irish Became White*. Nova York: Routledge, 1995; mas o que ganhou os maiores prêmios dos historiadores da época foi um estudo cultural escrito por um estudioso da literatura: Eric Lott, *Love and Theft: Blackface Minstrelsy and the American Working Class*. Nova York: Oxford University Press, 1993.

50. Existe uma história da educação superior no fim do século XX que poderia enfocar esses tipos de processos, mas talvez até agora tenhamos principalmente memórias como: Lorene Cary, *Black Ice*. 1ª ed. Nova York: Vintage Books, 1992.

51. Walter Johnson, *Soul by Soul: Life Inside the Antebellum Slave Market*. Cambridge, Massachusetts: Harvard University Press, 1999. O ensaio historiográfico de Richard Bell revela o brilhantismo da análise de Johnson sobre o tráfico escravista e o ser capitalista: Richard Bell. "The Great Jugular Vein of Slavery: New Histories of the Domestic Slave Trade", *History Compass*, 11(12), 2013, pp. 1.150-1.164.

52. Paul Gilroy, *The Black Atlantic: Modernity and Double Consciousness*. Cambridge, Massachusetts: Harvard University Press, 1993; Ira Berlin, *Many Thousands Gone: The First Two Centuries of Slavery In North America*. Cambridge, Massachusetts: Belknap Press of Harvard University Press, 1998; W. Jeffrey Bolster, *Black Jacks: African American Seamen In the Age of Sail*. Cambridge, Massachusetts: Harvard University Press, 1997.

53. Vincent P. Carretta, "Olaudah Equiano or Gustavus Vassa? New Light on an Eighteenth-Century Question of Identity", *Slavery and Abolition*, 20.3 1999; Michael P. Johnson, "Denmark Vesey and His Co-Conspirators", *The William and Mary Quarterly*, 58(4), 2001, pp. 915-976; Dinita Smith, "THINK TANK:

Challenging the History of a Slave Conspiracy", *New York Times*, 23 de fevereiro de 2002, B11; Alexander X. Byrd, *Captives and Voyagers: Black Migrants across the Eighteenth-Century British Atlantic World*. Baton Rouge: Louisiana State University Press, 2008; Anônimo, "Unraveling the Narrative", *The Chronicle of Higher Education*, 52(3), 2005, pp. A11-A15.

54. A política de onde sentar-se nas cafeterias deixava as pessoas enlouquecidas naquela época: Beverly Daniel Tatum, *"Why Are All the Black Kids Sitting Together In the Cafeteria?" and Other Conversations about Race*. Nova York: Basic Books, 1999; como também os "bancos de negros" no pátio da faculdade, os alojamentos estudantis organizados por interesses e qualquer outro lugar no campus que fosse "deles".

55. Eles nunca perderam totalmente a esperança, é claro, de que um dia lhes permitissem falar em termos "científicos" racistas em público novamente, mas era comum que conseguissem utilizar linguagem tanto relativista quanto essencialista sobre raça. Por exemplo, Dinesh D'Souza, *Illiberal Education: The Politics of Race and Sex On Campus*. Nova York: Free Press, 1991; Dinesh D'Souza, *The End of Racism: Principles for a Multiracial Society*. Nova York: Free Press, 1995.

56. Dylan C. Penningroth, *The Claims of Kinfolk: African American Property and Community In the Nineteenth-Century South*. Chapel Hill: University of North Carolina Press, 2003; Wilma A. Dunaway, *The African-American Family In Slavery and Emancipation*. Cambridge: Cambridge University Press, 2003; Peter Kolchin, *American Slavery, 1619-1877*. 1ª edição revisada. Nova York: Hill and Wang, 2003; Brenda E. Stevenson, *Life In Black and White: Family and Community In the Slave South*. Nova York: Oxford University Press, 1996.

57. Stephanie M. H. Camp, *Closer to Freedom: Enslaved Women and Everyday Resistance In the Plantation South*. Chapel Hill: University of North Carolina Press, 2004; Vincent Brown, *The Reaper's Garden: Death and Power In the World of Atlantic Slavery*. Cambridge, Massachusetts: Harvard University Press, 2008; Stephanie E. Smallwood, *Saltwater Slavery: A Middle Passage From Africa to American Diaspora*. Cambridge, Massachusetts: Harvard University Press, 2007; Tommie Shelby, *We Who Are Dark: The Philosophical Foundations of Black Solidarity*. Cambridge, Massachusetts: Belknap Press of Harvard University Press, 2005.

58. Dylan C. Penningroth, *The Claims of Kinfolk*; Dylan C. Penningroth, "My People, My People: The Dynamics of Community in southern slavery", em Edward E. Baptist e Stephanie M. H. Camp. *New Studies In the History of American Slavery*. Athens: University of Georgia Press, 2006; William Dusinberre, Them Dark Days: Slavery *In the American Rice Swamps*. Nova York: Oxford University Press, 1996; Ann Patton Malone, *Sweet Chariot: Slave Family and Household Structure In Nineteenth-Century Louisiana*. Chapel Hill: University of North Carolina Press, 1992.

59. Fred D'Aguiar, comunicação pessoal; resenha de Danticat, *The Farming of Bones*, *New York Times*, 27 de setembro de 2008; Paul Gilroy, *Against Race: Imagining Political Culture Beyond the Color Line*. Cambridge, Massachusetts: Belknap Press of Harvard University Press, 2000; Anthony Appiah, *Cosmopolitanism: Ethics In a World of Strangers*. Nova York: W. W. Norton, 2006; e alguns romances de autores negros de quem resenhistas brancos muitas vezes pareciam gostar porque os liam como se sugerissem que as identidades raciais e solidariedades fossem mais maleáveis e mesmo contrárias ao que os resenhistas viam (no fim dos anos 1990 e depois) como ortodoxias obsoletas: Zadie Smith, *White Teeth*. Londres: Hamish Hamilton, 2000; Colson Whitehead, *The Intuitionist*. 1ª edição. Nova York: Anchor Books, 2000; Edward P. Jones, *The Known World*. Nova York: Amistad, 2003; Talvez mesmo este livro de memórias tenha sido lido como "pós-raça": Barack Obama, *Dreams From My Father: A Story of Race and Inheritance*. Nova York: Times Books, 1995.
60. Um bom exemplo da avaliação feita pelos progressistas, na metade da década, do que havia acontecido: Craig Unger, *The Fall of the House of Bush: The Untold Story of How a Band of True Believers Seized the Executive Branch, Started the Iraq War, and Still Imperils America's Future*. 1ª edição de capa dura. Nova York: Scribner, 2007.
61. Walter Johnson, "On Agency", *Journal of Social History*, 37.1 (outono de 2003), pp. 113-124; Camp, *Closer to Freedom*; Steven Hahn, *A Nation Under Our Feet: Black Political Struggles In the Rural South From Slavery to the Great Migration*. Cambridge, Massachusetts: Belknap Press of Harvard University Press, 2003; Steven Hahn, *The Political Worlds of Slavery and Freedom*. Cambridge, Massachusetts: Harvard University Press, 2009; Stephen David Kantrowitz, *More Than Freedom: Fighting for Black Citizenship In a White Republic, 1829-1889*. Nova York: Penguin Press, 2012. O outro texto é a história do Partido Democrata nos anos 2000: cf. Hendrik Hertzberg, *¡OBÁMANOS!: The Birth of a New Political Era*. Nova York: Penguin Press, 2009; Matt Bai, *The Argument: Billionaires, Bloggers, and the Battle to Remake Democratic Politics*. Nova York: Penguin Press, 2007, nenhum deles parece particularmente atual no final do segundo mandato de Obama.
62. Por exemplo, Seth K. Goldman e Diana Carole Mutz, *The Obama Effect: How the 2008 Campaign Changed White Racial Attitudes*. Ou pode ser que ele simplesmente tenha sido o mais bem-sucedido e astuto assimilacionista, como sugerem tanto radicais quanto conservadores.
63. John Cassidy, *How Markets Fail: The Logic of Economic Calamities*. Nova York: Farrar, Straus and Giroux, 2009; Bethany McLean e Joseph Nocera, *All the*

Devils Are Here: The Hidden History of the Financial Crisis. Nova York: Portfolio Penguin, 2010; Nouriel Roubini e Stephen Mihm, *Crisis Economics: A Crash Course In the Future of Finance*. Nova York: Penguin Press, 2010; Louis Hyman, *Debtor Nation: The History of America In Red Ink*. Princeton: Princeton University Press, 2011.

64. Por exemplo, Judith Ann Carney, *Black Rice: The African Origins of Rice Cultivation In the Americas*. Cambridge, Massachusetts: Harvard University Press, 2001; ou o argumento de que o que não sabemos sobre o trabalho nos campos de algodão é que este era feito por mulheres: Susan E. O'Donovan, *Becoming Free In the Cotton South*. Cambridge, Massachusetts: Harvard University Press, 2007. Não, não sabíamos o suficiente sobre as mulheres nos campos de algodão, mas os historiadores que leram o livro de O'Donovan não sabiam muito sobre esse trabalho em geral, pois ninguém havia escrito sobre como este realmente era feito e aqueles que a ele sobreviveram e dele escaparam contaram suas histórias no século XIX: Baptist, *Half Has Never Been Told*.

65. Ver as várias abordagens sugeridas por: Geoffrey Miller, *Spent: Sex, Evolution, and Consumer Behavior*. Nova York: Viking, 2009; John Coates, *The Hour Between Dog and Wolf: Risk-Taking, Gut Feelings and the Biology of Boom and Bust*. 1ª edição. Nova York: Penguin Press, 2012; David Graeber, *Debt: The First 5,000 Years*. Brooklyn, Nova York: Melville House, 2011.

66. Timothy Mitchell, *Carbon Democracy: Political Power In the Age of Oil*. Londres: Verso, 2011.

Sobre os autores

EDWARD E. BAPTIST é professor de História na Universidade Cornell, Estados Unidos. Coeditor do livro *New Studies in the History of American Slavery* (2006), é autor de *Creating an Old South: Middle Florida's Plantation Frontier Before the Civil War* (The University of North Carolina Press, 2002) e *The Half Has Never Been Told: Slavery and the Making of American Capitalism* (Basic Books, 2014, a ser publicado pela Civilização Brasileira).

DALE TOMICH é professor de História e Sociologia da Universidade de Binghamton, Estados Unidos, além de diretor do Fernand Braudel Center na mesma instituição. Autor de, entre outros, *Slavery in the Circuit Sugar: Martinique in the World Economy* (Johns Hopkins University Press, 1990), e *Pelo prisma da escravidão. Trabalho, capital e a economia mundial* (publicado pela Edusp em 2011).

JOSÉ ANTONIO PIQUERAS é catedrático de História Contemporânea da Universitat Jaume I, Espanha. Autor de, entre outros, *Pervivencias feudales y revolución democrática* (1987), *Agiotistas, negreros y partisanos* (1991) (ambos em parceria com Enric Sebastià), *La Revolución Democrática, 1868-1874* (1992), *Cuba, empório y colónia* (2003), *Bicentenarios de Libertad* (2010), e *La Esclavitud en las Españas: un lazo transatlántico* (2011).

SOBRE OS AUTORES

ROBIN BLACKBURN é autor de *A construção da escravidão do Novo Mundo* e *A queda do escravismo colonial* (ambos publicados no Brasil pela Record), *An Unfinished Revolution: Karl Marx and Abraham Lincoln* (Verso, 2011), e *The American Crucible: Slavery, Emancipation and Human Rights* (Verso, 2011). Professor da Universidade de Essex, Grã-Bretanha, é membro do comitê editorial da *New Left Review*.

O texto deste livro foi composto em Sabon, desenho tipográfico de Jan Tschichold de 1964, baseado nos estudos de Claude Garamond e Jacques Sabon no século XVI, em corpo 10/13.5. Para títulos e destaques, foi utilizada a tipografia Frutiger, desenhada por Adrian Frutiger em 1975.

A impressão se deu sobre papel off-white pelo Sistema Digital Instant Duplex da Divisão Gráfica da Distribuidora Record.